DIRK ROSSMANN

OLAF KÖHNE ▪ PETER KÄFFERLEIN

„... i wtedy wspiąłem się na drzewo”

Opowieść o karierze,
odwadze i życiu

tłumaczenie
URSZULA POPRAWSKA

Wydawnictwo Znak
Kraków 2019

Tytuł oryginału
„… *dann bin ich auf den Baum geklettert!" Von Aufstieg, Mut und Wandel*

Original title: „… dann bin ich auf den Baum geklettert!"
Von Aufstieg, Mut und Wandel
by Dirk Rossmann
with Olaf Köhne and Peter Käfferlein
© 2018 by Ariston Verlag,
a division of Verlagsgruppe Random House GmbH, München,
Germany.

Projekt okładki
Nele Schütz Design, München

Adaptacja okładki
Adam Gutkowski

Fotografia na pierwszej stronie okładki
Fot. Tobias Hase/DPA/PAP

Opieka redakcyjna
Anna Glac
Dorota Gruszka

Wybór ilustracji
Bele Engels

Adiustacja
Anastazja Oleśkiewicz

Korekta
Kamila Cieślik
Aleksandra Kiełczykowska

Łamanie
Jan Szczurek

ISBN 978-83-240-5968-3

znak
Książki z dobrej strony: www.znak.com.pl
Więcej o naszych autorach i książkach: www.wydawnictwoznak.pl
Społeczny Instytut Wydawniczy Znak, 30-105 Kraków, ul. Kościuszki 37
Dział sprzedaży: tel. (12) 61 99 569, e-mail: czytelnicy@znak.com.pl
Wydanie I, Kraków 2019. Printed in EU

Dla Alice

„Kiedy najważniejsze są nasze własne uczucia,
nie potrafimy współczuć, a gdy kierujemy się
pragnieniami innych, pomijając własne potrzeby,
nie jesteśmy sobą".

Ruth Cohn, 1912–2010

SPIS TREŚCI

II

WZRASTANIE

III

BYCIE

WSTĘP DO POLSKIEGO WYDANIA

Drogie Czytelniczki, Drodzy Czytelnicy,
wiosną 1994 roku przyleciałem z Hanoweru do Warszawy. Taksówką pojechałem z lotniska dalej, do Łodzi. Tam, na najważniejszej ulicy handlowej miasta, Piotrkowskiej, ROSSMANN otworzył swój pierwszy w Polsce sklep. Położenie Łodzi w środku kraju także zadecydowało o tym, że właśnie tu ulokowaliśmy centralę, administrację i centrum logistyczne naszej firmy. Odwiedziwszy nasz pierwszy sklep, przespacerowałem się też cztery kilometry ulicą Piotrkowską. Przyszła mi wtedy na myśl postać najsłynniejszego krytyka literatury niemieckiej Marcela Reicha-Ranickiego. Dla niego Łódź miała szczególne znaczenie, stąd pochodziła rodzina jego żony i tutaj został spoliczkowany przez niemieckiego żołnierza jego przyszły teść, pan Langnas. Wydarzenie to przyczyniło się do jego załamania psychicznego i w efekcie samobójstwa. Te

11

tragiczne fakty poprzedziły spotkanie Marcela Reicha-Ranickiego z jego przyszłą żoną, osobą, która w ich wspólnym życiu stała się dla niego opoką. Oboje uciekli potem z warszawskiego getta i zostali przyjęci i ukryci przez rodzinę pewnego ubogiego zecera. Mając tak mało, ludzie ci nie tylko dzielili się z nimi, czym mogli, ale zaryzykowali ukrycie zbiegów w nadziei, że wojna kiedyś się skończy i nadejdą lepsze czasy.

Pamiętając o dwóch wojnach światowych, jakie miały miejsce w pierwszej połowie XX wieku, chciałem nie tylko wprowadzić na polski rynek niemieckie przedsiębiorstwo handlowe. Od początku miałem także nadzieję, że ROSSMANN przyczyni się do osłabienia uprzedzeń po obu stronach oraz że współpraca Polaków i Niemców stanie się swoistą cegiełką w procesie budowania wzajemnego zaufania pomiędzy naszymi sąsiadującymi ze sobą krajami.

To, co w 1994 roku było dla mnie, wówczas czterdziestosiedmiolatka, tylko mglistym marzeniem, dziś stało się rzeczywistością w niewiarygodnym wręcz wymiarze. Poza jedynym Niemcem, Hartmutem Schnitzke, który wraz z Marcinem Grabarą czuwał nad kwestią zakupów, menadżerami ROSSMANNA w Polsce – od początku do dziś – są wyłącznie Polacy. To właśnie Marcin Grabara i Marek Maruszak, który chwilę później dołączył do Zespołu, a także pozostali wspaniali współpracownicy, sprawili, że ROSSMANN stał się w Polsce liczącym się przedsiębiorstwem. Zapewne w początkowych latach swego istnienia ROSSMANN w Niemczech pod wieloma względami stanowił wzór dla polskich placówek firmy, dziś jednak jej niemieckie filie wielu rzeczy mogą się uczyć od ROSSMANNA w Polsce. Poza tym nasze wzajemne kontakty są zawsze serdeczne, nacechowane wielką uprzejmością i obustronnym szacunkiem. W moim życiu zawsze ważne było zaufanie, a ono rodzi się tylko w szczerej atmosferze. O sukcesie naszej firmy decydują autentyczne relacje.

Był mniej więcej przełom lat 1945/46, kiedy moja matka, jako żona Bernharda Roßmanna, miała romans z sąsiadem Theo Kayserem. Jestem więc synem sąsiada. Na nagrobku mojego biologicznego ojca, który obecnie znajduje się w ogrodzie otaczającym mój dom, jest wyryty napis: Theo Kayser urodzony w Warszawie w 1899 roku, zmarły w Hanowerze w 1968 roku. Wiem, że moi dziadkowie będący Niemcami przez kilka dziesiątków lat żyli w Polsce. Obraz Polski w ciągu ostatnich dwudziestu pięciu lat zmienił się zasadniczo. Zachwyca mnie dynamika i piękno wielu miast – Krakowa, Gdańska, Wrocławia, Szczecina, Torunia, by wymienić tylko kilka największych.

Warszawa jest dziś bardzo nowoczesnym miastem z wieloma pięknymi budynkami. Z dziewięcioma przyjaciółmi – podobnie jak ja starszymi panami – byłem w 2016 roku przez tydzień na Mazurach. Odwiedziliśmy także przepiękny hotel znanej producentki kosmetyków, dr Ireny Eris. I oczywiście wielkie wrażenie zrobił też na nas Malbork.

Rozwój Polski w ostatnim ćwierćwieczu jest dla mnie przekonującym dowodem na to, że wszystko jest możliwe, jeśli współpracują z sobą zaangażowani, mądrzy, pracowici i kreatywni ludzie.

A z jaką swobodą i jak radośnie potrafią Polacy świętować, przekonywałem się wielokrotnie na dużych festynach naszej firmy. Po raz ostatni w Sopocie, gdzie z okazji 25-lecia istnienia ROSSMANNA w Polsce bawiło się 2100 pracowników.

W autobiografii, która leży przed Państwem, opisałem, jak mały słabo wykształcony Dirk został z czasem dużym przedsiębiorcą. Bajka stała się dla mnie rzeczywistością. I to jest może coś, co szczególnie łączy mnie z Polską. Powstanie ROSSMANNA w Polsce i liczba filii w Waszym kraju pokazuje, że marzenia się spełniają.

Na koniec mam jeszcze prośbę. Jeżeli spodoba się Państwu (lub nie) moja autobiografia, ucieszy mnie, jeśli zechcą Państwo napisać pod adres: ksiazka@rossmann. com.pl.

Obiecuję odpisać w każdym wypadku, nawet jeśli będzie to wymagało ode mnie nieco czasu.

Przyjemności z lektury życzy

i serdecznie pozdrawia

Dirk Roßmann

Przedmowa

ŚWIAT DIRKA ROßMANNA

Kiedy zrodził się pomysł tej książki, Dirk Roßmann obiecał w trakcie naszego pierwszego spotkania zabrać nas do swojego świata. W fascynującym życiu, jakie wiódł i wiedzie, człowiek, który jest jedną z największych osobowości wśród niemieckich przedsiębiorców, objawiał różne oblicza.

„Jest we mnie mnóstwo sprzeczności", stwierdził w trakcie jednego z naszych licznych spotkań. Ma rację. Jego życiorys jest nietuzinkowy, a on sam pełen kontrastów. Dotrzymał obietnicy – wprowadził nas w swój świat, pokazał środowisko, w którym się obraca. I tak pewnego sobotniego popołudnia podczas meczu piłki nożnej rozgrywanego na Arenie HDI poznaliśmy prezesa klubu piłkarskiego Hanower-96 Martina Kinda oraz profesora Christiana Pfeittera, kryminologa – dwóch najbliższych przyjaciół Roßmanna. Wspólnie oglądaliśmy występy zespołu Ehrlich Brothers, Chrisa i Andreasa, najsłynniejszych niemieckich iluzjonistów, których Roßmann wcześniej wspomagał finansowo. Dziś jest z nimi zaprzyjaźniony. Pewnego szarego jesiennego dnia towarzyszyliśmy Dirkowi Roßmannowi do Landsbergu, leżącego na północ od Lipska. Pokazał nam tam, spektakularny od strony technicznej, główny magazyn swego koncernu. Dowiedzieliśmy się również wielu rzeczy na temat logistyki jego przedsiębiorstwa. Niemal 3800* sklepów Rossmann w Niemczech, w Polsce, na Węgrzech, w Czechach, Albanii i Turcji trzeba przecież zaopatrzyć w 17 tysięcy najrozmaitszych produktów. Roßmann wziął nas w podróż w czasie, oprowadził po swoim rodzinnym mieście Hanowerze, pokazał miejsca swego dzieciństwa i młodości, skąd wszystko wzięło swój początek, gdzie jego rodzice prowadzili niegdyś małą drogerię – budynek niedawno został rozebrany – i gdzie on sam w 1972 roku otworzył tę, która zapoczątkowała całą sieć tego typu sklepów. Zwiedziliśmy także siedzibę Niemieckiej Fundacji Ludność Świata, współzałożoną przez Roßmanna, i dowiedzieliśmy się istotnych szczegółów dotyczących jego pracy w Afryce. Poznaliśmy problem eksplozji demograficznej i konieczność planowania urodzin. Zaangażowanie Dirka Roßmanna – nie tylko na tym polu – pojawiło się w jego życiu dość dawno, ciągle trwa i pochłania wiele

---

* Dziś drogerie Rossmann to 4002 sklepy i 25 tysięcy różnych artykułów (przyp. red.).

czasu. Jego motto brzmi: zarabiać pieniądze, żeby pomagać innym. Ze wszystkich ekscytujących spotkań, jakie zdarzyły nam się podczas tego roku, najwięcej o Dirku Roßmannie jako człowieku i przedsiębiorcy powiedziało nam drobne zdarzenie: wracamy z Landsbergu, gdy nieoczekiwanie Roßmann decyduje, że zboczymy na krótko do Hettstedt, gdzie właśnie przed dwoma miesiącami otworzył kolejną filię, jeszcze jej nie widział i teraz chciałby to nadrobić. Jak powiedział, tak uczynił. Wjeżdżamy do centrum Hettstedt, miasteczka na południowych obrzeżach Harzu, z pięknie odrestaurowaną starą zabudową. W centrum, na terenie dawnej mleczarni, stoi nowa filia drogerii Rossmann. Należy zauważyć, że nazwę firmy pisze się przez ss, a nazwisko rodzinne przez ß; różnica bierze się stąd, że ß w nazwie firmy, działającej przecież również poza granicami Niemiec, rodziłoby kłopot.

Dirk Roßmann zdecydowanym krokiem wkracza do drogerii w Hettstedt, jednej z 2100* na terenie Niemiec. Tendencja jest wzrostowa. Mijając pracowników obsługi sklepu, zatrzymuje się i pozdrawia ich, zwracając się do każdego po nazwisku i podając rękę. Takie zachowanie będziemy mieli okazję obserwować częściej w ciągu tego roku. Roßmann kieruje się wprost do jednej z dwóch kas, patrzy na wizytówkę zdumionej kasjerki, podaje jej rękę i wita się kordialnie.

---

* Dziś 2178 (przyp. red.).

– Dzień dobry, droga pani Müller, jak się pani wiedzie?

Ze strony kasjerki zdumienie i brak odpowiedzi.

– Wszystko w porządku?

Cisza. Po chwili młoda kobieta odpowiada nieśmiało:

– Tak, dziękuję, wszystko w porządku.

– A wie pani, pani Müller, kim jestem?

Tym razem długie milczenie.

– Może jednym z szefów...?

– Tak, a jak się nazywam? – drąży Roßmann z tłumionym uśmiechem.

Kasjerka znowu milczy. W tym momencie z końca kolejki rozlega się na cały sklep głos klientki:

– No, przecież to Roßmann. To jest pan Roßmann!

Wszyscy się śmieją. Młoda kasjerka, która jest zresztą w pracy po raz pierwszy, najpierw lekko się czerwieni, a po chwili też się śmieje.

Roßmann przemierza sklep wzdłuż wszystkich regałów, przegląda je, sprawdza, czy są odpowiednio zapełnione. Towarzyszy mu kierowniczka filii. On pyta, czy wszystko idzie jak należy i jak mieszkańcy miasteczka przyjmują pojawienie się nowego sklepu, czy klienci są zadowoleni. Interesuje się wszystkim. Chce też coś wiedzieć o ludziach zatrudnionych w nowej placówce. I kiedy rozmawia z kierowniczką, wokół stopniowo gromadzi się cała załoga. Każdy chce uścisnąć dłoń szefa i wszyscy oczywiście chcą sobie zrobić z nim *selfie*. Dirk Roßmann nie widzi problemu. Po około dwudziestu minutach ta błyskawiczna wizyta – inspekcja z zaskoczenia – dobiega końca. Udała się i oczywiście będzie zapewne wydarzeniem dnia, jeśli nie tygodnia albo miesiąca...

Gdy odjeżdżamy, pracownicy drogerii machają szefowi na pożegnanie. Czy kiedykolwiek jeszcze zdarzy im się tak bezpośrednie z nim spotkanie jak w to listopadowe popołudnie? W drodze powrotnej jesteśmy ciągle pod wrażeniem serdeczności, jakiej byliśmy świadkami. Pytamy Dirka Roßmanna, jakie to uczucie szefować pięćdziesięciu tysiącom ludzi. Czy odpowiedzialność za tak ogromne przedsiębiorstwo nie przytłacza? Jakich cech potrzeba, żeby właściwie z niczego stworzyć sklepowe imperium? Dirk Roßmann odpowiada:

– Opowiem wam pewną historię...

Olaf Köhne i Peter Käfferlein

I

STAWANIE SIĘ

PROTEST NA DRZEWIE

Jest to historia o tym, jak kiedyś na znak protestu wspiąłem się na drzewo i nie chciałem zejść. Żeby to wyjaśnić, muszę cofnąć się w czasie do najgorszego okresu mojego życia, okresu służby w Bundeswehrze. Generalnie nie mam nic przeciw Bundeswehrze jako instytucji. Wojsko z pewnością jest ważne, a jego istnienie słuszne, ale wtedy widziałem to zupełnie inaczej. Dokładnie w dniu moich osiemnastych urodzin, 7 września 1964 roku, otrzymałem powołanie do służby zasadniczej. Termin wyznaczono na kwiecień następnego roku. Służba zasadnicza trwała wtedy półtora roku. Mój ojciec Bernhard zmarł przed sześcioma laty, a matka Hilde cierpiała na silny reumatyzm i nie była w stanie sama prowadzić naszego niewielkiego rodzinnego sklepu – drogerii w Hanowerze. Mój brat Axel studiował, nie mógł więc pomagać; utrzymywał się zresztą dzięki skromnym dochodom, jakie przynosił nasz sklep, ze sklepu żyli też moi dziadkowie. Krótko mówiąc, byłem żywicielem rodziny, odpowiedzialnym za utrzymanie pięciu osób. Dzierżąc w ręku decyzję o powołaniu do wojska, zrozumiałem, że muszę się bronić. Ale co mogłem uczynić? Najpierw potrzebowałem jakiejś wiedzy. Ściągnąłem więc literaturę fachową i wczytałem się w niemieckie przepisy dotyczące prawa obywatela do obrony, a potem złożyłem protest w sprawie mojego powołania. Wystąpiłem w nim z wnioskiem o przewidziane prawem „zwolnienie z powodu wspierania osób będących w potrzebie życiowej", jak to się nazywało. Służba obronna powinna być dostosowana do możliwości powołanego, a w szczególnych sytuacjach można go z niej zwolnić, tak stanowiły przepisy. I na te przepisy się powołałem. Nie chciałem być kimś, kto odmawia służby wojskowej, po pierwsze, dla zasady, a po drugie, taka odmowa zrodziłaby zupełnie nowe problemy. Obstawałem więc przy swoich prawach. Nasz skromny sklep przynosił miesięcznie około tysiąca pięciuset marek zysku i – jak już wspomniałem – moja rodzina mogła z tego jakoś się utrzymać.

„Jeżeli dacie mi tysiąc pięćset marek miesięcznie – oświadczyłem swoim wojskowym przełożonym – wtedy będę mógł zatrudnić kogoś, kto mnie zastąpi i poprowadzi nasz sklep, a wówczas ja stawię się do służby". Na to oczywiście się nie zgodzono i oddalono mój protest. Pozostałem jednak nieugięty. Matka podpowiedziała mi, żebym poradził się Josefa Augsteina. Josef, brat Rudolfa

Augsteina, wydawcy „Spiegla", był z zawodu adwokatem i już wtedy bardzo znanym prawnikiem. Nasze rodziny – Roßmannów i Augsteinów – znały się od kilkudziesięciu lat. Byliśmy niejako sąsiadami. Stary Augstein prowadził wcześniej w Hanowerze zakład fotograficzny pod nazwą „Foto Augstein. Specjalność – doskonałe powiększenia zdjęć". Mieścił się on przy Vahrenwalder Strasse, a drogeria moich dziadków, o której później opowiem, położona była kilka ulic dalej. Augsteinowie robili zakupy u moich dziadków i aż do lat pięćdziesiątych byli ich stałymi klientami.

Poszedłem więc do Josefa Augsteina. Wysłuchał mnie uważnie. Zastanawiał się przez chwilę – dziś jeszcze widzę, jak siedzi naprzeciw mnie z żarzącą się końcówką papierosa w ustach i sceptycznie mi się przygląda. Skomplikowana sprawa, ocenił, lecz mi pomoże. Nie wystąpi wprawdzie osobiście jako mój adwokat, ale skieruje mnie do jednego ze swych kolegów, a ten zajmie się moim przypadkiem. Z nowym adwokatem wniosłem sprawę do sądu. I przegrałem. Lecz poddanie się, kapitulacja nie wchodziły w grę, nie leżały w mojej naturze. Czułem, że prawo jest po mojej stronie, i prawo naprawdę było po mojej stronie. Ostatecznie chodziło przecież o finansowy byt moich bliskich. Złożyłem odwołanie. Adwokat poinformował mnie, że potrwa to z półtora roku, zanim sąd ostatecznie rozstrzygnie sprawę. Tymczasem zbliżał się dzień mojego stawienia się w jednostce – 1 kwietnia 1965 roku. Byłem pewien, że wygram sprawę, dlatego nie miałem zamiaru pojawiać się w koszarach. Przecież dopóki nie zapadnie wyrok, nie muszę, sądziłem. Mój adwokat uświadomił mi, że jestem w błędzie; postępowanie sądowe, które jest w toku, nie skutkuje niestety odsunięciem wyznaczonego terminu stawienia się do służby zasadniczej.

– Jeśli nie zgłosi się pan w terminie do wojska, zostanie to potraktowane jako osłabianie niemieckich sił obronnych, a pana uznają za recydywistę – oświadczył prawnik. – Odradzam ten krok. Będąc w wojsku, może się pan dalej procesować, ale najpierw musi się pan w nim fizycznie znaleźć.

Nie mogłem pojąć tej logiki!

– To znaczy, że wygram to odwołanie, tyle że wyrok zapadnie dopiero za półtora roku, kiedy ja tymczasem dawno już skończę służbę w Bundeswehrze, chociaż wcale nie musiałem jej odbywać! A nasz sklep w tym czasie splajtuje!

– Niestety, w najgorszym razie tak właśnie może się zdarzyć – odparł adwokat.

Nie miałem wyboru: 1 kwietnia rozpocząłem służbę w Bundeswehrze. A moje wejście tam wyglądało tak:

– Nazywam się Dirk Roßmann. Jestem obywatelem Niemieckiej Republiki Federalnej. Zaskarżyłem sądownie nakaz odbycia zasadniczej służby wojskowej i…

– Szeregowy Roßmann, stulić pysk – wrzasnął przełożony.

– Nazywam się Dirk Roßmann. Jestem obywatelem…

Tu znów mi przerwano:

– Zamknąć mordę! To nie do wytrzymania!

– Nazywam się Dirk Roßmann. Jestem obywatelem Niemieckiej Republiki Federalnej. Jestem tu tylko z powodu protestu.

– Na co pan sobie pozwala?!

– Nazywam się Dirk Roßmann. Jestem obywatelem Niemieckiej Republiki Federalnej...

I tak w kółko. Przez pięć miesięcy. Doprowadzałem przełożonych do szału, cały czas będąc uprzejmym, co ich wykańczało. Od kwietnia, przez maj, czerwiec, lipiec i sierpień, aż do 7 września 1965 roku prowadziłem wojnę – z Bundeswehrą. Trzymiesięczną służbę zasadniczą musiałem, zgodnie z oczekiwaniami, powtórzyć jako ten, kto konsekwentnie odmawia wykonywania wszelkich poleceń. Chodziłem z innymi tam, gdzie kazano, ale kiedy na przykład miałem za zadanie złożyć broń i padał rozkaz: „Roßmann, broń!", odpowiadałem: „Nie zrobię tego. Proszę się nie wysilać, nie złożę broni. Nie potrafię, a poza tym nie chcę". To była moja standardowa odpowiedź.

– Jeśli dalej będzie się pan tak zachowywał, zamkniemy pana! – grozili.

– No to co? Mogę iść do puszki.

Kiedy nocą oddział ćwiczył alarm, nie ruszałem się z łóżka. Za każdym razem kończyło się wrzaskiem przełożonych. Robiłem wszystko, żeby im grać na nerwach. W efekcie od rana do późnego wieczora słyszałem połajanki i reprymendy. Inni żołnierze też dystansowali się ode mnie, a nawet byli agresywni i kiedy mi dokuczali, ja im tłumaczyłem:

– Jeśli państwo lekceważy własne prawa, obywatel nie ma obowiązku mu służyć.

Gdy patrzę na to po czasie, nie wiem, skąd brała się we mnie tamta bezczelność. Byłem człowiekiem niezamożnym, bez żadnej pozycji. Szkołę powszechną skończyłem jako młodzieniec, który nie wierzył w swoje możliwości. Nie miałem otoczenia, które by mnie wspierało, nikogo, kto by mi pomógł, nawet dziewczyny, która by przy mnie stała. Moja słabego zdrowia matka musiała radzić sobie beze mnie z prowadzeniem drogerii, bo mój studiujący brat był zajęty innymi sprawami.

Oczywiście bałem się, że mogą dotkliwie ukarać mnie fizycznie, jeśli nadal nie będę wykonywał rozkazów. Do tego jednak na szczęście nie doszło, to było zresztą zabronione, ale przecież nigdy nie wiadomo... Jedynym środkiem nacisku z ich strony pozostała często przywoływana groźba karceru. Co mi tam, niech mnie zamykają, myślałem. Było mi wszystko jedno. Odebrano mi jednak prawo wychodzenia z koszar na weekend. Przez pięć miesięcy ani razu nie miałem wolnego weekendu, podczas gdy koledzy wyjeżdżali do domów. To była kara za mój protest. Do tego mój adwokat też nie dawał żadnego znaku życia. Zrobiłem, co mi zasugerował, i teraz tkwiłem w koszarach.

Ponieważ przełożeni nie wiedzieli już, jak sobie ze mną poradzić, zamknęli mnie, tak jak grozili, w karcerze, ale tylko na dwa dni. W końcu przydzielono mnie do oddziału sanitarnego. Uznano chyba, że przynajmniej tam na coś się przydam, jeśli jestem do niczego w innych sprawach. W dziale sanitarnym spotkałem lekarza sztabowego nazwiskiem Weinzierl, który stał się moim nowym przełożonym. Jakoś mnie polubił, może z litości, a może – w głębi duszy – czuł do mnie coś w rodzaju szacunku. W każdym razie dobrze się rozumieliśmy i regularnie graliśmy w szachy. W szachach byłem mocny, grałem w nie od dziecka. Zaczynało być już prawie przyjemnie, kiedy nagle wszystko się zmieniło. Żeby okiełznać krnąbrnego Roßmanna, Bundeswehra zastosowała ostrzejsze środki. 1 sierpnia wsadzono mnie do jeepa i odtransportowano do Kliniki dla Nerwowo Chorych w Hanowerze-Langenhagen. Panowała tam zupełnie inna atmosfera od tej, do której przywykłem w ostatnich miesiącach. W koszarach byłem zawsze tylko „szeregowym Roßmannem". A tu lekarze zwracali się do mnie per „panie Roßmann". Podobało mi się to. Myślałem, że teraz będzie już tylko lepiej.

– Panie doktorze – rzekłem – nie jestem chory i nie mam zaburzeń psychicznych; jestem zupełnie normalny.

Lekarz – był ode mnie nieco wyższy – wziął mnie pod ramię:

– Ależ oczywiście, my przecież wiemy, że pan jest normalny.

Lecz powiedział to tak, jakby myślał dokładnie coś przeciwnego, i wtedy po raz pierwszy przemknęło mi przez głowę, że może ze mną rzeczywiście jest jednak coś nie w porządku. Ów medyk był wobec mnie tak miły, że jego zachowanie zbiło mnie z tropu. W klinice skierowano mnie na oddział otwarty, co mi bardzo odpowiadało, a życie toczyło się tam właściwie bardzo przyjemnie. Spędzałem dni, grając z pacjentami – sam nie uważałem się za pacjenta – w ping-ponga. Sprzątałem i starałem się pomagać, jak umiałem. Poza tym psychiatrzy niczego wobec mnie nie stosowali. W ten sposób minęły – abstrahując od okoliczności, które mnie tu przywiodły – cztery bezstresowe tygodnie. Tym, co mnie tylko nękało, była sytuacja w domu. Jak moja matka radzi sobie z prowadzeniem sklepu? Po mniej więcej miesiącu lekarz, który rozmawiał ze mną podczas przyjęcia do kliniki, poprosił mnie do siebie.

– Panie Roßmann, muszę panu przekazać wiadomość: dziś zostanie pan zwolniony z kliniki i przekazany Bundeswehrze. Pański pobyt u nas się zakończył. Według mnie jest pan obliczalny, nie stwierdziliśmy niczego złego. Z punktu widzenia medycyny nic nie stoi na przeszkodzie, żeby kontynuował pan służbę wojskową. Ale ja wiem, co jest pana problemem, i napiszę w opinii, że jest pan nerwowy i że nie powinno się pana obciążać sytuacjami stresogennymi. Nie mogę jednak napisać, że jest pan zaburzony psychicznie; jako lekarz nie mogę tego uczynić, obowiązuje mnie lekarska precyzja. Diagnoza, która teraz pomogłaby panu uzyskać zwolnienie ze służby wojskowej, później, w życiu zawodowym, mogłaby panu tylko zaszkodzić. W mojej opinii umieściłem więc jedynie uwagę, że jest pan psychicznie niestabilny.

I znów wsadzono mnie do jeepa – był 6 września 1965 roku – i odwieziono do batalionu obrony przeciwlotniczej. Po południu znalazłem się znowu w koszarach. Moi przełożeni zakładali, że te cztery tygodnie w klinice dla nerwowo chorych złamią mnie i sprawią, że spokornieję. Tak się jednak nie stało. Dla mnie nie zmieniło się nic. Zachowywałem się tak samo jak przed pobytem w klinice – nie spełniałem rozkazów. Kiedy tamtego popołudnia kazano mi posprzątać rewir, przebiegło mi przez głowę: „Jeśli teraz popełnię jakieś czyste wariactwo, to oni się wreszcie załamią".

Wyjąłem z szafki na ubrania mundur wyjściowy i włożyłem go. Wyszedłem na zewnątrz w pełnym rynsztunku. Naprzeciw wejścia do koszar stał potężny dąb, najwyższe drzewo w okolicy. Po drzewach wspinałem się od dziecka jak małpa. Piękny, wysoki dąb u wejścia do koszar nie był więc dla mnie szczególnym wyzwaniem. Wiedziałem, jak trzeba się ubezpieczać, wspinałem się coraz wyżej, w zupełnym spokoju, i doszedłem do samego wierzchołka. Tam znieruchomiałem, trzymając się mocno drzewa, i tkwiłem na dębie w swoim mundurze wyjściowym.

Po kilku minutach przechodził podoficer i kiedy spostrzegł mnie wysoko w górze, osłupiał. Z pewnością pierwsze, co przyszło mu do głowy, to myśl, że ten Roßmann to jednak czysty wariat. Krzyknął:

– Roßmann, co pan tam robi? Natychmiast schodzić! Co za świr! Kompletnie mu odbiło!

Ciskał się i grzmiał niby hałaśliwy kobold*. Nie reagowałem.

– O, pan się jeszcze przekona – groził. – Złazić na ziemię, ale już!

Wrzeszczał tak, że głos odmówił mu posłuszeństwa. A ja siedziałem przy wierzchołku dębu i obserwowałem wszystko z wysokości dwudziestu metrów. Opanowało mnie nieznane dotąd, dziwnie odurzające uczucie – połączenie strachu i zuchwałości. Po mniej więcej godzinie pojawił się wyższy rangą oficer dyżurny.

– Szeregowy Roßmann, czy zechce pan zejść z drzewa? Moglibyśmy wtedy wszystko omówić w spokoju.

Najwidoczniej ustalono, że jeśli groźby nie skłoniły mnie do zejścia na dół, trzeba zmienić taktykę. Oficer zabrał się do sprawy uprzejmiej, mądrzej psychologicznie. Ale to także nie odniosło żadnego skutku. Dalej siedziałem na drzewie nieporuszony. U dołu zaczął gromadzić się tłumek, wokół dębu zbierało się coraz więcej żołnierzy. Trzymali czasem w ręce piwo z kantyny, rozsiadali się na trawie i przyglądali niesłychanemu zajściu. Po południu zgromadziło się już kilkuset gapiów – wreszcie coś się działo! Pamiętam, że tamtego wieczoru szła

---

* *Kobold* (niem.) – skrzat, diabełek (przyp. red.).

w telewizji transmisja jakiegoś ważnego meczu piłki nożnej, ale Roßmann na dębie stanowił, jak widać, większą sensację.

Po zachodzie słońca uruchomiono reflektory. Powoli mijały godziny. Jak długo tkwiłem wysoko na drzewie, nie potrafię dziś już powiedzieć, musiało to być z pięć albo sześć godzin. W pewnej chwili zrozumiałem, że zaczynają się problemy. Poczułem, że muszę koniecznie do toalety. Załatwić się z góry – nie, to byłoby jednak za dużo dobrego. Musiałem po prostu wytrzymać. Późnym wieczorem, gdzieś około godziny 22.00, kiedy ani prośbami, ani groźbami nic nie wskórano, wezwano wóz straży pożarnej. Straż miała mnie ściągnąć za pomocą długiej drabiny. Przeliczono się jednak: moje drzewo było wyższe niż ich drabina. Straż się wycofała. Zrobiła się północ. Teraz przyjechała straż z Langenhagen, lepiej wyposażona niż ta pierwsza. Napięcie wzrosło: jej drabina sięgnęła wierzchołka drzewa. Na górę wdrapał się jeden ze strażaków. Kiedy zrównał się ze mną, sięgnął ręką w moją stronę, żeby mnie chwycić.

– Ręce przy sobie – ostrzegłem go – bo inaczej spadniemy obaj. Zabieraj drabinę, sam zejdę na dół, dla mnie sprawa jest zakończona.

Powiedziałem tak, bo strasznie chciało mi się sikać. Zresztą i tak bym nie mógł przecież wiecznie siedzieć na drzewie. Kiedy zszedłem i stanąłem na ziemi, zewsząd słyszałem okrzyki powitalne licznie jeszcze zgromadzonych widzów. Poza tym w pogotowiu stało czterech strzelców wyborowych, żeby mnie eskortować, gdy postawię stopę na ziemi. Był też obecny lekarz sztabowy, z którym grałem w szachy, a który nadal był moim przełożonym. – Stop! Ja się nim zajmę. Pójdzie ze mną na oddział sanitarny – powiedział do żandarmów i zabrał mnie z sobą. Przed salką, w której spałem, postawiono straż, żebym nie uciekł. Po akcji na drzewie wszystkiego można się było po mnie spodziewać. Mimo całego napięcia, jakie przeżyłem, spałem mocno i głęboko. Następnego ranka zostałem wezwany do lekarza sztabowego. Chciał wiedzieć, dlaczego wlazłem na drzewo i czy miałem zamiar popełnić samobójstwo.

– Dlaczego jest pan tego ciekaw? – zapytałem. Odparł, że musi poznawać ludzkie motywacje.

– Wspiąłem się na górę, nie zastanawiając się wiele, po prostu – odparłem. – Tu ciągle żyję w napięciu, i do tego jeszcze te docinki i kpiny żołnierzy, że byłem w wariatkowie. Sytuacja jest dla mnie krańcowo obciążająca. Mimo to nie dam się złamać.

– Byłoby jednak dobrze, gdyby zmienił pan zdanie. W dywizji pytają mnie o pańskie samopoczucie. Potrzebuję pańskiej odpowiedzi w formie pisemnej. Proszę napisać na jedną stronę, jak się pan czuje. Nie miałbym nic przeciwko temu, gdyby pan trochę podkoloryzował.

Zrozumiałem jego podpowiedź i napisałem, że nie wytrzymam dłużej nacisku, jaki się na mnie wywiera, i że nie wiem, co dalej zrobić ze swoim życiem. Nie mam ochoty żyć, bo straciłem zaufanie do państwa, które łamie prawa obywateli. Nie wierzę też otaczającym mnie ludziom, więc chyba z sobą skończę... Ostro pojechałem. Treść listu przekazano dowództwu dywizji. Było mniej więcej południe. Dwie godziny później przyszedł rozkaz z dowództwa: szeregowego Roßmanna zwalnia się ze skutkiem natychmiastowym z Bundeswehry, zwalniany ma się stawić w szatni, zwrócić broń i otrzymać czterdzieści marek na drogę. Wykonać natychmiast!

Nie trzeba było mi tego dwa razy powtarzać. Zrobiłem, jak rozkazano – ironia losu. Ostatni rozkaz, który mnie dotyczył, był pierwszym, który wykonałem. Oddałem mundur, zabrałem z szafki prywatne ubranie i z niewiarygodnym poczuciem satysfakcji opuściłem koszary. Jakbym na nowo się narodził. Był 7 września 1965 roku, dzień moich dziewiętnastych urodzin. Wreszcie byłem wolny. Byłem z siebie dumny, bo czułem, że wygrałem tę walkę. Niepoddanie się było sprawą honoru. Dopiąłem swego. Życie zaczynało się na nowo!

Po powrocie do domu, do matki, zająłem się sprawami naszej drogerii, którą matce w trakcie mojej nieobecności udało się jakoś utrzymać.

Jakiś czas później dostałem wezwanie z wojska na badanie kontrolne. Lekarz o zmęczonym wyrazie twarzy spytał mnie, jak się czuję. „Dziękuję, dobrze", odparłem. Na jego biurku leżał gruby stos dokumentów, moje akta z Bundeswehry. Powiedział:

– Dokładnie przestudiowałem pański przypadek. Nie będę pana badał, tylko proszę o jedno: niech się pan szanuje.

No i uznał mnie za niezdolnego do służby wojskowej – do końca życia. Do mojej niesławnej „kariery w Bundeswehrze" życie dopisało jeszcze czterdzieści lat później piękną pointę. Klub oficerski z południa Niemiec zaproponował mi w 2004 roku członkostwo honorowe. Myślałem, że to żart. Byłem w błędzie. W jakiś sposób dowiedziano się tam o mojej historii z Bundeswehrą i o tym, jak siedząc przez cały dzień na drzewie, doprowadzałem wszystkich do szaleństwa. Ta odwaga, napisano w uzasadnieniu, domaga się wyróżnienia.

Dziś lekko opowiadam tę historię, którą przeżyłem jako osiemnastolatek, i nie mogę nie uśmiechnąć się pod nosem, przypominając sobie radę lekarza sztabowego, że w przyszłości powinienem się oszczędzać. Wtedy jednak sytuacja była dla mnie bardzo trudna, bo nie wiedziałem, jak potoczy się dalej moje życie i czy cała sprawa zostanie rozstrzygnięta na moją korzyść. Jedno w każdym razie jest dla mnie bardzo typowe i pod tym względem nic się nie zmieniło: Arthur Schopenhauer powiedział kiedyś, że ludzie nie odnoszą w życiu sukcesu, bo za wcześnie się poddają. Pod tym względem zawsze stosowałem właściwą taktykę: nigdy nie poddawałem się za wcześnie. Potrafię być nieugięty. Jeśli czegoś chcę, to chcę.

DZIECIŃSTWO W RUINACH

Jestem dzieckiem czasów powojennych. Urodziłem się we wrześniu 1946 roku, gdy wszechobecne były jeszcze wspomnienia wojennych zniszczeń, terroru, śmierci i winy, a trauma wojny odbijała się w twarzach sprawców i ofiar. Kiedy się urodziłem, świat leżał w gruzach i popiele. Centrum mojego rodzinnego Hanoweru zostało zniszczone w dziewięćdziesięciu procentach. W innych dzielnicach bomby alianckie zrównały z ziemią połowę wszystkich budynków. 10 kwietnia 1945 roku 9. Armia USA, wchodząc do miasta z północy, zdobyła je właściwie bez walki. Dla tych, którzy przeżyli, oznaczało to koniec wojny. W budynek hanowerskiego ratusza, jednego z najważniejszych symboli miasta, którego otwarcia dokonał w 1913 roku sam cesarz Wilhelm II, też trafiły bomby. Zniszczenia na szczęście nie okazały się ogromne. Dziś w holu ratusza można zwiedzać cztery modele

Hanoweru o rozmiarach cztery i pół na pięć i pół metra, pokazujące miasto w różnych epokach.

Jeden z modeli prezentuje rozmiar zniszczeń po zakończeniu drugiej wojny światowej. Widać na nim zbombardowany dom, w którym mój dziadek ze strony matki, Edmund Wilkens, prowadził niegdyś duży zakład kuśnierski. Wilkensowie wywodzą się z Bruchhausen-Vilsen, z okolic Bremy. Mój dziadek Edmund wyjechał około 1880 roku do Hanoweru, gdzie zdobył szlify kuśnierza. Podczas pierwszej wojny światowej kierował zakładem na dwieście osób, gdzie szyto czapki i rękawice, do tego otworzył sklep z futrami, który ciągle powiększał, tak że z czasem sklep ten stał się największym sklepem futrzarskim w całym Hanowerze. U dziadka Wilkensa ubierała się najbogatsza klientela miasta.

Dziadek wyjeżdżał co roku do Lipska, ówczesnej metropolii futrzarskiej, gdzie kupował towar i prowadził interesy. Dzięki jego lukratywnym transakcjom rodzina mojej matki była bardzo zamożna. Dziadek zakupił w Hanowerze pięciopiętrowy dom, w którym wynajmował mieszkania, a obok zbudował drugi, równie okazały. W tym domu, w dziesięciopokojowym mieszkaniu, zamieszkali Wilkensowie. Prowadzili życie na wysokiej stopie, w stylu bogatego mieszczaństwa, zatrudniali służące i pomoce kuchenne. Rodzina posiadała także dom letni w Großenheidorn nad jeziorem Steinhuder.

Moja matka Hilde urodziła się w 1909 roku. Miała dwie siostry. Skończyła Wyższą Szkołę dla Panien w Hanowerze, założoną w XVIII wieku. Jako jedna z pierwszych w Hanowerze, jak później z dumą opowiadała, uzyskała prawo jazdy. Była więc kobietą nowoczesną. Pierwszym pojazdem, jaki matka posiadała, było auto marki Horch, najczęściej wówczas sprzedawany samochód wyższej klasy. Z opowieści matki wynika, że ona i jej siostry były wesołymi dziewczętami, którym niczego nie brakowało. W ich wychowywaniu duży nacisk kładziono na wykształcenie. Biblioteka w domu Wilkensów pękała w szwach od klasyków literatury – od Balzaka, poprzez Goethego, do Schopenhauera. Ten ostatni miał odegrać dużą rolę również w moim życiu.

Wilkensowie byli przy tym obywatelami żywo interesującymi się polityką, choć niekoniecznie jednakowych poglądów. Dziadek sprzyjał partii centrowej, a więc konserwatystom, babka Marie natomiast była przekonaną socjaldemokratką. Ona lewicowa, on prawicowy, nie brakowało więc w domu ożywionych dyskusji. Ale – co bardzo ważne – dziadkowie szanowali wzajemnie swoje przekonania. Byli mądrymi, odmiennie myślącymi ludźmi, którzy stale z sobą rozmawiali. Co, jak wynika z mojego doświadczenia, w zasadniczym stopniu przyczynia się do tego, że związek kobiety i mężczyzny trwa do końca życia.

Po wczesnej śmierci mojego dziadka w 1958 roku babka Wilkensowa na krótko się do nas wprowadziła. Pamiętam ją jako kobietę pełną humoru, swobodną i niesłychanie otwartą jak na tamte czasy. Raz spytałem ją:

– Jak się masz, babciu?

Odparła – a była wówczas kobietą osiemdziesięcioletnią – mniej więcej tak:

– W ustach brak zębów – nie da się gryźć. W tyłku nie ma zdrowej rurki – nie da się srać. Na mój widok nikomu fujarka nie staje, a ty jeszcze pytasz, jak się mam! Mój brat Axel i ja nazywaliśmy ją „wielką babcią". Nie była szczególnie wysoka, może kilka centymetrów wyższa od „małej babci", jak nazywaliśmy babkę Roßmannową, lecz nieco od niej krąglejsza. Roßmannowie też byli kupcami. Jednak w rodzinie mojego ojca Bernharda pod względem finansowym działo się zupełnie inaczej. Warunki były o wiele skromniejsze. W 1909, roku narodzin mojej matki, dziadek Rudolf Roßmann założył w Hanowerze niewielką drogerię przy Lorzingstraße, róg Podbielskistraße. Jego żona, nasza „mała babcia", była prostą kobietą. I w dodatku na wszystkim oszczędzała. Papierosa zapalała zapałką użytą poprzednim razem, teraz przyłożoną do ognia, żeby się zajęła, a papierosa paliła tylko do połowy; drugą część zachowywała na następny raz. W pokoju gościnnym stały – już w czasach nazistów i jeszcze potem do lat pięćdziesiątych – trzy słynne małpy: nic nie widzieć, nic nie słyszeć, nic nie mówić. Czy „mała babcia" stosowała te zalecenia w swoim życiu, nie potrafię powiedzieć. Dla mnie te małpy były symbolem drobnomieszczańskiej kołtunerii i zaduchu wytwarzanego przez małych ludzi, jak trafnie nazwał to w swoich utworach Walter Kempowski.

Na moim biurku w Burgwedel w Dolnej Saksonii do dziś stoi fotografia drogerii dziadka Rudolfa. Bardzo się cieszę, że to zdjęcie, jedyne, jakie dotyczy naszych początków, w ogóle się zachowało. Budynek, w którym mieściła się drogeria, został kompletnie zniszczony podczas bombardowań wojennych i moi rodzice w 1947 roku otwarli coś w rodzaju drogerii tymczasowej, również przy Podbielskistraße, dokładnie naprzeciw dawnego sklepu. Nowy sklepik stanowiło jedno małe pomieszczenie i zaplecze wielkości kilku metrów kwadratowych.

Nie znam dokładnie okoliczności, w jakich poznali się moja matka i mój ojciec, niemniej jedno jest pewne: rodzina zamożnych kupców Wilkensów i rodzina drobnych kupców Roßmannów to było zderzenie dwóch światów. Hilde Wilkens zakochała się w Bernhardzie Roßmannie, miłym, młodym mężczyźnie, i w latach trzydziestych wzięła z nim ślub. Moi rodzice zamieszkali w kamienicy przy Rubensstraße. Mieli potem wielkie szczęście, bo kamienica, jako jedna z niewielu, ocalała podczas bombardowań alianckich. Mieszkanie było małe, trzypokojowe, moi rodzice zaraz po wojnie musieli przyjąć ludzi pozbawionych własnego kąta, ludzi, którzy stracili swoje lokum wskutek bombardowań albo zostali zeń wypędzeni. Było więc ciasno, ale przynajmniej mieliśmy dach nad głową.

Przyszedłem na świat w powojennym świecie, dwa lata po moim bracie Axelu. Mój start w życie wcale nie był różowy. Matka opowiadała, że w 1948 roku, gdy nie miałem jeszcze dwóch lat, ciężko zachorowałem, dopadły mnie równocześnie chyba wszystkie choroby świata.

Najpierw obustronne zapalenie płuc, do którego dołączyła szkarlatyna, a potem jeszcze inne choroby stanowiące wówczas zagrożenie życia małych dzieci, ich nazw już nie pamiętam. W naszym małym mieszkanku panowało zawsze przenikliwe zimno, brakowało opału. I było krucho z jedzeniem. Zdrowe odżywianie było pojęciem nieznanym. Kiedy mama spytała lekarza, czy mnie zawieźć do szpitala, ten z rezygnacją pokręcił tylko głową. „Będzie lepiej dla wszystkich – powiedział – jeśli mały Dirk umrze w domu, w otoczeniu rodziny". Moi rodzice byli wstrząśnięci. Nie mieli pojęcia, co robić. Ale jak widać, przetrwałem ten ciężki czas. Musiałem już jako dziecko mieć silną wolę życia. Dziś bardzo kocham słońce i wolę się pocić niż marznąć, i myślę, że jest to konsekwencja tamtego zimna, w jakim wychowywałem się w dzieciństwie. Nadal źle znoszę niskie temperatury. Choć oczywiście nie pamiętam ani tamtego chorowania, ani bliskości śmierci, coś jednak, jakieś głębokie naznaczenie, widocznie we mnie pozostało.

Czy lata powojenne były dobrym czasem na dorastanie? Ludzie byli niespokojni, przybici, zdezorientowani i pełni lęku o przyszłość. Dotyczyło to również moich rodziców. Co jest jednak najważniejsze dla dziecka? Przyjazne otoczenie, rodzice dający poczucie bezpieczeństwa, odwaga i pozytywne spojrzenie w przyszłość – o to wszystko w tamtych latach było trudno. Dorosłych pochłaniała walka o przetrwanie. I to prawdopodobnie było powodem, że moi rodzice, pochodzący z tak różnych duchowo światów, w ogóle pozostali razem do końca życia.

Raz w naszym małym mieszkaniu byłem świadkiem ich kłótni, która zupełnie mnie zdezorientowała i wprawiła w panikę. Rodzice krzyczeli na siebie, a w ich głosach słychać było nienawiść. Wiedziałem, co jest powodem tej kłótni, ale w duchu modliłem się: „Dobry Boże, spraw, żeby przestali! Proszę, dobry Boże!...". Bóg i religia nie odgrywali w naszej rodzinie większej roli, choć byliśmy ochrzczeni w kościele ewangelickim. Pewnego razu spytałem matkę:

– Mamo, jak to jest z Bogiem? Czy ty wierzysz w Boga?

Matka odpowiedziała:

– Wiesz, nie wiadomo, czy Bóg istnieje, ale l e p i e j w niego wierzyć.

Ta odpowiedź wydała mi się już wówczas krańcowo rozczarowująca, zdradzała intelektualną powierzchowność, która mnie raziła. Świat ducha lat pięćdziesiątych, lat mojego dzieciństwa i wczesnej młodości, był tak czy owak pełen moralistycznych poglądów, które przyprawiają o zawrót głowy. Niedawno spotkałem dawnego nauczyciela z mojej szkoły powszechnej, Petera-Alwina Pinnena, który uczył mojego brata Axela i był moim nauczycielem matematyki w czwartej klasie. Znał mnie od dziecka, bo on i jego rodzina zaopatrywali się zawsze w naszej drogerii. Pinnen ma teraz dziewięćdziesiąt jeden lat. Kiedy w 1950 roku został nauczycielem, zarabiał 166,56 marek miesięcznie. Opowiedział mi o pewnej młodej nauczycielce, swojej koleżance, która na początku 1950 roku poszła do dyrektora szkoły, żeby go zawiadomić, że za kilka miesięcy wychodzi za mąż. Dzień ślubu oznaczał dla niej koniec pracy zawodowej, ponieważ obowiązywało jeszcze prawo, które stanowiło, że kobieta zamężna nie może pracować jako nauczycielka. Wraz z zawarciem małżeństwa traci też prawo do emerytury. Kobieta, stając się żoną, miała zajmować się dziećmi i mężem. Kropka.

Niewiarygodne z dzisiejszego punktu widzenia, ale taka była rzeczywistość lat pięćdziesiątych. W wypadku tej nauczycielki zadziałała jeszcze dziewiętnastowieczna tak zwana klauzula celibatu, która wkrótce potem przestała obowiązywać. To, co dziś jest oczywiste – prawa kobiet, gejów, lesbijek i inne kwestie – było wówczas nie do pomyślenia. To był po prostu inny świat. Ideologia faszystowska, wiara w Hitlera, hasła „my jesteśmy panami świata", „my pokażemy światu!" – ten obłęd skończył się tak niedawno. Jako młody człowiek sporo myślałem o winie Niemców i o ich zbrodniach na Żydach i innych narodach, choć nie skończyłem żadnych wyższych szkół. Historia Niemiec zawsze mnie jednak żywo interesowała.

WCZESNA PRAKTYKA

Zmysł do interesów mam zapewne, kiedy się przyjrzeć życiu moich przodków, w genach. Nie są to jednak bynajmniej geny linii Roßmannów. Dlaczego? Bo Bernhard Roßmann nie był moim biologicznym ojcem, jak się później dowiedziałem. Do tego jeszcze dojdę. Ponieważ jednak mężczyzna, który mnie spłodził, był również utalentowanym przedsiębiorcą, żyłkę do interesów muszę mieć we krwi. Jest prawdą, że pieniądz czy też zarabianie pieniędzy zawsze odgrywało w moim życiu decydującą rolę. Również z tego prostego powodu, że w moim dzieciństwie w domu nigdy się nie przelewało. Na wszystkim się oszczędzało i zawsze zaciskało pasa. Kiedy zapomniałem zgasić światło, wysłuchiwałem połajanek. A kiedy, łażąc po drzewach w hanowerskim lesie Eilenriede, wracałem z rozerwanymi portkami, matka wpadała w szewską pasję. Kąpaliśmy się raz na tydzień, zawsze w soboty.

To musiało wystarczyć. Na kuchni grzało się wtedy cztery gary wody – nie było jeszcze ciepłej wody w kranie – i wlewało się je do wanny. Tak wyglądało życie codzienne większości ludzi w tamtych latach.

Oczywiście mam też sympatyczniejsze wspomnienia, na przykład niedzielnych wycieczek, kiedy jechaliśmy naszym małym volkswagenem garbusem, w którym my, dzieci, siedzieliśmy ściśnięci z tyłu, do Bad Pyrmont albo w góry Harzu. Lub też – już później – gdy z moim przyjacielem z sąsiedztwa, Frankiem Bahrem, spędzaliśmy wakacje w Hörnum na Sylcie. Mieszkaliśmy wtedy za dziewięćdziesiąt pięć marek przez trzy tygodnie w czymś w rodzaju schroniska dla młodzieży, w co wliczone były wyżywienie i zakwaterowanie.

Dla kogoś z zewnątrz być może zabrzmi to dziwnie, ale już jako dziesięciolatek wiedziałem, co chcę w życiu robić. Moje życie miało być, po pierwsze, pełne przygód – chciałem po prostu coś przeżyć. Po drugie, chciałem dobrze zarabiać. Nie dla samego posiadania pieniędzy, tylko żeby być wolnym od przymusów i zależności, jakie nękały moją rodzinę. Człowiek potrzebuje pieniędzy, żeby być wolnym. To prosta prawda. Chciałem zarabiać tyle, żeby być niezależnym i móc o sobie decydować. A później zrozumiałem, że od zawsze chciałem być samodzielny: nikomu nie musieć się tłumaczyć, nie słuchać niczyich poleceń. Wolałem raczej prowadzić skromny kiosk na rogu ulicy, niż wziąć dobrą posadę w większej firmie, gdzie musiałbym wykonywać rozkazy szefa.

Takie były moje zasady już od wczesnych lat, podstawa tego, co miało się zdarzyć w przyszłości. Być wolnym, nie musieć się podporządkowywać. Praca po czternaście godzin na dobę nie była problemem, pod warunkiem że jest to praca dla siebie, nie dla innych, i że jest dobrze płatna. Jedno chcę jasno zaznaczyć: nigdy nie fascynowało mnie gromadzenie pieniędzy, nie pragnąłem stać się drugim Sknerusem McKwaczem, który się w nich kąpie. Moja dewiza brzmiała: dużo zarabiać, dużo wydawać.

Zapytałem kiedyś mojego przyjaciela, kryminologa Christiana Pfeiffera:

– Powiedz, Christian, co według ciebie jest moją najbardziej charakterystyczną cechą.

– Nie znam człowieka – odparł – który byłby bardziej wolny od ciebie.

Wolność zawsze idzie w parze z niezależnością finansową i gospodarczą. Nie chodzi o luksus, o to, żeby mieć największy dom czy najdroższe auto, lecz żeby być wolnym od niepokoju o jutro, o to, za co się będzie żyć, czy będzie się w stanie utrzymać rodzinę. Takie było zawsze moje myślenie i moje starania zmierzały w tym kierunku.

Nie miałem wzorców w tym sensie, że nie chciałem stać się taki jak ten czy ów, nikogo nie naśladowałem. Lecz w moim dzieciństwie były w Hanowerze trzy rodziny znanych przedsiębiorców, które podziwiałem za to, do czego doszły, i coś takiego jak one sam chciałem osiągnąć. Na przykład Beindorffowie, właściciele firmy Pelikan produkującej materiały piśmiennicze. Jako uczeń używałem oczywiście pióra tej marki. Najwcześniejszy sklep Pelikana znajdował się zaraz za rogiem naszego domu. Jeśli nie bawiliśmy się z kolegami w lesie albo nie oglądaliśmy w kinie filmów o Indianach, co było jedną z moich ulubionych rozrywek, odwiedzaliśmy przechadzające się pelikany, które Beindorff, właściciel firmy, sprowadzał w lecie z zoo do przedniej części ogrodu otaczającego jego przedsiębiorstwo. Te pelikany były dla mnie namiastką luksusu w zniszczonym wojną Hanowerze.

Drugą rodziną była rodzina Sprengelów, słynnych fabrykantów czekolady. Muzeum Sprengel w Hanowerze, powstałe później jako darowizna rodziny, zyskało rozgłos daleko poza granicami miasta.

Listę tę zamykają Bahlsenowie, również pochodzący z Hanoweru. Każdy zna herbatniki Leibniz Bahlsena. Ci trzej przedsiębiorcy to był mój impuls. Oni byli najwięksi, my – najmniejsi. Być może podziw dla takich przedsiębiorców jak Beindorffowie, Sprengelowie, Bahlsenowie wynikał z tego – czego nie byłem świadom – że moja matka tęskniła do burżuazyjnego świata, który utraciła.

Moje pierwsze nieśmiałe próby zarobienia własnych pieniędzy nie miały jeszcze na celu zdobycia finansowej samodzielności. W gazecie „Hannoversche Allgemeine Zeitung" ukazywała się w niektóre soboty strona dla dzieci, na której publikowano opowiadania, wierszyki i rymowanki młodych czytelników. Kto chciał, mógł przysłać do redakcji swój tekst, a ta dokonywała wyboru.

Szczęśliwcy, których „dzieło" wydrukowano, otrzymywali honorarium w wysokości ośmiu marek. Dla mnie była to masa pieniędzy. Posłałem swój wiersz do wielkanocnego wydania gazety i udało się, został zamieszczony:

Wielkanocny spieszy zając,
pyszne jajka roznosi, kicając,
jedno tu, drugie tam.
Ja swoje z nadzieniem mam.

Ułożyłem też rymowankę na temat pieniędzy:

Forsa, forsa, forsa
wędruje przez świat,
przez góry i lasy,
jest ludziom jak brat.
Czasem ta zmęczona pani
marzy o jakiejś przystani;
o przygodzie zgoła nowej
na książeczce oszczędnościowej.

Zgoda, rytm tych zdań nie był może doskonały, ale ich autor liczył sobie dziewięć czy dziesięć lat... Kiedy chodziło o zdobycie kilku marek, zawsze byłem pomysłowy. Zarabiałem też w drogerii rodziców. Pomagałem w niej z bratem i dostawałem za to trochę pieniędzy. Na przykład pakując do małych plastikowych woreczków próbki kosmetyków. Próbki dostawaliśmy od rozmaitych producentów, którzy chcieli wprowadzić na rynek nowy rodzaj kosmetyku. Axel i ja siedzieliśmy wówczas godzinami w domu przed górą tych próbek i pakowaliśmy – poczynając od pasty do zębów Biox Ultra aż do mydełka Fa – po pięć różnych rodzajów do każdego woreczka, zamykając na koniec każdy taki pakunek małym klipsem. Za tak napełniony woreczek dostawaliśmy jednego feniga. Kiedy zaoszczędziłem zarobione przez tydzień pieniądze, w sobotę mogłem sobie kupić czekoladę, którą dzieliłem się sprawiedliwie z bratem. Była to najważniejsza chwila tygodnia.

Gdy wspominam naszą drogerię, mam jeszcze przed oczyma metalowe automaty zainstalowane przy wejściu, które wydawały różne produkty. Były wysokie na ponad dwa metry, ustawione na rolkach i przymocowane do ściany żelaznymi sztabami, żeby ich nikt nie ukradł. Taki automat miał osiem szuflad, z których, gdy wrzuciło się do niego pieniądze, można było sobie wyciągnąć dany produkt. Znałem zawartość siedmiu z ośmiu szuflad, wiedziałem dokładnie, co w której się znajduje: cukierki śmietankowe, filmy do aparatu fotograficznego, czekolady i tak dalej. Ale ósma szuflada była dla mnie tajemnicą, nie znałem jej zawartości. Oczywiście byłem ciekawy, co w niej jest, nie odważyłem się jednak zapytać o to rodziców, bo czułem, że pytanie byłoby dla nich kłopotliwe: szuflada mieściła w sobie kondomy marki Fromms. Kondomy były wówczas sprawą tabu, o czymś takim się nie rozmawiało. W latach pięćdziesiątych, jak wspomniałem, ludzie byli pruderyjni.

Dom, w którym znajdowała się nasza drogeria, był małym jednopiętrowym budynkiem postawionym szybko po skończeniu wojny. Pokrywał go lekko spadzisty dach, na który można się było wspiąć. Powierzchnia sprzedaży w drogerii była nie większa niż dwadzieścia metrów kwadratowych, z ladą i drewnianymi regałami pod sufit. Wszystko maleńkie. Szuflady mieściły zbieraninę kosmetyków. Niektóre z nich, jak krem Nivea czy mydełko Fa, są znane do dziś, inne dawno znikły z półek. Jeśli przychodziły klientki, chcąc kupić „dyskretne" produkty, na przykład podpaski, domagały się obsłużenia wyłącznie przez moją matkę. Poproszenie o coś takiego sprzedawcy mężczyzny nie przeszłoby im przez usta. Były to sprawy wysoce wstydliwe. Podpaski były też – stosownie do swego charakteru – przechowywane w szufladzie na samym dole. Ludzie mieli opory, żeby nazywać rzeczy po imieniu. Nawet kupowanie papieru toaletowego było dla niektórych czynnością krępującą.

Moja matka była w drogerii szefową. Dziś powiedziałoby się: szefową w spodniach. Podobnie jak u nas w domu, tak też w sklepie każdy fenig obracało się w ręku kilka razy, zanim się go wydało. Z tych samych powodów musieliśmy na przykład na polecenie mamy przecinać na pół etykietki w rozmiarze jeden centymetr na pół centymetra do przyklejania cen na towarach. Na tak powstałych ociupinkach wypisywało się cierpliwie mikroskopijne cyferki cen.

Patrząc od strony finansowej, nasza drogeria znajdowała się zawsze na progu bankructwa. W liczbach wyglądało to tak: mieliśmy około pięćdziesięciu tysięcy marek po stronie „ma", w co wliczały się towary zgromadzone w sklepie i na zapleczu. Ale równocześnie mieliśmy też górę długów dokładnie tej samej wielkości: pięćdziesiąt tysięcy marek, w co wchodziły kredyty zaciągnięte w bankach i u wielkich potentatów handlowych. Raz w roku, zawsze 31 grudnia, przeprowadzaliśmy wielką inwentaryzację, spisując wszystkie towary i wciągając na ich listę każdą pozycję. Pomagaliśmy przy tym – mój brat i ja. Mnie powierzano zadanie spisania na liście towarów przechowywanych na strychu – chodziło o damskie kosmetyki, które miałyby wartość pięciu tysięcy marek. Celowo używam tu trybu warunkowego „miałyby", bo kremy te leżały u nas na strychu od zawsze. Były stare i zjełczałe, miały uszkodzone opakowania, jakby nadgryzły je szczury. Krótko mówiąc, to, co tam znajdowałem, było towarem nienadającym się do sprzedaży i pielęgnacji cer naszych klientek (chodziło o kremy firmy kosmetycznej Olga Czechowa; Czechowa już przed wojną była słynną aktorką). Dla mojego ojca stan tych kosmetyków nie miał znaczenia.

– Spisuj wszystko dokładnie: trzy kremy takie a takie, osiem takich a takich i tak dalej.

– Ale po co? Nie rozumiem. Ten towar jest kompletnie bezwartościowy, tuby kremów zardzewiały, tego już
nikt nie kupi – argumentowałem.

– No, przecież o tym wiem – odpowiadał ojciec – ale
to nieistotne. Musimy je wykazać po stronie aktywów
w naszym bilansie. Potrzebujemy tych towarów w magazynie. Inaczej uznają nas za zadłużonych ponad miarę i splajtujemy – tłumaczył.

To wszystko wydawało mi się podejrzane, mimo że
miałem dopiero dziesięć lat. Faktem było jednak, że nad
naszą drogerią ciągle wisiała groźba bankructwa. Z niewielkiego dochodu, jaki przynosiła, nie tylko żyliśmy my:
mama z tatą, mój brat i ja, ale od niej zależał również byt
rodziców ojca. W tej niepewnej finansowo sytuacji za decyzję zupełnie absurdalną i ryzykowną oceniam zakup
na kredyt mercedesa wartości dziesięciu tysięcy marek;
auto oczywiście stało się chlubą ojca. Niestety, niedługo
jednak miał się cieszyć tym nabytkiem...

PIĘCIU IDIOTÓW

Pięciu idiotów, mówiliśmy o sobie, moi przyjaciele i ja. Znaliśmy się od małego, z sąsiedztwa, byłem szefem tej piątki. Naszym matecznikiem był cudowny las hanowerski Eilenriede. Raj dla nas, dzieci, olbrzymi, o powierzchni ponad sześciuset hektarów. Tutaj czuliśmy się jak w domu. W czasie drugiej wojny światowej las bardzo ucierpiał, w dwóch trzecich został zniszczony gradem bomb. Ale nie było tu ruin, zbombardowanych domów. Natura odradzała się, na powrót brała w posiadanie to, co było jej. Wszystko rosło dziko i niepohamowanie. Raz w roku teren zamykano, ponieważ na drodze o długości pięciu kilometrów, prowadzącej wokół lasu organizowano słynne wyścigi motocyklowe. To też było zawsze emocjonującym wydarzeniem. Las Eilenriede sprzyjał niekończącym się przygodom.

Piątka chłopców była prawie każdego dnia po szkole w lesie, łaziliśmy po drzewach jak małpy, co przydało mi się, o czym czytelnik już wie, kilka lat później podczas akcji protestacyjnej w wojsku. Pamiętam, że raz znaleźliśmy martwego zająca. Przywiązaliśmy go za skoki do kija i zanieśliśmy w uroczystej procesji, maszerując jeden za drugim Podbielskistraße, na komisariat policji. Raz w szkółce leśnej rozpaliłem ogień, a ten buchnął w górę wyżej od płotu. Wpadłem w panikę, bo ogień rozprzestrzeniał się coraz bardziej, a byłem odgrodzony płotem. Żeby zdławić płomienie, musiałem dostać się jakoś na drugą stronę. Ziemia była sucha, dawno nie padało. Przerażony widziałem już w wyobraźni, że od tego ognia płonie cały hanowerski las. Jakoś jednak udało mi się w końcu opanować ten ogień.

Ciągle więc coś się działo u pięciu idiotów, którzy to określenie traktowali z całym szacunkiem. Mieliśmy wariackie pomysły, a i samych siebie nie braliśmy całkiem serio. Kiedy moja rodzina wyprowadziła się z Rubensstraße, mój kontakt z grupą się urwał. Jeden z moich kolegów nazywał się Frank Bahr. To ten, z którym kiedyś w czasie wakacji pojechałem na Sylt. Nie widzieliśmy się przez czterdzieści pięć lat, gdy nagle przed kilkoma laty Frank się odezwał. Okazało się, że prowadzi pasjonujące życie. Nie tylko napisał czterdzieści podręczników szkolnych, ale objechał ni mniej, ni więcej, tylko sto czterdzieści krajów na wszystkich pięciu kontynentach. Tak mi zaimponował, że spytałem, czy nie chciałby publikować swoich wrażeń z podróży w naszym rossmannowskim magazynie „Centaur", który wydajemy dla klientów. Od tego czasu mój przyjaciel z czasów szkolnych pisuje dla „Centaura". Koło się zamknęło.

Od dziecka byłem fanem piłki nożnej i regularnie chodziłem na mecze klubu piłkarskiego Hannover 96. Była to drużyna, dla której zawsze żywo biło mi serce. Miłość do futbolu równała się przy tym mojemu brakowi talentu w tej dyscyplinie sportu. Przyznaję wprost, że jako gracz byłem niedorajdą. Wszyscy to wiedzieli, dlatego nie zapraszano mnie na boisko. Naszą bramkę tworzyło z jednej strony drzewo w charakterze słupka, a z drugiej – stałem... ja. Bardziej użyteczny byłem więc w charakterze słupka od bramki niż jako zawodnik na boisku. W pewnym momencie to wszystko wydało mi się jednak głupie. Nie umiałem grać dobrze w piłkę ani nie byłem częścią drużyny. Dlatego w wieku jedenastu lat porzuciłem futbol i odkryłem inną dziedzinę sportu.

Moja matka wymyśliła, że powinienem spróbować gry w tenisa. Zaprowadziła mnie do klubu Zielono-Białych Hanower, małego klubu na obrzeżach miasta, który istnieje do dzisiaj i stał się w międzyczasie jednym z największych klubów tenisowych w okolicy. Tenis nie był wtedy sportem elitarnym ani drogim, więc mogliśmy sobie na niego pozwolić. Tenis okazał się czymś w sam raz dla mnie. Złapałem bakcyla, byłem coraz lepszy. I moja namiętność do tego sportu pozostała do dziś, nadal gram co najmniej raz w tygodniu. Najczęściej z moim dobrym przyjacielem Martinem Kindem, a czasem z Gerhardem Schröderem, jeśli ten ma czas i jest akurat w okolicy.

W tym miejscu należy skreślić kilka słów o Martinie Kindzie, z którym łączy mnie głęboka przyjaźń i zainteresowanie futbolem. Dzisiaj w dwudziestu procentach jestem udziałowcem grającej w Bundeslidze drużyny Hannover 96. Nigdy bym nie pomyślał, że tak się to potoczy, przecież kiedyś służyłem za słupek od bramki. Martin Kind jest od wielu lat prezesem tego klubu. W 1970 roku przejął po ojcu specjalistyczny sklep z aparatami słuchowymi i stworzył imperium. Nazwisko „Kind"* to dziś synonim aparatów słuchowych. Slogan reklamowy „Mam w uchu dziecko" zna każdy Niemiec.

Martin i ja mieszkaliśmy przez wiele lat niemal drzwi w drzwi, byliśmy – my albo centrale naszych firm – sąsiadami w Burgwedel. Kiedyś nasze drogi przecięły się przypadkiem na jakiejś imprezie towarzyskiej, zaczęliśmy rozmawiać i od razu znaleźliśmy wspólny język. Szybko połączyły nas intensywna przyjaźń, głębokie zaufanie i bardzo podobny sposób myślenia o prowadzeniu firmy. Kontaktujemy się niemal codziennie w ten czy inny sposób. Albo gramy w tenisa, w szachy lub w skata, albo chodzimy na długie piesze wycieczki, spotykamy się, żeby razem zjeść, albo tylko rozmawiamy przez telefon. Raz powiedział mi, że jego żona poskarżyła się kiedyś pół żartem, pół serio, że więcej rozmawia ze mną niż z nią.

W młodych latach nie zaprzyjaźnilibyśmy się zapewne w takim stopniu jak obecnie, bo wcześniej mieliśmy

---

* *Kind* (niem.) – dziecko (przyp. tłum.).

zupełnie inne priorytety. Teraz, powiada Martin, jesteśmy w wieku, kiedy ceni się prawdziwą przyjaźń i znajduje się czas, żeby ją pielęgnować. Martin jest dwa lata starszy ode mnie, dorastał w Burgwedel, w okolicy o charakterze rolniczym, która w przeciwieństwie do Hanoweru właściwie nie ucierpiała w czasie wojny. W drogach naszego życia dostrzegamy wiele podobieństw, chociaż jesteśmy zupełnie inni. Martin stwierdził: „Obaj zbudowaliśmy nasze firmy z niczego, tylko dzięki determinacji i chęci osiągnięcia czegoś w życiu, wprawdzie w innym obszarze rynku, ale doświadczenia mamy podobne. Zaczynaliśmy od zera. W niektórych dziedzinach ty żyjesz o wiele intensywniej ode mnie, mnóstwo czytasz, może dla równowagi wobec obowiązków szefa wielkiej firmy, ja nigdy nie potrafiłbym przeczytać pięćsetstronicowej książki. Ale wiele się od ciebie uczę, bo dzielisz się ze mną swoimi doświadczeniami".

Ja natomiast podziwiam w nim to, że jako prezes klubu Hannover 96 toczy boje w różnych sprawach, jest wytrwały i opanowany. Z biegiem lat zrealizowaliśmy kilka wspólnych przedsięwzięć. Jedno z nich wynikło z powodów zupełnie prywatnych. Hala do gry tenisa w Burgwedel, w której zawsze graliśmy, stopniowo popadała w ruinę. Pewnego dnia Martin spytał mnie, czy byśmy jej nie kupili. Odparłem: „Zwariowałeś? Nie będziemy się czymś takim obarczać". Martin przez pewien czas uparcie wracał do tematu hali, a ja ciągle odpowiadałem „nie". Minęło pół roku. Zmieniłem zdanie. Kupiliśmy halę wraz z terenem wokół niej i wszystko wyremontowaliśmy.

SCHOPENHAUER ZE SŁOWNIKIEM DUDENA I LEKSYKONEM FILOZOFII

Dokładnie pamiętam zabawy z chłopakami w lesie Eilenriede, swoją katastrofalną grę w nogę, fascynację tenisem, wczesną smykałkę do interesów, ale zupełnie nie przypominam sobie tego, co wiąże się ze szkołą. Wyparłem, wymazałem to z pamięci. Problem kształcenia się zajmuje centralne miejsce w mojej działalności charytatywnej, bo dla przyszłości społeczeństwa sprawą zasadniczej wagi jest przekonanie dzieci i młodzieży, że nauka może być przyjemnością. I że uczenie się przez całe życie jest niesłychanie ważne. Wiedzę otrzymujemy nie tylko w szkole, szkoła powinna dawać bazę. Ja każdego dnia czegoś się uczę. I każdy dzień, który wzbogaca mnie o jakieś nowe rzeczy, przez spotkania z innymi ludźmi, przez rozmowy czy lekturę, jest dobrym dniem.

To, że zdobywanie wiedzy jest dla mnie sprawą wielkiej wagi, wynika być może z tego, że okres szkoły był dla mnie czasem trudnym, niepomyślnym, nieudanym. Gdybym miał opisać Dirka, którym wtedy byłem, powiedziałbym, że był to chłopiec nieśmiały i zamknięty w sobie. Mój brat szedł już do trzeciej klasy, kiedy ja 1 kwietnia 1952 roku rozpoczynałem naukę w szkole. Byłem dzieckiem, które wiekowo wprawdzie nadawało się do szkoły, ale równie dobrze mogłem zacząć rok później, co może bardziej wyszłoby mi na zdrowie. Niewykluczone, że będąc o rok starszym, lepiej bym się w szkole odnalazł.

Przez cztery lata chodziłem do szkoły powszechnej przy Höfestrasse. Było tam szesnaście klas, w każdej przeciętnie trzydzieścioro pięcioro dzieci. Nienawidziłem wszystkiego, co wiązało się ze szkołą. Było okropnie. Chciałem się czegoś nauczyć, ale dyscyplina i porządek to nie były metody, którymi można było coś ze mnie wycisnąć. Dlatego szkoła tylko mnie frustrowała. Sytuację utrudniało dodatkowo to, że uczyłem się tylko tego, co mnie interesowało. Nawet kiedy się starałem, nie udawało mi się skoncentrować na czymś przez dłuższy czas. Kiedy nauczyciel oddawał klasówki, robił to w stałej kolejności: najpierw te celujące, potem bardzo dobre, potem dobre i tak dalej, najgorsze oddawał na końcu. A ja przez ten czas siedziałem i trząsłem się ze strachu, bo za każdym razem byłem wywoływany jako jeden z ostatnich.

Kiepski był ze mnie uczeń. Po czterech latach zapisano mnie do gimnazjum. Po pół roku nauczyciel wezwał moją matkę i oznajmił, że nie jestem specjalnie inteligentny i byłoby lepiej, gdybym wrócił do szkoły powszechnej. I tak się stało. Szkołę powszechną skończyłem z całkiem dobrym wynikiem, ale to była cała moja edukacja. O dalszym kształceniu, nie mówiąc o maturze, nie było co myśleć. Zamiast tego rozpocząłem praktykę w drogerii. Szkoła powinna wyposażać uczniów w taki sposób, żeby mogli startować w życie odważnie i z ufnością. Powinna wzmacniać poczucie wartości ucznia. Mnie natomiast szkoła tylko peszyła i zamykała. Mogę jednak mówić o szczęściu, bo dużo wolności i możliwość rozwoju dawał mi dom. Jako dziecko nigdy nie dostałem lania, choć wychowanie bez bicia nie było wówczas czymś tak oczywistym jak dziś. Moja matka nie naciskała też, żebym robił maturę. Nie stawiała mi takich żądań. Nie wiem, może mnie rozumiała, a może po prostu była zajęta walką o utrzymanie rodziny. Jeśli dzieci wychowuje się liberalnie, swobodnie i pozwala im się w tym duchu dojrzewać, wyrastają z nich ludzie świadomi siebie, a nie tacy, którzy są dostosowani i na wszystko mówią „tak". Ja w każdym razie bardzo wcześnie postanowiłem, że pewnego dnia przejmę rodzinną drogerię.

Z Peterem-Alwinem Pinnenem, nauczycielem z mojej szkoły powszechnej, spotykam się od czasu do czasu do dziś. On pokazuje mi wtedy zdjęcia z moich czasów szkolnych, a ja naprawdę nie potrafię sobie niczego przypomnieć, bo wszystko zepchnąłem w niepamięć. Nie zachowałem żadnego ze swoich szkolnych świadectw. Wiem tylko, że były na nich same tróje, nigdy czwórki. Jako chłopiec małego wzrostu, byłem też obiektem kpin. Pinnen to jeden z nielicznych nauczycieli, których szanowałem. Nie był typem surowego tresera, lecz fantastycznym mężczyzną, niezwykle witalnym, z ogromnym poczuciem humoru. Spotkania z ludźmi, poznawanie historii ich życia wiele mi daje. Któregoś dnia również Pinnen opowiedział mi swoją historię. Przez czterdzieści lat uczył w różnych szkołach, a przez dwadzieścia pełnił funkcję kierownika szkoły. Urodził się w Kolonii w 1926 roku. Poszedł do szkoły średniej, chcąc zyskać zawód technika kolejowego, i po skończeniu dziesiątej klasy rozpoczął praktykę na kolei. Jego dom rodzinny został zbombardowany już w początkowym okresie wojny, więc rodzina znalazła miejsce w Nadrenii, u krewnych w Hanowerze. Tu kontynuował praktykę kolejarską. Kiedy skończył osiemnaście lat, dostał powołanie do wojska. Skierowano go na front wschodni. W styczniu 1945 roku, kiedy koniec wojny był już niedaleki, został postrzelony w łydkę. Było to na Mazurach. Przewieziono go do lazaretu w Wernigerode, w Harzu. Wojna zmierzała ku końcowi, Rosjanie posuwali się naprzód. Pinnen dostał się do niewoli radzieckiej. Kiedy wyszedł na wolność, skierował się – jeszcze o kulach – na zachód. Pomału i z trudem doszedł do celu: wrócił do Hanoweru. Na kolei nie było zapotrzebowania na takich jak on, ale za to szkoły pilnie poszukiwały nauczycieli. Dlatego przyjmowano w gruncie rzeczy każdego, kto się zgłosił, bo ktoś musiał uczyć dzieci.

Pinnen rozpoczął naukę w szkole pedagogicznej w Alfeld i w styczniu 1948 roku, w wieku dwudziestu dwóch lat, zdobył szlify nauczycielskie, po czym zaczął pracę w szkole. Opowiadał mi, że za każdym razem kiedy do szkoły przychodził nowy uczeń, składał najpierw wizytę jego rodzicom, żeby zobaczyć, jakie ma warunki domowe. Nie było klasy, nie było prawie rodziny, w której ktoś nie zginąłby na wojnie, w której ojcowie nie padliby na frontach albo nie siedzieli ciągle jeszcze w obozach jenieckich. Wymagania wobec młodych nauczycieli były ogromne. Do tego w pierwszych powojennych latach dochodził brak pomocy szkolnych. To, co tamten młody człowiek, Peter-Alwin Pinnen, osiągnął jako nauczyciel, zasługuje na najwyższy szacunek.

Dlaczego ja sam jako uczeń byłem tak rozdygotany i dlaczego tak drażliwie na wszystko reagowałem, zrozumiałem dopiero później, kiedy mimo spychania wszystkiego w niepamięć przypomniałem sobie pewną sytuację. Jako drugoklasista byłem świadkiem, jak nasz nauczyciel – nie pan Pinnen! – uderzał rytmicznie, bez ustanku głową ucznia w tablicę, aż biedny chłopak stracił niemal przytomność. Ten nauczyciel został potem usunięty ze szkoły. Być może był to człowiek skrzywiony wojenną traumą. Wojna okaleczyła ludzi nie tylko zewnętrznie, pozbawiając ich rąk, nóg czy oczu, ale również wewnętrznie. Myślę, że jako dziecko byłem na to jakoś uwrażliwiony, nie mogłem tego zrozumieć i miałem problemy z koncentracją.

Ale wtedy zdarzyło się coś zabawnego, zupełnie niety-powego dla czternastolatka, którym wtedy byłem. Skończyłem akurat szkołę powszechną i po raz pierwszy zainteresowała mnie dokładniej zawartość naszej domowej biblioteki. Przypuszczam, że była to niegdyś biblioteka Wilkensów, dziadków ze strony matki. Na regale stała książka, która przyciągnęła moją uwagę: jej autor nazywał się Arthur Schopenhauer, a tytuł brzmiał: *Świat jako wola i wyobrażenie*. Nie zdawałem sobie wówczas oczywiście sprawy, że autor to jeden z najważniejszych niemieckich filozofów. Wziąłem książkę do ręki i znalazłem tam takie słowa jak „efemeryda", „*a priori*", „*a posteriori*", „transcendencja", „transcendentalny"... i pomyślałem tylko: „A cóż to takiego?!...". Bo nie rozumiałem z tego nic a nic. I właśnie dlatego zrodziło się we mnie postanowienie, że muszę się dowiedzieć, co jest w tej książce. Chcę to wszystko zrozumieć!

Zacząłem działać. I tak przez następne cztery lata każdego wieczoru czytałem kolejny fragment tego dzieła. W ciągu dnia odbywałem praktykę, wieczorem poświęcałem czas na lekturę. Słowo po słowie, linijka po linijce, strona po stronie. Nawet gdy byłem zmęczony czy nie miałem chęci, czytałem. Bo dla mnie była to sprawa najwyższej wagi. W szkole nauczyciele dawali mi do zrozumienia: „No tak, szczególnie mądry to ty nie jesteś". Ale nie trzeba wierzyć we wszystko, co mówią o nas inni. „Lecz całkiem głupi to też nie jestem", myślałem sobie. Jako dowód służył mi Schopenhauer.

Chciałem się przekonać, czy zdołam zrozumieć, co napisał. Sądzę, że jeśli zrozumie się filozofa tej rangi, nie można być głupim. Kto dziś w ogóle znajduje czas, żeby czytać Schopenhauera, i jeszcze do tego ma ambicję, żeby go zrozumieć?

W czasie tej pilnej czteroletniej lektury zawsze miałem pod ręką słownik Dudena* i leksykon filozoficzny. Rozgryzałem każde słowo i każde zdanie. Nie mogłem o tym z nikim podyskutować, ani z matką, ani z żadnym z nielicznych przyjaciół. Szedłem do przodu i z czasem zyskałem przekonanie, że naprawdę dobrze rozumiem ten tekst. To doświadczenie było dla mnie, młodego człowieka, momentem decydującym o moich dalszych losach. Węzeł, który mnie ograniczał, pękł, a ja znalazłem upodobanie w lekturze książek, w uczeniu się przez całe życie i w poznawaniu tego, co nieznane i nowe.

Zasadnicze pojęcie Schopenhauera – pojęcie woli – bardzo mocno ukształtowało mój rozwój. Wspomniałem już, że jeśli czegoś chcę – a chcę niewiele i z rzadka – potrafię działać jak opętany. Od zawsze drzemią we mnie dwa bieguny: flegmatyczność z jednej, siła woli z drugiej strony.

Byłem więc nastolatkiem, który czytał Schopenhauera, a potem zainteresował się Nietzschem i innymi filozofami, i to mimo marnego wykształcenia. Nikt nigdy mnie nie spytał, czy nie mam ochoty na studiowanie filozofii.

---

* Najobszerniejszy współczesny słownik języka niemieckiego (przyp. tłum.).

Abstrahując od tego, że musiałbym najpierw zrobić maturę, nie chodziło mi o to, żeby studiować, lecz żeby coś zrozumieć. Czytanie pomogło mi pójść w życiu naprzód i tak mocno wierzę w to, że u innych też może to tak zadziałać. Dlatego za tak ważną uważam inicjatywę „MENTOR – Die Leselernhelfer e.v." [Mentor, który pomaga i uczy przez czytanie] i wspieram ją z wielkim entuzjazmem. Jej twórcami są Otto Stender z Hanoweru i jego żona Johanna. MENTOR narodził się w 2003 roku. Stenderowie potraktowali swój pomysł jako „odpowiedź Hanoweru na badania PISA"*. Otto Stender zetknął się kiedyś z uczennicą, którą tak rozwinęło czytanie, że zdała maturę, czego nikt wcześniej po niej się nie spodziewał. MENTOR zyskał szybko uznanie w całych Niemczech i trzy lata później we Frankfurcie założono ogólnokrajowe stowarzyszenie tej inicjatywy. Od tego czasu MENTOR przeżywa swój boom. Dziś istnieje ponad siedemdziesiąt oddziałów MENTORA w całych Niemczech. Wspólne czytanie i uczenie się, które jest mottem działalności MENTORA, wzmacnia poczucie wartości dzieci, budzi w nich wiarę we własne

---

* Badanie PISA (*Programme for International Student Assessment*, czyli Program Międzynarodowej Oceny Umiejętności Uczniów) jest realizowane przez międzynarodowe konsorcjum nadzorowane przez OECD (Organizację Współpracy Gospodarczej i Rozwoju) i przedstawicieli krajów członkowskich. Jest to największe międzynarodowe badanie umiejętności uczniów na świecie, realizowane co 3 lata we wszystkich krajach członkowskich OECD, a także w kilkudziesięciu krajach partnerskich (przyp. red.). Źródło: http://www.ibe.edu.pl/pl/projekty-miedzynarodowe/pisa (dostęp: 10.10.2019).

możliwości, otwiera im drzwi na świat i stanowi formę integracji dla dzieci z rodzin imigrantów. Badania pokazują też, że dzieci korzystające z działalności MENTORA są mniej skłonne do stosowania albo akceptacji przemocy. Co konkretnie robi się w MENTORZE? Najczęściej ludzie starsi raz w tygodniu uczą za darmo języka niemieckiego, czytając dzieciom książki. Jako hanowerczyk z pochodzenia czuję dumę, że taka inicjatywa miała swój początek właśnie w moim mieście. Hanowerczycy mają mnóstwo pomysłów i dynamizmu.

Raz jeszcze wracam do czasów szkolnych i do Petera-Alwina Pinnena. Po kilkudziesięcioletniej pracy w szkole Pinnen przeszedł w 1988 roku na emeryturę. Do dziś utrzymuje kontakt z wieloma swymi uczniami i uczennicami. Z okazji jego dziewięćdziesiątych urodzin, rok temu, jego byli uczniowie, rocznik 1963/1964, zorganizowali spotkanie klasowe, dwudzieste drugie z kolei. Ja także zostałem zaproszony, choć jestem z innego rocznika. Wziąłem jednak udział w tym wieczorze z sympatii do jubilata. Byłem pod wrażeniem atmosfery spotkania, rozmów, w których dzielono się z sobą dawnymi i nowymi przeżyciami, i przekonałem się, jak wielki wpływ może mieć nauczyciel na to, żeby uczniowie mieli ochotę uczyć się przez całe życie. Ja tego w swoim czasie nie dostałem.

Po tym spotkaniu napisałem do Pinnena kilka słów podziękowania. Zakończyłem zdaniem: „W ostatnią sobotę przekonałem się dobitnie, że szkoła może być czymś więcej niż tylko tępym przekazywaniem wiedzy".

NAGLE DWAJ OJCOWIE

W 1958 roku, kiedy miałem dwanaście lat, nagle, nieoczekiwanie dla nas wszystkich, zmarł mój ojciec Bernhard Roßmann. Okoliczności jego śmierci wywołują dreszcz grozy. Ojciec opowiadał jakiś dowcip, z którego sam tak bardzo zaczął się śmiać, że dostał zapaści. Nie wiem, co to był za dowcip, poza tym, że chodziło o kogoś, kto właśnie jadł ciasto i miał powiedzieć z pełnymi ustami „Paula". Ojciec, zanosząc się od śmiechu, przewrócił się i umarł. Dostał, jak podejrzewamy, ataku serca. Wezwany na ratunek lekarz z sąsiedztwa próbował go jeszcze reanimować, dał mu zastrzyk. Bezskutecznie. Ojciec zmarł na miejscu.

Po śmierci ojca życie zmieniło się dla nas zasadniczo. Wkrótce wyprowadziliśmy się do zupełnie innej dzielnicy. A doszło do tego tak: Störmerowie, nasi sąsiedzi z Rubensstrasse, byli zaprzyjaźnieni z bogatym małżeństwem – Rischmüllerami, którzy od czasu do czasu składali nam wizyty. Jeszcze za życia mego ojca Rischmüllerowie zaproponowali nam wynajęcie ich domu na obrzeżach Hanoweru, w Klingenkampe. Moi rodzice przyjęli tę propozycję. Kiedy zmarł ojciec, matka pozostała sama z moim bratem i ze mną. I – oprócz długów, w jakich tonęła drogeria – miała na głowie czynsz za dom, a do tego drogiego mercedesa, którego ojciec sprawił sobie na krótko przed swym nagłym odejściem. Samochód matka sprzedała od razu, choć akurat teraz, kiedy przeprowadziliśmy się na peryferie, szczególnie by nam się przydał. Osiem kilometrów do centrum matka pokonywała na rowerze, niezależnie od pory roku, w pogodę i w niepogodę, nawet zimą przy minus dziesięciu stopniach. To, jak poradziła sobie w tej sytuacji, zasługuje na szacunek. Matka była wspaniałą kobietą.

Przeprowadzka oznaczała też pewne zmiany w moim życiu. Odtąd musiałem jeździć rowerem cztery i pół kilometra do szkoły. Kiedy chciałem iść do kina – kino było moją ulubioną rozrywką – wszystko trwało jeszcze dłużej, wtedy dodatkowo trzeba było przesiadać się na tramwaj.

Naprzeciw domu w Klingenkampe, w którym teraz mieszkaliśmy, stały stare, rozwalające się baraki. Ich widok budził we mnie lęk. Jako dwunastolatek byłem świadomy naszej krytycznej sytuacji finansowej i najbardziej bałem się, że wszystko stracimy i będziemy musieli mieszkać w tych barakach. Na szczęście w sprawach handlowych moja matka zachowywała rozsądek i potrafiła utrzymać tę niewielką sumę pieniędzy, jaką mieliśmy do dyspozycji. Wkrótce zaczęła kapitalizować skromną rentę w wysokości stu pięćdziesięciu marek, przysługującą jej po ojcu. Znaczyło to, że rezygnowała z comiesięcznej wypłaty i raz w roku otrzymywała potem naraz czternaście tysięcy marek. Była to dla nas niesłychanie wielka suma. Czternaście tysięcy marek! Z tych pieniędzy matka opłacała najpierw nasze największe długi. Uspokajała w ten sposób tych wierzycieli, którzy udzielili nam pożyczek z dwudziestoprocentowym oprocentowaniem. Mogliśmy nieco odetchnąć – my i nasza drogeria. Wszystko spoczywało więc na barkach mamy, a ona, dopóki dopisywało jej zdrowie, dobrze sobie w pracy radziła. Mój brat i ja pomagaliśmy jej ze wszystkich sił.

Minęło pięć lat, rozpocząłem naukę zawodu pracownika drogerii. Zasadnicze cięcie w moim życiu nastąpiło, kiedy miałem szesnaście lat. Dowiedziałem się wtedy, że Bernhard Roßmann nie był moim rodzonym ojcem. Ten, kto mnie spłodził, nazywał się Theodor Kayser, znałem go jako wujka T. Co się wydarzyło? Obok nas, w sąsiedztwie, mieszkało w latach czterdziestych bezdzietne małżeństwo, Elfriede i Theodor Kayserowie. Theo Kayser już przed wojną odnosił sukcesy jako handlowiec i zaledwie trzy lata po zakończeniu wojny otworzył w Hanowerze firmę przy Lindener Hafen zatrudniającą dwustu pracowników. W latach pięćdziesiątych wiodło mu się już tak dobrze, że zaczął jeździć białym eleganckim mercedesem. W 1953 roku Kayserowie wyprowadzili się z naszej ulicy do willi w najlepszej dzielnicy Hanoweru. Wujek T. był chrzestnym mojego brata i z tego względu również po jego wyprowadzce nasze rodziny utrzymywały z sobą kontakt. Zawsze miałem dziwne uczucie, jeśli chodziło o wujka T. Pewna sprawa nie dawała mi spokoju: nasze „prawdziwe" ciocie i wujkowie, obie siostry mojej matki i ich mężowie, nigdy nie dawali mi prezentów na urodziny. Przesyłali najwyżej kartkę z życzeniami. Wujek T. natomiast, który był tylko przyjacielem rodziny i chrzestnym Axela, przynosił mi z najróżniejszych okazji drobne prezenty. W zdumienie wprawiała mnie przy tym reakcja mojej matki.

„No, niespecjalnie się wysilił" – skomentowała na przykład prezent od wujka T. „To takie szlachetne z jego strony" – powiedziała innym razem. Nie rozumiałem jej. Dlaczego wujek w ogóle robi mi prezenty, powinienem był zapytać. Pomagałem w naszej drogerii i co kilka tygodni wujek T. niezapowiedzianie wpadał. Stał i wpatrywał się we mnie długo, intensywnie. To jego przypatrywanie się nie jest normalne, myślałem. Pewne szczegóły jego i mojego wyglądu skłaniały do podejrzeń. Wujek T. był zupełnie łysy i mnie już od czternastego roku życia zaczęły wypadać włosy. Nie mogłem opędzić się od pewnych myśli. To dziwne zachowanie wujka, nasze podobieństwo... Pewnego dnia nie wytrzymałem. Musiałem w końcu się dowiedzieć, jak sprawa wygląda. Zebrałem się na odwagę i zagadnąłem matkę wprost:

– Mamo, muszę cię o coś spytać. Tylko proszę, nie klucz, powiedz mi prawdę: czy wujek T. jest moim rodzonym ojcem?

Matka spojrzała na mnie i nie zwlekając długo, odparła:

– Tak.

Ni mniej, ni więcej, tylko proste „tak". Miałem szesnaście lat i nie byłem zaskoczony ani zszokowany. Jakoś przeczuwałem prawdę. W głębi duszy wiedziałem, kto był moim biologicznym ojcem. Można to nazwać odczuciem, wewnętrzną wiedzą albo empatią; zawsze wyczuwałem ludzi. Zapytałem matkę, jak do tego doszło. Historia jest krótka: byłem owocem jej miłosnej przygody z sąsiadem mieszkającym obok, w pierwszą sylwestrową noc po wojnie. Niczego więcej się nie dowiedziałem. Także tego, czy mój ojciec Bernhard znał prawdę. Nie wiem na pewno, ale wydaje mi się, że tak. W każdym razie nad tą sprawą zapadła cisza.

Moje relacje z Bernhardem nigdy nie były głębokie, intensywne. Trudno mi to wyjaśnić. Kiedy dziś o tym myślę, mogę tylko stwierdzić, że matka odgrywała w moim życiu o wiele większą rolę. W stosunku do Bernharda zawsze istniał jakiś dystans. Bernhard nie był ojcem, który na przykład bawiłby się z synami czy swobodnie żartował.

Tacy jak on byli chyba mężczyźni tamtych czasów, ojcowie w tamtym pokoleniu. Być może też dlatego prawda o moim pochodzeniu nie była dla mnie szokiem. Inny powód mojej umiarkowanej reakcji na to wszystko tkwi chyba we mnie. Jeśli chodzi o emocje, zawsze reagowałem inaczej niż większość. Mam to nawet na piśmie: mając szesnaście lat, chciałem zrobić prawo jazdy, żeby móc wozić towary do naszego sklepu. Prawo jazdy przed ukończeniem osiemnastego roku życia można było dostać pod warunkiem poddania się testowi psychologicznemu, który miał stwierdzić poziom dojrzałości. Musiałem pisemnie odpowiedzieć na wiele pytań. W opinii psychologicznej, którą otrzymałem, jest wyraźnie napisane: „Umysłowo rozwinięty w skali przeciętnie/dobrze. Emocjonalnie opóźniony". Znaczyło to, że wszystko raczej racjonalizowałem. Chciałem pojąć rozumowo to, czego nie ogarniałem emocjami. Na przykład jeśli podobała mi się dziewczyna, której ja się niestety nie podobałem, próbowałem racjonalnie zrozumieć, dlaczego ona tak reaguje. Co oczywiście prowadziło do moich kolejnych upokorzeń.

Po rozmowie z matką zadzwoniłem do wujka T., Theodora Kaysera. Mojego ojca. Dziwna była ta nowa świadomość. Chcę z tobą porozmawiać, powiedziałem przez telefon. A on od razu domyślił się, o co chodzi. Zaproponował, żebyśmy się spotkali, ale nie u niego w domu. Umówiliśmy się w centrum Hanoweru, w pawilonie Nowego Domu, który niegdyś był kawiarnią koncertową.

Jak to jest, spotkać się z kimś, kogo dotąd uważało się za wujka, a teraz się wie, że to ojciec? Muszę powiedzieć, że jakoś... zupełnie normalnie.

– Dirk – zwrócił się do mnie wujek T., kiedy już usiedliśmy przy stoliku. – Moja żona Elfriede nigdy nie może poznać prawdy. Dostanie pomieszania zmysłów, jeśli się dowie, że jesteś moim synem. Z Elfriede nie mogliśmy mieć dzieci, całe życie przez to cierpiała. Niczego tak nie pragnęła, jak doczekać potomstwa. Nie chciałbym, żeby cierpiała. Nie chciałbym zadać jej bólu.

– Wujku T., ja to rozumiem. Rozumiem całkowicie – odpowiedziałem, nazywając go jak zawsze „wujkiem". Nie przyszłoby mi do głowy nagle zacząć mówić do niego „tato". I oczywiście nie chciałem, żeby jego żona cierpiała. Na co by się to zdało?

– Co byś powiedział, Dirk, gdybyśmy się tu regularnie spotykali? Na przykład co dwa, trzy miesiące? – spytał mnie wujek T. – Opowiadałbyś mi, co u ciebie słychać, co robisz, jakie masz plany. I czy potrzebujesz pomocy. Cieszę się, że teraz możemy otwarcie rozmawiać. I chciałbym ci powiedzieć jeszcze jedno: będę cię wspierał finansowo.

Tak przebiegła nasza rozmowa. Odtąd spotykaliśmy się regularnie. Co do pomocy finansowej wujek T. dotrzymał słowa. W ciągu następnych dwóch lat otrzymałem od niego łącznie czterdzieści tysięcy marek. Dzięki jego wsparciu oraz dochodom z moich pierwszych małych inicjatyw handlowych – o czym zaraz powiem – mogłem w wieku szesnastu lat kupić pierwsze mieszkanie własnościowe. Dwupokojowe mieszkanie dla mnie i dla mamy; Axel wyprowadził się już, bo studiował. Choć nasza drogeria przynosiła nadal tylko skromne zyski, sytuacja finansowa naszej rodziny w kolejnych latach powoli się stabilizowała. Mimo wszystko, pamiętam to dokładnie, bywały chwile, kiedy się wstydziłem, że jesteśmy biedni. Zadurzyłem się w dziewczynie, której rodzina mieszkała tuż obok klubu tenisowego, gdzie chodziłem grać. Prawie wszyscy przyjeżdżali tam autami, a my dalej jeździliśmy rowerami. Raz, lodowatą zimą, kiedy nikt już nie wsiadał na rower, jadąc za matką, pozostałem celowo pięćdziesiąt metrów w tyle, nie chcąc, żeby mnie z nią skojarzono. Tamta dziewczyna nie powinna była się domyślić, że nie mamy auta. Tak, wstydziłem się...

À propos. W przeszłości istniał interesujący związek między moimi „dwoma ojcami". Bernhard Roßmann w czasie wojny walczył na froncie jako podoficer Wehrmachtu, przez pewien czas uczestniczył w operacjach wojennych w Grecji. W Trzeciej Rzeszy należał do partii hitlerowskiej, w przeciwieństwie do Theodora Kaysera, który do niej nie należał i w latach trzydziestych i czterdziestych wraz ze wspólnikiem prowadził duży zakład chemiczny. Wujek T. dostał powołanie do wojska mniej więcej dwa lata przed końcem wojny. Ponieważ jednak jego zakład uznano za ważny dla tak zwanego należytego utrzymania zaopatrzenia narodowego, wujek T. uniknął wysłania na front. I zdarzyła się rzecz następująca: gdy po zakończeniu wojny Bernhard Roßmann wrócił do domu, przez pół roku w ramach denazyfikacji musiał pracować w firmie Theodora Kaysera. Było to dokładnie wtedy, gdy moja matka zaszła w ciążę z Theodorem. Matka powiedziała mi kiedyś, że Bernhard domyślał się pewnie jej związku z Theodorem, ale z jego strony na ten temat nie padło nigdy żadne słowo. Zaakceptował ten fakt. Potem na świecie pojawiłem się ja. Z perspektywy czasu mogę tylko powiedzieć, że Bernhard był bardzo dobrym, czułym ojcem, który nigdy nie dał mi odczuć, że nie jestem jego dzieckiem. Wokół takich spraw nie robiło się zresztą wtedy wielkiego szumu, ludzie generalnie byli zamknięci.

Moje dzieciństwo upłynęło więc w atmosferze czegoś niewypowiedzianego, można też powiedzieć – kłamstwa. Bernhard Roßmann był w moich oczach człowiekiem spokojnym, może trochę mało wyrazistym. Niech nie zabrzmi to negatywnie, opisuję tylko, jak go odbierałem. Wujek T. natomiast to była osobowość w pewien sposób charyzmatyczna, światowa. Który z nich był mi bliższy jako figura ojca? Myślę, że papa Bernhard, ponieważ był przy mnie na co dzień. Był zawsze, kiedy go potrzebowałem, dobrze, serdecznie się do mnie odnosił. Wujek T. pozostał traktującym mnie po ojcowsku przyjacielem, z którym jednak nie zdążyłem nawiązać bliższej relacji, ponieważ wkrótce zmarł. Miałem więc wprawdzie dwóch ojców, ale niedługo potem żadnego.

Przypadek zrządził, że wiele lat później, gdy byłem już dorosły, poznałem długoletnią pracownicę mojego biologicznego ojca. Mówiła o nim jako nieprawdopodobnie dowcipnym, pełnym temperamentu mężczyźnie, który lubił się śmiać. Opowiadała też, że zawsze kiedy kolejna transakcja się powiodła, stawiał swym pracownikom kolejkę. I że w jego zakładzie panował doskonały klimat. Zdarzały się też gorsze lata, jak wszędzie. Ale posiadał dar skupiania ludzi wokół siebie. To zacieśniało jego relacje z pracownikami i przekładało się na sukces jego przedsiębiorstwa. Dla niego ważne było robienie czegoś wspólnie z ludźmi, realizowanie swoich idei razem z nimi. Niestety, zmarł nagle, zaledwie dwa lata po naszym pamiętnym spotkaniu, kiedy dowiedziałem się prawdy o swoim pochodzeniu. Dostał zawału serca, podobnie jak papa Bernhard. Miałem osiemnaście lat i zostałem półsierotą. Wujka T. widziałem po raz ostatni, kiedy odwiedził mnie w Klinice dla Nerwowo Chorych w Hanowerze-Langenhagen, do której wsadziła mnie Bundeswehra.

„Chłopcze, co się z tobą dzieje? Co ty wyprawiasz?! Dlaczego się tu znalazłeś?", zasypywał mnie pytaniami. Opowiedziałem mu, co mną powodowało, dlaczego zaskarżyłem moje powołanie do wojska, dlaczego nie daję się złamać i że zamierzam przeprowadzić tę sprawę do końca, cokolwiek się stanie. Byłem z siebie dumny. Myślę, że on też był ze mnie trochę dumny. To spotkanie w klinice było naszym pięknym ostatnim spotkaniem, ostatnią dobrą rozmową ojca z synem. Krótko potem zmarł, miał tylko sześćdziesiąt siedem lat.

Kiedy kilka lat temu grób wujka T. został zlikwidowany na cmentarzu Seelhorster Friedhof, mój młodszy syn Raoul zrobił mi nieoczekiwany prezent, który mnie poruszył. Przekazał mi – na moje siedemdziesiąte urodziny – nagrobek Theodora Kaysera. Od tego czasu przechowuję go na terenie swojej posiadłości. Muszę jeszcze znaleźć dla niego odpowiednie miejsce. Wtedy, w dniu moich siedemdziesiątych urodzin, gdy przez głowę przechodziły mi różne myśli, pomyślałem też, że obu moim ojcom nie było dane dożyć wieku, który osiągnąłem. Mam świadomość, że powinienem być wdzięczny losowi – za to, że jestem zdrów, że mam dobrych przyjaciół, że dobrze się czuję z tymi, których kocham i którzy dają mi odczuć, że również mnie kochają. Tego nie da się zdobyć za pieniądze. Schopenhauer powiedział, że pogoda starości bierze się ze świadomości, że najgorsze ma się już za sobą.

Jestem w świetnych relacjach z oboma moimi synami, Danielem i Raoulem. Chociaż okoliczności życiowe nie zawsze były łatwe (Daniel pochodzi z mojego pierwszego małżeństwa, które nie trwało długo), udało mi się, jak sądzę, być dla niego dobrym ojcem, a przede wszystkim być ojcem obecnym. Inaczej niż to, czego sam doświadczyłem w swoim dzieciństwie. Nie zawsze było łatwo, bo przecież byłem zajęty zarządzaniem wielkim przedsiębiorstwem i odpowiadałem za tysiące pracowników. Podczas ferii szkolnych udawało nam się jednak zawsze razem wyjeżdżać, zobaczyliśmy wspólnie trochę świata. Kiedy chłopcy byli jeszcze mali, myślałem niekiedy, że dzieci wiedzą więcej, niż można by się spodziewać. Na temat firmy niczego nie muszę synom tłumaczyć. Wspominam pewien pobyt w Eisenach, gdzie dorastał Johann Sebastian Bach. Bach skomponował swoje pierwsze dzieła, mając cztery czy pięć lat, a więc w wieku, w którym zazwyczaj nikt takich rzeczy nie potrafi. Przodkowie Bacha byli muzykami i kompozytorami od wielu pokoleń. Talent muzyczny rodzina miała więc w genach. Być może podobnie, myślę sobie, jest z talentem do działania na niwie przedsiębiorczości. Obaj moi synowie zajmują kierownicze stanowiska w naszej firmie, Raoul jest szefem odpowiedzialnym za zakup produktów, Daniel jako członek ścisłego kierownictwa czuwa nad ekspansją firmy. Lubię myśleć, że w przyszłości nadal pozostaniemy przedsiębiorstwem rodzinnym, którego historię rozpoczął mój dziadek, otwierając przed stu laty swój sklep. Jego drogeria założona w czasach pierwszej wojny światowej trwała w czasach Republiki Weimarskiej oraz Trzeciej Rzeszy i ludzie zawsze kupowali u Roßmanna. W trakcie drugiej wojny została zniszczona, a to, co nastąpiło potem, to była odbudowa Niemiec, cud gospodarczy, podział Niemiec, zimna wojna, ponowne zjednoczenie – i ciągle istniała drogeria Roßmanna, nad którą w międzyczasie objąłem kierownictwo i która intensywnie się rozwijała.

Dzisiaj żyjemy w czasach globalizacji, nadal jednak jesteśmy przedsiębiorstwem rodzinnym, które wkrótce obejmie kolejne pokolenie. Obaj moi synowie dobrze czują się w interesach, nasza firma ułatwia im kontakty z ludźmi, co lubią zarówno moje dzieci, jak i ja. Fakt, że nasze nazwisko jest nazwą firmy i jest widoczne na szyldach naszych sklepów, oznacza, że ręczymy za to, co robimy. Za marką Rossmann stoi człowiek o tym samym nazwisku. Często słyszę pytanie, jak długo jeszcze mam zamiar pracować w firmie. Odpowiadam, puszczając oko, że odejdę, kiedy synowie dadzą mi odczuć, że już mnie nie potrzebują. Ale jak dotąd nie dali mi jeszcze tego sygnału. Przeciwnie, mam wrażenie, że synowie lubią ze mną dyskutować, sprzeczać się w poszukiwaniu najlepszych rozwiązań. Ostatecznie decyzję podejmujemy zawsze wspólnie. Czuję się więc częścią pewnej wspólnoty. „Co pięć lat wpadasz na genialny pomysł i to nadaje naszym działaniom nowy kierunek i otwiera nowe drzwi", powiedział do mnie żartem Raoul. Rozmawiamy z sobą swobodnie, niekiedy z lekką ironią. „Z ojca można się nabijać od rana do wieczora", mówią moi synowie. Kiedy to jednak robią, nie ma w tym złośliwości, tylko żarty. Sami odziedziczyli zresztą moją skłonność do lekko wariackich zachowań.

No i wreszcie – mam wspaniałą żonę. Z Alice poznaliśmy się w 1982 roku w Hanowerze. Żona pochodzi z południa Niemiec. Kiedy ją poznałem, prowadziła w Hanowerze perfumerię. Pobraliśmy się dwa lata później, w najbardziej pachnącym z miesięcy – w maju. Raoul przyszedł na świat w 1985 roku, jego brat Daniel jest dziewięć lat starszy. Alice jest moją najlepszą doradczynią, niekiedy też doradczynią najbardziej krytyczną. To zawsze wychodziło mi na dobre, bo ścieranie się dwóch stanowisk rodzi dynamikę, a z zażartych dyskusji wyłaniają się nowe kierunki rozwoju. Alice to kobieta o mocnych zasadach. Mogę mówić o wielkim szczęściu – znalazłem w niej idealną żonę i partnerkę. Alice trzyma się z dala od mediów i publicznych wystąpień, tę sferę pozostawia mnie. Ale bez niej byłbym niczym. U Roßmannów rodzina zawsze była na pierwszym miejscu. Nigdy nie przetrwalibyśmy lat lęku i kłopotów, okresów finansowych niepowodzeń i nietrafnych decyzji, które nieraz prowadziły naszą firmę na skraj przepaści, gdybyśmy nie trzymali się razem.

OD DRZWI DO DRZWI –
PIERWSZE POMYSŁY HANDLOWE

W domu zawsze żyliśmy w obawie, że zabraknie pieniędzy na życie. Pewnego dnia przyszedł mi do głowy sprytny pomysł. Miałem dwanaście czy trzynaście lat, mój ojciec Bernhard już nie żył, a mama stała codziennie za ladą w drogerii. Ceny produktów drogeryjnych były wtedy jeszcze wyznaczane urzędowo, tak jak dziś papierosów czy gazet. Płyn do płukania ust, pasta do zębów i mydła określonych marek kosztowały wszędzie jednakowo. Mieszkaliśmy już na obrzeżach Hanoweru, w Klingenkamp, na osiedlu liczącym pięćdziesiąt–sześćdziesiąt domów. I ja, mały smyk, zrobiłem rzecz następującą: obszedłem naszych sąsiadów, od drzwi do drzwi, proponując im regularne dostarczanie wszystkich produktów z naszej drogerii, tak że zaoszczędzą na jeździe do miasta, nie będą nawet musieli wychodzić z domu. Zapytałem wcześniej matkę, czy odsprzeda mi część swoich towarów z dziesięcioprocentowym rabatem.

– Co z nimi zrobisz? – spytała matka.

– Sprzedam sąsiadom z naszego osiedla.

Matka zgodziła się na ten układ. Zawsze pozwalała mi realizować moje pomysły, trzeba jej to zaliczyć na plus. Ponieważ w naszej drogerii stosowaliśmy trzydziestoprocentowy narzut, matka mogła oddać mi część towaru na warunkach, o jakie poprosiłem, i nadal mieć na nim zysk. Kolejnym krokiem, jaki wykonałem, było opróżnienie połowy naszego domowego schowka do przechowywania zapasów, teraz mającego służyć za mały skład towarów – tych, które zamierzałem sprzedawać na osiedlu.

Nowym klientom, mieszkańcom osiedla, wyjaśniłem, jak to będzie wyglądało.

– Zamówione produkty będę dostarczał zawsze w piątek. Dzień wcześniej, w czwartek, będę odbierał zamówienia u państwa w domu. Produkty będą kosztowały tyle, ile w sklepie, dowóz jest gratis. I będą nawet znaczki premiowe.

Sąsiadów musiał zaciekawić ten mały Dirk. Większość, u których się pojawiłem, była zachwycona moją propozycją i w najbliższy czwartek złożyła zamówienia. Jeszcze słowo o bardzo popularnych wtedy znaczkach premiowych; jeśli zrobiło się zakupy za trzy marki, dostawało się znaczcek, który wklejało się do małego zeszytu, gdy zeszyt z rabatami był pełen, otrzymywało się za to trzy marki. Wklejaniem znaczków premiowych zajmowali się wówczas wszyscy, stało się to rodzajem narodowego sportu. Rabaty i kupony są jeszcze dziś w sklepach Rossmann, nie ma tylko zeszytów, do których wkleja się znaczki. Obecnie do tego celu służy aplikacja, którą pobiera się z internetu i wpisuje się do niej rabaty i kupony. Czasy się zmieniają...

Żeby móc dostarczać sąsiadom towary, wyposażyłem swój rower w stabilną skrzynkę umieszczoną przed kierownicą, która mogła wytrzymać znaczne obciążenie. Pakowałem w nią zamówione produkty i co piątek jeździłem od domu do domu. Być może byłem pierwszym obwoźnym dostawcą produktów drogeryjnych w Hanowerze i pionierem w tej dziedzinie w całych Niemczech. W ciągu krótkiego czasu moje jednoosobowe przedsiębiorstwo wykazało obrót miesięczny w wysokości pięciu tysięcy marek. Po odjęciu kosztów zakupu towarów pozostawał czysty zysk w wysokości pięciuset marek. Dla dwunastolatka pięćset marek to był majątek. Bez podatku! Zabrzmi to zapewne naiwnie, ale sprawy podatkowe były wtedy dla mnie – jeszcze – dziedziną zupełnie obcą.

Po pewnym czasie straciłem jednak ochotę na objeżdżanie domów z towarem i spytałem brata, czy nie zechciałby się włączyć do tego interesu. Axel był moim pierwszym pracownikiem – dziś mam ich pięćdziesiąt tysięcy. Za pracę płaciłem bratu trzy procent od sprzedaży. Ale po kilku miesiącach Axel rzucił to zajęcie, wydało mu się ono zbyt głupie, więc znowu sam zajmowałem się wszystkim. W tym czasie zacząłem swoje pierwsze inwestycje finansowe.

Kupowałem kompletami znaczki listowe wyprodukowane przez niemiecką pocztę, przewidując, że szybko zyskają na wartości. Mając czternaście lat, za osiemset marek nabyłem warranty bawarskie*. Ich zakup był moim wejściem na rynek akcji. Spekulacje giełdowe miały się stać jeszcze jednym ważnym obszarem mojej aktywności finansowej. Inne istotne źródło dochodów wiązało się z targami odbywającymi się w Hanowerze**. Na targi do Hanoweru przybywały tysiące zwiedzających. Ci wszyscy ludzie potrzebowali noclegu. W mieście nie było wtedy tylu hoteli co dziś, a w tych kilkunastu istniejących pokoje błyskawicznie wykupowano. Wielu hanowerczyków robiło niezłe interesy, oferując noclegi gościom zjeżdżającym na targi. My także. Zawsze kiedy zbliżały się kolejne targi, stawałem przy Bundesstraße 3 z szyldem wypisanym na tekturze, by zwrócić uwagę potencjalnych gości. Nasz dom na obrzeżach miasta był wystarczająco obszerny, by zakwaterować w nim większą liczbę osób. Kiedy wszystkie miejsca były już zajęte, sami szliśmy spać do piwnicy, na dmuchane materace. Trwało to niekiedy nawet dwa tygodnie, ponieważ wynajem bardzo się opłacał. W okresie targów zarabialiśmy tysiąc dwieście marek. Całkiem nieźle.

---

* Rodzaj bonu subskrypcyjnego, który uprawnia posiadacza do zakupu akcji lub obligacji z nowej emisji po wcześniej ustalonej cenie (przyp. tłum.)
** Organizowane od 1947 roku Hannover Messe są największym na świecie wydarzeniem targowym sektora przemysłowego (przyp. tłum.).

ZAWÓD: PRACOWNIK DROGERII

Kiedy w wieku czternastu lat skończyłem naukę w szkole, postanowiłem zdobyć kwalifikacje pracownika drogerii i szybko trafiłem na praktykę w drogerii przy Moltkeplatz. Jak najkrócej mógłbym opisać tamten okres? Może tak: po dwóch i pół roku praktyki wiedziałem, gdzie powinny leżeć na regałach chusteczki do nosa firmy Tempo, i byłem bardzo dobry w rozlewaniu wina do butelek z ośmiusetlitrowych beczek. Kiedy człowiek przyucza się do zawodu, nie może wprawdzie spodziewać się od razu Bóg wie czego, ale jakąś bodaj skromną wiedzę powinien wtedy zdobyć. Jeśli chodzi o moją praktykę w drogerii przy Moltkeplatz, był to krok kompletnie chybiony. Byłem tam nie tyle praktykantem, ile raczej pracownikiem produkcji. Moim zadaniem było wtaczanie do piwnic wielkich beczek z winem przywożonych z zewnątrz i napełnianie nimi butelek sprzedawanych potem w drogerii. Napełnianie butelek wyglądało tak, że aby wino popłynęło z beczki do butelek, zasysałem je przez rurkę. Potem zakorkowywałem butelki i naklejałem na nich etykietki. I teraz uwaga: na butelkach, choć ich zawartość pochodziła z tej samej beczki, musiałem naklejać różne etykietki. To samo wino sprzedawane było w tej drogerii pod pięcioma różnymi nazwami. Wino z etykietką „Liebfrauenmilch" za cenę 1,39 marki, a „Oppenheimer Krötenbrunnen" za 3,99 marki. Zamiast mnie czegoś nauczyć, wykorzystywano mnie, młodego praktykanta, do pomocy w oszustwie. Nawiasem mówiąc, nic nigdy nie wyszło na jaw. Zabawnie było słuchać klientów, którzy stojąc przed regałami z winem, z powagą komentowali, że bardziej opłaca się kupić droższe wino, bo wyraźnie wyczuwa się różnicę w smaku; droższe jest bardziej wykwintne. Niewiarygodne, co mówili ludzie przekonani, że napiją się droższego wina.

Chodziłem wtedy, jak wszyscy w moim wieku, na lekcje tańca co sobotę – do szkoły tańca Hagemeister. To było okropne doświadczenie. Ponieważ pracowałem też w soboty i nigdy nie mogłem wyjść wcześniej, przychodziłem zawsze z półgodzinnym opóźnieniem. Byłem zmęczony i zestresowany, a do tego zamknięty w sobie. Szkoła tańca to była jedna duża sala w kształcie kwadratu, w której chłopcy i dziewczyny siedzieli po przeciwnych stronach pod ścianami na długich ławkach, pośrodku było miejsce do tańca. Chłopcy prosili dziewczyny, co za każdym razem zmieniało się w wyścig do najładniejszych dziewcząt. Ponieważ takie zachowanie uznałem za głupie, wstając, zawsze się ociągałem, co w efekcie przekładało się na to, że nie było już dla mnie żadnej partnerki albo zostawała taka, z którą nikt inny nie chciał tańczyć. I raz, kiedy speszony kolejnym spóźnieniem na zajęcia, wyłożyłem się jak długi na środku sali, a na siedzeniu pękły mi spodnie, spotkała mnie salwa szyderczego śmiechu. Nigdy więcej już się w szkole tańca nie pokazałem. Lepiej było w zawodówce, do której uczęszczałem dwa razy w tygodniu, równolegle do praktyk. Tu zdarzyła mi się niezwykła historia, niezwykła w tym sensie, że w ogóle byłem raczej osobnikiem nieśmiałym i niepewnym siebie. Otóż w mojej klasie była dziewczyna, której rodzice prowadzili drogerię na wsi. Szybko się z tą koleżanką zaprzyjaźniłem. Pewnego razu przyszedłem na zajęcia spóźniony o kwadrans, wszedłem do klasy, ale nie od razu usiadłem na swoim miejscu: nagle poczułem w sobie odwagę i zuchwałość. Podszedłem do zaprzyjaźnionej dziewczyny i pocałowałem ją w policzek.

– Cześć – powiedziałem do niej i dopiero wtedy usiadłem.

– Co to ma znaczyć – zapytał zdumiony nauczyciel – przychodzi taki spóźniony i jeszcze całuje dziewczynę?!

Jak wytłumaczyć tamto moje zachowanie? Miałem dziwne zagrania. Niekiedy byłem kompletnie nieśmiały, a czasami…

Moja praktyka w drogerii przy Moltkeplatz miała trwać trzy lata. Rozlewanie wina do butelek znudziło mi się jednak po dwóch i pół roku. Nie miałem ochoty uczestniczyć dłużej w szwindlu z etykietkami, a na tym w głównej mierze polegały tam moje obowiązki. Przyszedł taki moment, że powiedziałem sobie: „Mam dość, koniec". Są w życiu sytuacje, że się wie: dotąd i ani kroku dalej. Byłem w takim momencie życia. I podjąłem decyzję, którą zakomunikowałem matce – mianowicie że resztę praktyki odbędę u niej, w rodzinnej drogerii.

– Więcej tam już nie pójdę – oznajmiłem matce.

– I proszę cię o jedno. Idź jutro do mojego szefa przy Moltkeplatz i powiedz mu, że po dwóch latach napełniania butelek winem przyszedł kres. Resztę praktyk dokończę w naszej drogerii.

Moja matka starała się mnie uspokoić, mówiąc, że nie powinienem robić takich rzeczy i że tych parę miesięcy, jakie mi jeszcze pozostały, jakoś przecież wytrzymam. I znowu usłyszałem mądrość:

– Lata nauki to żadna nauka.

Wtedy wypaliłem:

– Mamo, jeśli jutro tam nie pójdziesz, przestanę cię szanować.

Matka była tak przerażona, że pobladła. Na drugi dzień poszła do mojego szefa i tak zakończyła się moja praktyka u niego. Co matka dokładnie mu powiedziała, nie wiem. Ale wzięła moją stronę. Byłem jej za to wdzięczny. Dziś moje przedsiębiorstwo kształci rocznie około tysiąca sześciuset praktykantów w Niemczech w najróżniejszych zawodach. Raz w roku nowi praktykanci, w liczbie siedmiuset, przyjeżdżają na trzy dni do

Burgwedel. Tam podczas spotkań informacyjnych zapoznajemy ich z różnymi działami naszej firmy. Wieczorem odbywa się przyjęcie. Większość z tych siedmiuset młodych ludzi chce zrobić sobie ze mną *selfie*. Łatwo można obliczyć, ile trwa taka sesja fotograficzna. Ale ja chętnie w tym uczestniczę. Kiedy ludzie okazują do czegoś zapał, mnie też się on udziela. Na spotkaniach w Burgwedel zawsze przemawiam do zaproszonych. Między innymi opowiadam im o moich własnych doświadczeniach z czasów, gdy byłem praktykantem. Także o tym, jak z taniego wina robiło się drogie. Kiedy kończę słowami: „Jedno mogę wam obiecać – u nas nie będziecie musieli napełniać butelek winem", słyszę entuzjastyczne oklaski.

W wieku lat szesnastu nabyłem, jak już wspomniałem, dwupokojowe mieszkanie własnościowe w Hanowerze przy Liliencronstraße, na drugim piętrze. Moim „kapitałem początkowym" były dochody z zaopatrywania sąsiadów w produkty drogeryjne. Do tego doszły sumy otrzymane od wujka T. Mieszkanie kosztowało sześćdziesiąt sześć tysięcy marek. Dwadzieścia tysięcy marek zaoszczędziłem, na brakującą sumę musiałem wziąć kredyt w banku. To wszystko może robi wrażenie, ale nasza sytuacja finansowa ciągle jeszcze nie była pewna. Pomału szliśmy jednak do przodu.

W tym mieszkaniu mieszkałem z matką przez kilka dobrych lat. Mieliśmy oboje ustalony podział pracy:

ja stałem za ladą od rana do szesnastej, potem aż do zamknięcia sklepu obsługę klientów przejmowała ona. Żeby mamę odciążyć, w wieku szesnastu lat, zrobiłem prawo jazdy, na co potrzebowałem specjalnego pozwolenia, o czym już mówiłem. Na kursie prawa jazdy czułem się dobrze, ale o mały włos, a przepadłbym na egzaminie. Na Hildesheimer Straße egzaminator kazał mi skręcić w lewo. Zrobiłem skręt kierownicą i śmignąłem na drugi pas. Usłyszałem pisk opon, samochody jadące z naprzeciwka musiały gwałtownie zahamować.

Mój nauczyciel jazdy rzekł zupełnie spokojnie:

– To by było na tyle. Oblałeś.

Spojrzałem na niego, zaszkliły mi się oczy. Nie mógł chyba znieść mojego żalu i przez następnych czterdzieści pięć minut krążyliśmy jeszcze po Hanowerze. Do końca jazdy nie popełniłem już żadnego błędu. Ostatecznie zostałem dumnym posiadaczem prawa jazdy, które do czasu ukończenia osiemnastu lat ograniczało się do Hanoweru. Moim pierwszym samochodem był samochód mojej matki – używany pomarańczowy volkswagen garbus.

W 1964 roku osiągnąłem pełnoletniość. Nie byłem już tak nieśmiały jak dawniej. Zapuściłem włosy i brodę, nosiłem żółte koszule, które były ostatnim krzykiem mody. W Związku Radzieckim odsunięto od władzy Chruszczowa, w USA prezydent Lyndon B. Johnson podpisał ustawę antyrasistowską. Niemiecką codzienność kształtował rozdział Wschodu od Zachodu i mur berliński.

W międzyczasie znalazłem kilku dobrych przyjaciół, z którymi regularnie chodziłem do Maulwurfa*, legendarnej knajpy w Hanowerze. Lokal znajdował się w dawnej kamienicy, szło się do góry po kilku schodach i już stało się przy bufecie. Maulwurf był zadymiony, ciemny, lekko zaniedbany. Zjawiały się tam oryginalne hanowerskie typy, istniał barwny, tolerancyjny świat pełen życia. Całe noce się balowało, pół litra piwa kosztowało dziewięćdziesiąt fenigów.

Czas pomiędzy moim dwudziestym a dwudziestym piątym rokiem życia upływał mi pod znakiem zmieniających się dziewczyn i niezmieniających się przyjaciół, mnóstwa czasu, braku pieniędzy, pomysłów, fantazji i planów, skata, szachów, tenisa i czytania, czytania, czytania. Moją wielką miłością stała się literatura XIX wieku. Najpierw Balzac i Dostojewski, po pewnej przerwie Zola, Goethe i Fontane. Czytałem pisarzy, nie pojedyncze tytuły. Przeczytałem prawie całą *Komedię ludzką* Balzaka, około sześćdziesięciu tomów. Oczywiście marzyłem, by moje życie było równie ekscytujące i pełne przygód jak życie bohaterów Balzaka. Jednak stop: Fiodor Dostojewski upomniał mnie, by dostrzegać nie tylko to, co zewnętrzne, ale przede wszystkim, żeby sondować głębie, przepaście i niebezpieczeństwa życia i przyjmować je, a nawet więcej – godzić się na nie. Ucieczkę przed

---

* *Maulwurf* (niem.) – kret (przyp. tłum.).

nimi uważałem za postawę tchórzy, do których ja, żyjący w świecie balzakowskich przygód, się nie zaliczałem. Miałem nieprzepartą potrzebę przeniknięcia świata Balzaka, który stanowił jakąś nieskończoność. W pewnym momencie przeczytałem *Germinal* Zoli. Powieść ta rozgrywa się około 1860 roku w rodzinie francuskiego górnika. Dziesięcioletnie dzieci musiały zjeżdżać na dół do kopalni i wykonywać taką pracę jak dorośli. Płace były nędzne, wystarczały zaledwie na to, żeby nie umrzeć z głodu. Brud, bieda i przemoc, topienie problemów w alkoholu, potem bunt uciszony pałami i bronią palną i jeszcze więcej niewyobrażalnej biedy. Opisy te nie osłabiły jednak mojego zamiaru zostania w przyszłości bardzo bogatym człowiekiem. Mówiłem sobie: „Tylko pełne ręce mogą dawać, kto nic nie ma, ten nie może się dzielić". Potem poznałem powieść Zoli *Pieniądz*. Tu zostały pokazane iście diabelskie spekulacje hazardzistów. W centrum powieści jest postać wzorowana na baronie Rothschildzie. Powieść ta uruchomiła we mnie zupełnie inne rejony mojego serca i rozumu. Szybko zidentyfikowałem się z najbogatszymi spekulantami i mała różnica między marzeniem a rzeczywistością zatarła się w mojej fantazji.

Najtrwalszy ślad pozostawił jednak we mnie z pewnością książę Myszkin, główny bohater *Idioty* Dostojewskiego. Osobowość Myszkina, człowieka, uważnego, wrażliwego, niedopasowanego, jaskrawo kontrastuje z charakterem typowego petersburskiego oficera z XIX wieku.

Dlatego Myszkina spotyka jeśli nie szorstkie odrzucenie, to ciągłe jakieś drobne przykrości i nieme lekceważenie. Myszkin nie podporządkowywał się towarzyskim zobowiązaniom i rytuałom, nie spełniał oczekiwań, jakie żywiło społeczeństwo wobec szlachetnie urodzonego młodego mężczyzny. *Idiotę* czytałem cztery razy. Czytam tę powieść średnio co piętnaście lat i za każdym razem jej lekturze towarzyszą inne wyobrażenia i myśli.

Po spotkaniu z psychologiem Friedemannem Schulzem von Thunem w restauracji rybnej w Hamburgu przeczytałem trzeci tom jego książki *Sztuka rozmawiania. Dialog wewnętrzny* i zachwyciłem się. Nieważne, czy rzecz napisana jest w XIX czy XX wieku – dobra literatura poszerza nasze spojrzenie na rzeczywistość. Przed ośmioma może laty poznałem przypadkowo w winnicy w Birmie pisarza Jana-Philippa Sendkera. Jego książka *Sztuka słyszenia bicia serca* została przełożona na trzydzieści pięć języków – lektura godna uwagi! Poza tym polecam *Homo deus. Krótka historia jutra* Yuvala Noaha Harariego.

Czytaniu książek i pisarzom złożyłem, jak się zdaje, wystarczający hołd.

To ludzie dawali memu życiu radość i dynamikę. O niektórych napisałem zbyt krótko. To Breckwoldtowie i Möllerowie z Hamburga i rodzina von Estorffów z Barnstedt. Horst Möller ma dziś osiemdziesiąt trzy lata i sam nie wiem, ile godzin spędziliśmy na grze w szachy i w tenisa. W jednym i drugim był znacznie lepszy ode mnie, co nie psuło mi przyjemności wspólnie spędzanych chwil.

W szachach wygrywam dziś mniej więcej co siódmą rundę. To wcale nieźle, bo Horst grał siedem razy z legendarnym mistrzem świata Bobbym Fischerem, z czego jeden raz nawet zremisował.

Von Estorffowie mieszkają od dziewięciuset lat w Barnstedt, a Christian von Estorff zna w szczegółach dzieje rodzinny od XI wieku i umie o niej opowiadać. Trudno o barwniejszą lekcję historii.

Wróćmy do moich początków jako przedsiębiorcy. Po kilku latach długi przestały mi doskwierać. Mogłem już kupić własne mieszkanie, nadal jednak mieszkałem z matką. Wolałem inwestować zarobione pieniądze, żeby interes szedł naprzód. Warunki mieszkaniowe były jednak niekoniecznie dogodne, kiedy chciałem przyprowadzić do domu dziewczynę. Wspólne mieszkanie z matką już wówczas nie było *cool*. Lecz z płcią przeciwną miałem zupełnie inny problem: podobały mi się dziewczyny, dla których się nie liczyłem. A te, które się mną interesowały, nie były tymi, w których ja mógłbym się zakochać.

Niekiedy dochodziło do, nazwijmy to tak, kłopotliwych sytuacji. Chadzałem wówczas na mecze piłki nożnej drużyny Arminia Hannover. Hannover 96 i Arminia Hannover były to wówczas mniej więcej porównywalne kluby. Podczas jednego z meczów poznałem Renate, siostrę jednego z zawodników, któremu potem udało się nawet wejść na krótko do reprezentacji narodowej. Renate była mądra i bardzo urodziwa, miała czarne włosy i trzymała się zawsze razem ze swoją paczką. Byłem nią oczarowany. Udało mi się jakoś zdobyć jej adres i napisałem długi list miłosny, ze wszystkim, co taki list powinien zawierać. Napisałem mojej wybrance, że chciałbym się z nią spotkać, i zaproponowałem termin spotkania. Tego a tego dnia, o tej a o tej godzinie będę na nią czekał pod zegarem Kröpcke. Zegar Kröpcke jest tradycyjnym miejscem spotkań zakochanych w centrum Hanoweru. Na swój list nie doczekałem się odpowiedzi. W umówionym w ten sposób dniu stanąłem jednak pod zegarem i czekałem. Minęło dziesięć, dwadzieścia, trzydzieści minut, potem godzina. Renate się nie pojawiła. Naturalnie, że nie. Na pewno pomyślała, że ten, kto napisał taki kiczowaty list miłosny, to musi być ciężki idiota... Ja w każdym razie przeżyłem mocno tę porażkę.

Minął rok. W trakcie moich praktyk drogeryjnych zaprzyjaźniłem się z Karlem-Heinzem, z którym czasami wspólnie spędzałem czas. Któregoś dnia Karl-Heinz powiedział, że ma nową świetną dziewczynę i chce mi ją przedstawić. Pójdziemy razem do dyskoteki. Przyjechał po mnie autem. Usiadłem z tyłu w jego małym volkswagenie, pojechaliśmy odebrać tę jego dziewczynę. Można się domyślić, co nastąpiło: tą dziewczyną była Renate. Ta, która mnie spuściła po brzytwie, która zrobiła ze mnie głupka, pozwalając mi czekać na siebie jak durniowi przez godzinę pod zegarem Kröpcke. Kiedy wsiadła do auta i mnie zobaczyła, odebrało jej mowę. Od razu mnie poznała. Kiedy się opanowała, zapytała swojego chłopaka: „I to jest ten twój dobry kumpel?". Ze wstydu omal nie zapadłem się pod ziemię. Potem była dla mnie całkiem miła, ale co za upokorzenie.

Takie doświadczenia jak to nie wzmacniały we mnie poczucia wartości. Byłem mały, trochę pulchny i już wypadały mi włosy. W szkole nazywano mnie Dicki*. Poczucie własnej wartości przyszło dopiero później. Nie chciałbym tu jednak stworzyć mylnego wrażenia, że zawsze dostawałem kosza.

Kilka lat później zdarzyło się coś ważnego: mieliśmy stałą klientkę, która czasem przychodziła do sklepu ze swoją ładną córką. Czułem, że dziewczyna zwróciła na mnie uwagę. Oboje byliśmy około dwudziestki. I ona mnie lubiła! Była wówczas bardzo dobrze zapowiadającą się łyżwiarką, z perspektywą kariery w tańcu na lodzie. Miała nawet propozycję występów ze strony *Holiday on Ice*, z gażą w wysokości pół miliona marek rocznie, odrzuciła ją jednak. W czasie kiedy byliśmy razem, dorabiałem sobie przez trzy tygodnie nad Morzem Północnym, w Büsum, jako trener tenisa ziemnego. W tenisa grałem dobrze, więc w Büsum stałem na boisku od rana do wieczora i dawałem lekcje. Pamiętam jeszcze, że moja dziewczyna odwiedziła mnie tam i dała mi w prezencie skórzane rękawiczki do jazdy samochodem. Jeździłem wówczas autem Triumph Spitfire, kabrioletem, którego

---

* *dick* (niem.) – gruby (przyp. tłum.).

posiadanie napawało mnie dumą. Siedzieliśmy więc, ja jako trener tenisa i piękna dziewczyna u mojego boku...

Właściwie wszystko mogło toczyć się szczęśliwie. Byliśmy zakochani, młodzi i namiętni. Mimo to nasz związek trwał tylko rok. Tym razem to ja podjąłem decyzję o rozstaniu. Dziewczyna była mądra, ale nie zdarzały nam się prawdziwe rozmowy, rzeczywista wymiana myśli. Ja byłem typem mola książkowego i potrzebowałem partnerki, która będzie mnie intelektualnie inspirować. Być może wzorem – podświadomie – byli dla mnie wówczas dziadkowie Wilkensowie, którzy cudownie potrafili dyskutować. Zawsze mieli z sobą o czym rozmawiać, co nadaje cały smak byciu razem.

START – POMYSŁ NA ŻYCIE

Kiedy otwierałem swój pierwszy sklep, nikomu się nie śniło, a mnie najmniej, że kiedyś powstanie z tego handlowe imperium. Nawet jeśli chciałem naśladować wielkich przedsiębiorców, takich jak Bahlsen, Beindorff i Sprengel. Na początku nie miałem żadnego planu. Chodziło mi po prostu o to, żeby coś robić, sprzedawać, improwizować.

W jakim znajdowałem się miejscu życia, mając lat dwadzieścia? Zaoszczędziłem już nieco pieniędzy i pomyślnie przeszedłem swoją pierwszą życiową próbę – historię z Bundeswehrą. Dla poczucia własnej wartości ta wygrana była ekstremalnie ważna, ponieważ udowodniłem sobie, że mogę postawić na swoim i przeprowadzić coś, na czym mi zależy. Zapuściłem brodę. Wieczorami chodziłem do Maulwurfa, a w dzień stałem za ladą w drogerii mojej matki. W knajpie spotkałem Petera Anhoecka, mieszkającego wcześniej w naszym sąsiedztwie. Jego rodzice mieszkali w pobliżu Rubensstraße i byli klientami naszego sklepu. Peter poszedł do Bundeswehry, a kiedy zakończył służbę, zaczął szukać zajęcia. Powiedziałem o nim mojej matce, akurat potrzebowaliśmy kogoś do pomocy w drogerii. Trzy lata później przeszedł do mnie, kiedy otwierałem swój pierwszy sklep, i został w mojej firmie przez czterdzieści lat.

A potem przyszła decydująca zmiana. Ówczesny socjalno-liberalny rząd Niemiec postanowił na początku lat siedemdziesiątych uwolnić ceny na produkty drogeryjne. Pomyślałem: „Zaraz, zaraz, jeśli tak się stanie, to cała gra kompletnie się zmienia". W handlu detalicznym istniały już wtedy spożywcze sklepy samoobsługowe, nie było jednak samoobsługowych drogerii. W Niemczech Zachodnich było wówczas osiemnaście tysięcy sklepów drogeryjnych. Wszystkie wyglądały tak jak apteki. Klient wchodził do sklepu, zamawiał produkty przy ladzie i przy ladzie był obsługiwany. Tak działo się też w drogerii mojej matki. W ten sposób nie można było myśleć o żadnym finansowym sukcesie ani o wielkich obrotach. Procentowo nasze koszty – gdy chodzi o obrót – były o wiele za wysokie, żeby nasze towary mogły być naprawdę tanie. Konieczna jest zmiana struktury kosztów, powiedziałem sobie.

Niższe ceny byłyby możliwe po zlikwidowaniu cen urzędowych. Ale sprzedaż przy ladzie hamuje możliwość uzyskania wysokich obrotów, stwierdziłem. „Samoobsługa" – to było to zaczarowane słowo. Postanowiłem otworzyć własny sklep. Taki, który będzie czymś zupełnie innym, zupełnie nowym. To, że większe obroty uzyskuje się dzięki niskim cenom, udowodniły pewne próby w naszej drogerii. Wprowadziłem miesięczne akcje cenowe. Jak zamierzałem przyciągać klientów? Informując ich o nowych produktach.

Z Peterem Anhoeckiem wydrukowaliśmy ulotki na powielaczu należącym do jego ojca. Wieczorem obchodziliśmy domy sąsiadów, dzwoniliśmy i wrzucaliśmy do skrzynek na listy przygotowane kartki z informacjami. W listopadzie 1970 roku wystartowaliśmy z pierwszą tego rodzaju akcją: „Na ustach wszystkich w dzielnicy List jest drogeria-dyskont Rossmann. Mały sklep, świetny wybór, miła obsługa i ponad 1000 niskich cen na znane artykuły markowe" – tak brzmiała nasza – jeszcze cokolwiek nieudolna – reklama.

Ponieważ akcja została dobrze przyjęta, zrozumiałem, że nowy pomysł na sprzedaż drogeryjną ma przyszłość. W ostatnich latach odłożyłem równe dwadzieścia tysięcy marek; abstrahując od zakupu kabrioletu, żyłem skromnie. Wiedziałem, że pieniądze, które zaoszczędzę, pewnego dnia umożliwią mi niezależność. Ten moment właśnie nadszedł. Zaoszczędzonych dwadzieścia tysięcy marek nie wystarczało jeszcze w żaden sposób na wynajęcie odpowiedniego lokalu i otwarcie dużego sklepu. Matka poradziła mi, żebym zapytał pewną jej znajomą, o której wiedziała, że ma trochę grosza złożonego na wysoki procent; znajoma ta przez całe życie pracowała jako pomoc domowa. Od niej pożyczyłem kolejnych dwadzieścia tysięcy marek na osiem procent.

Następnie zwróciłem się o pożyczkę tej samej wysokości do Miejskiej Kasy Oszczędnościowej w Hanowerze, która przyznała mi ją w formie kredytu. Sześćdziesiąt tysięcy marek – to był mój „fundusz startowy" i z tą kwotą miałem rozpocząć swój biznes. Przy Jakobistraße 6 w pobliżu Lister Platz był lokal do wynajęcia, sto dwadzieścia metrów kwadratowych powierzchni sprzedażowej. Gigantyczny w stosunku do drogerii mojej matki. Właściciel tej nieruchomości, pan Böhmecke, miał zakład pogrzebowy. Mieścił się on tuż obok lokalu, który wynająłem. Szybko doszliśmy do porozumienia. Już w końcu 1971 roku podpisałem umowę najmu, zamierzając na początku wiosny otworzyć sklep.

Nic w życiu nie biegnie jednak prostą linią. Czasami zadaję sobie pytanie, co by było, gdyby... Gdybym wtedy, na przełomie lat 1971/1972, przyjął niezwykle kuszącą propozycję, którą los podsunął mi jak na srebrnej tacy... Wspominałem już, że moja matka jako młoda dziewczyna chodziła do Wyższej Szkoły dla Panien w Hanowerze. Zaprzyjaźniła się tam wówczas z rówieśniczką nazwiskiem Lotte Bittner. Lotte pochodziła z Düsseldorfu, więc po skończeniu Szkoły dla Panien wróciła nad Ren. W najmniejszym stopniu nie zaszkodziło to jej przyjaźni z moją matką. Często do siebie dzwoniły, my odwiedzaliśmy Lotte w Düsseldorfie albo ona przyjeżdżała do nas. Ich przyjaźń trwała całe życie. Lotte szybko owdowiała, jej mąż poległ na wojnie, dzieci nie mieli. Brat Lotte, Otto Bittner, był najbardziej znanym cukiernikiem w Niemczech, porównywalnym z Leysiefferem, choć miał tylko dwanaście cukierni w Düsseldorfie i okolicach. Jego ciasta i torty były legendarne, eksportowano je do Australii i do USA. Największa cukiernia Ottona Bittnera znajdowała się oczywiście w najwytworniejszej okolicy Düsseldorfu – przy Königsallee zwanej Kö. Wypieki i specjały wyrabiano w innym miejscu, przy Kaiserstraße. Otto Bittner i jego żona mieli dwoje dzieci, córkę i syna. Lotte mieszkała w luksusowej willi w eleganckiej dzielnicy na obrzeżach Düsseldorfu, brat i szwagierka w bezpośrednim sąsiedztwie. Bittnerowie posiadali także domy wypoczynkowe w Kampen na wyspie Sylt i w Saint-Tropez.

W 1971 roku wydarzyła się straszliwa tragedia. Córka Ottona studiowała filozofię we Francji i zakochała się w człowieku, który był burmistrzem w małym mieście. Jej wybranek miał jednak żonę i nie chciał się rozwieść. Nie widząc wyjścia z sytuacji, zakochana dziewczyna powiesiła się na poddaszu jego domu. Stało się to w kwietniu 1971 roku. Jesienią tego samego roku syn Ottona jechał swym porsche z Düsseldorfu do Lubeki, gdzie zamierzał rozpocząć praktykę u Niederegger, najsłynniejszego w świecie wytwórcy marcepanów. Z mostu nad autostradą rzuciła się na jezdnię kobieta i upadła dokładnie przed pędzącym porsche. Syn Ottona zginął w tym wypadku. Grudzień 1971: jest niedzielne przedpołudnie, moja mama jak zwykle rozmawia długo przez telefon ze swoją przyjaciółką Lotte. Po godzinie rozmowy Lotte mówi: „Hilde, muszę już kończyć. Mam iść do Ottonów, zjem z nimi obiad".

Następnego ranka, w poniedziałek, idę do kiosku przy Podbielskistraße, by jak co tydzień kupić „Spiegla". Przebiegam wzrokiem po gazetach i mój wzrok pada na tytuł w „Bildzie": „Tragedia w Düsseldorfie – słynny cukiernik strzela do swojej żony, a następnie do siebie". Kiedy Lotte dzień wcześniej skończyła rozmowę telefoniczną z moją mamą, poszła, jak powiedziała, do willi obok, do swego brata. W sypialni znalazła brata i jego żonę – oboje martwych. Zmarli w wyniku strzału z pistoletu. Wcześniej stracili swoje dzieci, a teraz chęć życia.

Co ta historia ma ze mną wspólnego? Już wyjaśniam. Tydzień po tym zdarzeniu dzwoni do mnie Lotte i składa mi propozycję. Mówi: „Dirk, przyjeżdżaj do Düsseldorfu, przejmiesz firmę Ottona. Oprócz tego dostaniesz jego posiadłości w Saint-Tropez i na Sylcie. Będziesz kierował firmą i rządził, jak będziesz chciał. Od ciebie chcę tylko tyle pieniędzy, żebym nadal mogła dobrze żyć. Z pozostałymi sprawami nie chcę mieć nic, ale to nic wspólnego. Dasz sobie radę! Musisz tylko uważać, bo na Kaiserstraße, gdzie wyrabia się produkty cukiernicze, bardzo kradną masło, poza tym reszta toczy się bez problemów".

Słuchając jej, musiałem przełknąć ślinę. Co za propozycja! Poczułem miękkość w kolanach. Poprosiłem o kilka dni do namysłu. Miałem już przecież swój plan – pomysł na otwarcie nowoczesnej drogerii, podpisałem umowę, wkrótce wszystko miało ruszyć. A tu nagle oferta objęcia stworzonej już, imponującej firmy: dwanaście cukierni, wielkie nazwisko, ileś milionów marek obrotu rocznie. I w tym wszystkim ja, młody człowiek bez studiów, bez szerszej wiedzy o funkcjonowaniu gospodarki wykraczającej poza prowadzenie drogerii, który miałby teraz kierować przedsiębiorstwem zatrudniającym trzysta osób... Lotte zresztą była absolutnie przekonana, że stanąłbym na wysokości zadania. Miała do mnie zaufanie! Po wielu dniach roztrząsania wszystkich za i przeciw podjąłem decyzję: odmawiam. Ostatecznie zadecydowało to, co decyduje do dziś, gdy podejmuję swe najważniejsze życiowe rozstrzygnięcia – nie głowa, lecz emocje.

Zbliżał się 17 marca 1972 roku – dzień otwarcia mojego „sklepu z artykułami drogeryjnymi", bo tak go nazwałem. Przez kilka tygodni byłem bardzo zaabsorbowany przygotowaniami. Lokal sklepowy trzeba było doprowadzić do porządku i urządzić. Sto dwadzieścia metrów kwadratowych stało przecież pustych, nie było zupełnie niczego, a wszystko, co należało zrobić, było dla mnie nowym wyzwaniem. Musiałem kupić towary, wyposażyć sklep. I myśleć o reklamie. Rozreklamować sklep, zachęcić ludzi do przyjścia, to było najważniejsze. Z Peterem Anhoeckiem drukowaliśmy ulotki i prospekty, całymi dniami zadrukowywaliśmy białe kartki papieru. Nie mieliśmy na to wiele pieniędzy, więc wszystko robiliśmy sami. Po raz pierwszy w Niemczech produkty drogeryjne miały być sprzedawane w sklepie samoobsługowym. Termin otwarcia sklepu był sprawą delikatną, bo prawo znoszące ceny urzędowe na towary drogeryjne zostało już wprawdzie uchwalone, ale sztywnych cen jeszcze nie zlikwidowano. Byłem jednak optymistą, myślałem: będzie dobrze. Przed otwarciem sklepu rozdaliśmy dwadzieścia tysięcy prospektów. Zdaje mi się, że nie było skrzynki pocztowej w dzielnicy List, do której nie wrzucilibyśmy naszej reklamy. Zawarliśmy w niej sensacyjną wiadomość: wszystko, każdy produkt będzie znacznie tańszy niż w innych sklepach. W przeddzień otwarcia poszedłem do Maulwurfa i powiedziałem tym, którzy jeszcze o tym nie wiedzieli: „Jutro otwieram coś nowego. Samoobsługowy sklep drogeryjny. Nie ma takiego w Niemczech. Przyjdźcie, przekonacie się, otwarcie o ósmej".

W nowym sklepie zatrudniłem dwóch pracowników. Nikt z nas nie wiedział, co nas czeka. Rano przed otwarciem sklepu cały Lister Platz był już zatłoczony. Przed sklepem stała masa ludzi, na oko z tysiąc osób. Pojawiła się policja, żeby utrzymać porządek. Przyjaciół, którzy przyszli z ciekawości, musiałem poprosić o pomoc w podpieraniu od wewnątrz okien wystawowych. Baliśmy się, że napierający tłum zgniecie szyby. Sklep, choć wpuszczaliśmy klientów stopniowo, pękał w szwach.

Specjalnym smaczkiem tego dnia było tymczasowe postanowienie sądu, jakie mi doręczono. Ktoś, komu moje hasła reklamowe się nie spodobały, oskarżył mnie. Zarzut brzmiał, że wywieram na ludzi psychologiczną presję, że zmuszam ich do kupowania towarów, ponieważ w moich reklamach są słowa: „patrzeć, dziwić się, brać". Natychmiast złożyłem protest i sprawę rozstrzygnięto na moją korzyść.

Sukces mojego sklepu przeszedł najśmielsze oczekiwania. Sklep stał się absolutnym przebojem! Niektórzy z moich przyjaciół, którzy do tej pory mieli zupełnie inne plany zawodowe, zarzucili je i postanowili pracować u mnie. Było to coś, co dziś nazwałoby się startem w blasku sukcesu. Tylko że my – w przeciwieństwie do innych sklepów w tamtym czasie – już pierwszego dnia mieliśmy kasę pełną pieniędzy.

Przy kasie w dniu otwarcia siedział przez cały dzień Peter Anhoeck. Kasę mieliśmy zresztą tylko jedną, a ponieważ ta okazała się niewystarczająca, zrobiliśmy to, co umieliśmy najlepiej: improwizując, stworzyliśmy naprędce drugą kasę, na pudle po persilu. Klienci kupowali jak szaleni. Pamiętam scenę, która pewnie dużo o mnie mówi, bo często robię rzeczy nietypowe... Już koło południa wiedziałem, że robię właśnie interes życia. Sam stanąłem za kasą, dając wytchnąć na chwilę Peterowi. Do kasy zbliżyła się z wózkiem pełnym zakupów młoda kobieta z dwojgiem małych dzieci. Zawartość jej wózka miała wartość mniej więcej stu pięćdziesięciu marek.

Stanęła przede mną, czekając, aż zacznę podliczać jej zakupy. Patrzyła wyczekująco. Ale ja nie drgnąłem. Powiedziałem tylko:

– Bardzo proszę, może pani przechodzić.

– Ależ... przecież muszę zapłacić – zaprotestowała skonsternowana.

– Nie musi pani, może pani iść dalej.

Kobieta osłupiała. Zaczęła się upierać, że musi zapłacić.

– Kto tu jest szefem? Ja czy pani? Ja jestem szefem, to moja własność i mówię, że pani dziś nie płaci.

– Ale tak przecież nie można – powtarzała kompletnie zdezorientowana.

– Można, dziś właśnie można – odparłem. – Dziś jest mój szczęśliwy dzień i chcę, żeby to był również szczęśliwy dzień dla pani. Tak więc pani nie płaci!

Dziękując, jednak lekko skrępowana, zapakowała rzeczy i wyszła ze sklepu. Klienci, którzy byli świadkami tej sceny, patrzyli, nie dowierzając. Przy kasie siedział dziwny młody człowiek i zupełnie obcej kobiecie podarował cały wózek tubek, kremów i środków czystości! Kto robi coś takiego? Ja. Ja robię rzeczy, których inni się nie spodziewają. Miałem potrzebę uszczęśliwiania innych, kiedy mnie się dobrze powodziło.

Tego dnia po południu musieliśmy jeszcze wynająć transporter, bo należało uzupełnić zapasy. Regały były puste, magazyn na zapleczu opróżniony, musieliśmy jechać do hurtowni po nową porcję towaru.

Tamten 17 marca zakończył się tak oszałamiająco, jak się rozpoczął. Otwierając sklep, zakładałem czterdzieści tysięcy marek obrotu w miesiącu, tymczasem w dniu otwarcia sklepu mieliśmy w kasie już dwadzieścia tysięcy marek. Pławiliśmy się w pieniądzach, nie mogliśmy uwierzyć w nasze szczęście! Poszliśmy do piwnicy, rzucaliśmy banknoty w powietrze, jak na filmie. Wykrzykiwaliśmy: „To nieprawdopodobne!". I kiedy na to wszystko patrzyłem, wiedziałem, że narodziła się zupełnie nowa drogeria.

Na ówczesne czasy nasza reklama była bardzo sprytna, przyciągała uwagę, a czasami irytowała, jak dowiodło wspomniane tymczasowe postanowienie sądu. Nie stać mnie jeszcze było na ogłoszenia reklamowe w miejscowej prasie. Dziś, kiedy w obrębie samego Hanoweru mamy pięćdziesiąt sklepów Rossmann, wygląda to oczywiście zupełnie inaczej. Jedno wiadomo: skuteczną reklamę robi dobry, inspirujący pomysł.

Dobre pomysły przychodziły mi do głowy często nocą. Bywały zupełnie wariackie. Kilka miesięcy po otwarciu sklepu wystartowałem z następującym hasłem: „Rossmann rozliczy w rachunku twoją szczoteczkę do zębów! Jeżeli kupisz nową, oddamy ci jedną markę za twoją starą szczoteczkę". Ceny szczoteczek w naszym sklepie wahały się między 1,30 a 1,50 marki, a później nawet 1,95 marki. W dniu akcji ludzie walili drzwiami i oknami. Kupowali nowe szczoteczki i oddawali stare, za które otrzymywali – zgodnie z obietnicą – jedną markę. Wieczorem w sklepie piętrzyło się kilka tysięcy starych szczoteczek.

Niektórzy klienci oddawali nam do rozliczenia nawet sztuczne szczęki – i oni też dostawali jedną markę. Istny szał. To, ile straciliśmy, sprzedając w ten sposób szczoteczki do zębów, nie było dla mnie ważne.

Ważne było, że informacje o naszej akcji rozeszły się po Hanowerze z prędkością wiatru. Rossmann był na ustach wszystkich, ludzie o nas mówili. I co nastąpiło? Znowu otrzymałem tymczasową decyzję sądu, tym razem ze strony Urzędu do spraw Porządku. Ze względów higienicznych zabroniono mi przeprowadzania dalszych akcji tego rodzaju. Ale było mi to obojętne, zdążyłem już wzbudzić zainteresowanie.

Ciągle, przez wszystkie te lata, wymyślaliśmy coś nowego. Niektóre pomysły się sprawdziły, innych byśmy pewnie już nie powtórzyli. W 1974 roku wydaliśmy płytę z songiem na temat drogerii Rossmann. Śpiewał Thomas Voigt z Bourbon Skiffle Company z Hanoweru, który w 1980 roku wystąpił nawet ze swoim wielkim hitem *Giff mi kalk* w programie *Hitparade* telewizji ZDF. Song ukazał się najpierw w limitowanym wydaniu w liczbie dziesięciu tysięcy egzemplarzy. Kosztował jedenaście fenigów. Uzyskał potem status złotej płyty. O gustach można oczywiście dyskutować, my jednak uznaliśmy jego tekst za przebojowy:

Wszędzie na północy Niemiec
Znane są na wsiach i w miastach:
Zwie się je drogerie Rossmann.
Kto widzi, co się tu sprzedaje,

Ten w nocy nie zmruży oka –
Chce być rano pierwszy w sklepie.

Drogerie Rossmann, Rossmann –
Wszystko w nich dostaniesz.
Drogerie Rossmann, Rossmann –
Tylko u nas
Jakość i niską cenę masz.

Kremy, odżywki dla dzieci,
Cydr i karmę dla psów
Kupisz najtaniej właśnie tu.
Wałki do włosów, szampon
I do tego mydło w proszku –
Wszystko dla rodzin czyścioszków.

Kiedy już trochę rozwinąłem skrzydła, zjawił się u mnie
pewien dostawca. Powiedział, że ma mnóstwo tub z kompletnie nieznaną pastą do włosów. Narzekał, że nie może
się ich pozbyć. Nie wie, co z nimi robić, blokują mu cały
magazyn. Zaproponował, że odda mi wszystkie za darmo.

– Dobrze, proszę mi to przywieźć – odparłem.

Następnego dnia na nasze podwórze zajechała ciężarówka załadowana tubami z pastą do włosów. Tuby
zacząłem sprzedawać za absolutnie konkurencyjną cenę
jednego feniga! Normalna wynosiła 1,95 marki i nikt nie
chciał tego kupować. Ale dzięki tej symbolicznej cenie
towar zalegający na półkach stał się hitem. Każdy klient

miał prawo kupić maksymalnie trzy tubki. Dzięki temu ograniczeniu produkt stał się jeszcze bardziej atrakcyjny. Nasze drogerie znowu były zatłoczone do niemożliwości. Wszyscy kupowali pastę do włosów, nawet jeśli nie bardzo była im potrzebna, ale była ona śmiesznie tania, a jeśli ludzie mają poczucie, że nabycie czegoś jest korzystne, że to okazja, przepadli! Niektórzy stają się wtedy nienasyceni.

Jedną z naszych najbardziej zwariowanych akcji reklamowych, o której głośno było na łamach gazet w całych Niemczech, jest ta z Holly, suczką rasy border terrier kanclerza Gerharda Schrödera. Schrödera znałem dobrze z czasów, gdy był premierem Dolnej Saksonii. Od tamtej pory co jakiś czas się z nim spotykałem. Ceniłem go jako człowieka serdecznego i uważnego. W połowie lat dziewięćdziesiątych towarzyszyłem mu – wraz z grupą dolnosaksońskich przedsiębiorców – w podróży do Polski. W 2001 roku, kiedy już od trzech lat piastował stanowisko kanclerza Niemiec, poprosiłem go w czasie spotkania w Urzędzie Kanclerskim o otwarcie nowego centrum logistycznego Rossmann w Landsbergu koło Halle. Powstanie tego centrum oznaczało dla słabo rozwiniętej gospodarczo Saksonii-Anhalt kilkaset nowych miejsc pracy. To kanclerzowi musi się spodobać, myślałem. Schröder się zgodził. Jako polityk miał wtedy najwyższe notowania, był bardzo popularny, więc jego wizyta w Landsbergu odbiła się w niemieckiej prasie szerokim echem.

Jak powiedziałem, znałem go jeszcze z czasów, kiedy rządził Dolną Saksonią, nie poznałem natomiast

wtedy osobiście jego ówczesnej żony, Doris Schröder-
-Köpf. Pewnego dnia w biurze centrali mojej firmy w Burgwedel niespodzianie zadźwięczał telefon. Dzwoniono
z biura małżonki kanclerza Schrödera. Pani Schröder-
-Köpf będzie miło, jeśli złożę jej wizytę w jej domu,
usłyszałem; kiedy będzie to możliwe, zapytano. Szybkie
poszukiwanie wolnego terminu i moja odpowiedź: z chę-
cią przyjmuję zaproszenie. Schröderowie mieszkali wtedy w dzielnicy Hindenburg w Hanowerze. Niemal równie
słynny jak kanclerz i jego żona był kolejny mieszkaniec
domu Schröderów, suczka Holly; o „First dog”, jak o niej
mówiono, prasa donosiła wówczas regularnie.

Przed spotkaniem z Doris Schröder-Köpf czułem lekką
tremę, bo nie miałem pojęcia, z jakiego powodu otrzymałem raptem to zaproszenie. Z okazji tej wizyty kazałem
przygotować paczuszkę z różnymi produktami markowymi Rossmann. Coś, myślałem, należy z sobą przynieść,
jeśli się idzie z wizytą do żony kanclerza. Kwiaty i prali-
ny wydawały mi się zbyt nudne.

Wyposażony w ten prezent, pojechałem z kierowcą do
willi Schröderów. Ulica, przy której mieścił się ich dom,
była zamknięta. Wszędzie stali ludzie z ochrony. Totalnie
strzeżone życie, jak w twierdzy, pomyślałem. Czy war-
to się o to tak znowu starać? Wielokrotnie zatrzymywa-
no nas i sprawdzano. W końcu stanąłem przed drzwiami
Schröderów i nacisnąłem dzwonek. Żadnej reakcji. Nacisnąłem powtórnie.

Wtedy usłyszałem – jak z oddali – głos przez drzwi:

– Panie Roßmann, proszę mocno pociągnąć!

Postawiłem paczuszkę na ziemi i z całej siły pociągnąłem ciężkie stalowe drzwi, które powoli się otworzyły. Za nimi stała żona kanclerza. Przywitała mnie serdecznie. Wewnątrz domu panowała zupełna cisza, jakby się było odciętym od świata.

– Tu zupełnie nie słychać żadnych odgłosów – powiedziałem.

– Proszę spojrzeć, jak grube jest szkło w oknach – odparła pani domu. – Tu nie przebije się odgłos żadnej rakiety bojowej, nie mówiąc o dźwiękach z zewnątrz.

Dom naprawdę wyglądał jak twierdza. Siedzieliśmy w salonie na sofie Schröderów i zabawialiśmy się rozmową. Raz po raz pani Schröder-Köpf wracała w rozmowie do tematu psa Holly. Przez cały czas zastanawiałem się, dlaczego właściwie mnie zaprosiła. W końcu spytała, czy nie byłby to dobry pomysł, gdyby w drogerii Rossmann wprowadzić dział z produktami dla psów. Ona, odkąd mają Holly, ma raczej kiepskie doświadczenia, jeśli chodzi o zabawki dla psów i inne psie akcesoria. Z tego powodu miałaby wielką ochotę współtworzyć nową linię produkcyjną. Ma już dokładne wyobrażenia na ten temat. Nowy asortyment powinien obejmować smycze, przedmioty do gryzienia i zabawy dla psów, szampony i w ogóle wszystko, co sprawi, że serce psa – albo jego właściciela – będzie biło szybciej.

Błyskawicznie oceniłem, ile ta propozycja dla nas znaczy.

– Czy mogłaby pani sobie wyobrazić, że Holly będzie reklamować naszą nową serię i że tę serię nazwiemy „Holly"? – zapytałem. Przeczuwałem niesłychaną skuteczność reklamową takiego pomysłu.

– Oczywiście, nie ma problemu – odparła. – Rozmawiałam już o tym z moim mężem. Mąż się zgadza.

Trzy miesiące później Doris Schröder-Köpf zaczęła pojawiać się w centrali naszej firmy raz w tygodniu i energicznie włączyła się w wymyślanie i projektowanie nowych produktów dla psów. Zawsze przywoziła z sobą Holly. Jej border terierka musiała próbować obręczy i kości do gryzienia.

W końcu 2004 roku nowy asortyment trafił do obrotu. Wizerunek Holly zdobił szampony dla psów, smycze i miski; linia Winston Holly objęła ponad czterdzieści różnych artykułów. Wkrótce Holly była najbardziej znaną nazwą markowych wyrobów dla psów; media obszernie się o tym rozpisywały. Również krytycznie, w stylu: czy żona kanclerza powinna angażować się w coś takiego? Co na to Holly? I tak dalej, i tak dalej.

Dla nas kampania z udziałem Holly była szaloną reklamą. Doris Schröder-Köpf nie dostała od nas za swoją współpracę w kampanii ani centa, honorarium nie wchodziło w grę, tak sprawa została postawiona od początku. Umówiliśmy się natomiast, że Rossmann przekaże większą sumę na rzecz jednej z organizacji ochrony zwierząt. Jeśli chodzi o Holly, rozgłos w mediach w żaden sposób jej nie zaszkodził. Przeniosła się do psiego raju na początku 2017 roku, dożywszy szacownego psiego wieku czternastu lat.

Dziś reklamę robi się inaczej. Od akcji „Wymień używaną szczoteczkę na nową" z wczesnych lat siedemdziesiątych do spotu „Duracell ratuje Boże Narodzenie" zamieszczonego na YouTubie w niedawnej przeszłości wiodła długa droga. Nie robię tajemnicy z tego, że świat nowoczesnych mediów i wszystko, co wiąże się z mediami społecznościowymi, są mi zupełnie obce. Ale zawsze zatrudniałem właściwych ludzi na właściwych stanowiskach, znakomitych w tym, czym się zajmowali. Mój przyjaciel Martin Kind powiedział raz do mnie: „Ty mistrzowsko rozdajesz zadania i ufasz swoim ludziom; wielu szefów firm tego nie potrafi". Kiedy mam poczucie, że ktoś zna się na tym, co robi, daję mu w pracy swobodę.

Jeśli chodzi o wspomniany spot z Duracellem przed świętami Bożego Narodzenia 2017 roku, to znaczący w nim udział miał mój syn Raoul. Historia tego filmiku reklamowego była następująca: wszystkie prezenty zostały już kupione, pięknie zapakowane i ułożone pod choinką. Jednak przy ich rozpakowywaniu ktoś zauważa, że niektóre z prezentów działają na baterie, a w domu akurat ich nie ma. W takim wypadku berlińczycy (film kręcono w Berlinie) rozpierają się wygodnie na krzesłach, bo wiedzą, że mogą zadzwonić do „Bunny X-MAS Express, Kooperacja z Rossmann", który w Wigilię i w pierwszy dzień świąt wytrwale jeździł po mieście: ponad czterysta razy słynny zając Duracell jechał do klientów, żeby w możliwie najkrótszym czasie dostarczyć brakujące baterie. Niektóre z tych momentów, kiedy zając Duracell ratował święta, zostały uchwycone przez kamerę i od drugiego dnia świąt funkcjonowały już w sieci na wideo. Na YouTubie i na Facebooku filmik miał ponad siedem milionów wyświetleń. Na końcu tego filmiku przed berlińskim ratuszem stoją zające i jeden z nich ściąga z siebie kostium. Ukazuje się twarz mojego syna Raoula, który śmieje się do kamery. Tak funkcjonuje dziś reklama.

Jeszcze raz wracam do roku 1972, decydującego dla moich dalszych losów. Kiedy moja pierwsza drogeria weszła przebojem na rynek, zaszły też zmiany w moim życiu prywatnym. Najpierw wyprowadziłem się od matki i zamieszkałem w osobnym małym apartamencie. Składał się tylko z jednego pokoju i znajdował wprost nad moim sklepem. Właścicielem był Lienhard Böhmecke, od którego wynajmowałem lokal na drogerię. Jego ciotka znała moją matkę; obie uczęszczały do Wyższej Szkoły dla Panien. Kontakt z rodziną Böhmecke trwa do dziś.

Naszą starą drogerię nadal prowadziła moja matka z pomocą trzech pracowników. Matka była aktywna jeszcze przez wiele lat, mniej więcej do siedemdziesiątego roku życia. W pewnym momencie praca zaczęła jej jednak ciążyć, zresztą sytuacja finansowa była tak dobra, że od dawna nie musiała już pracować. Zdecydowała wtedy, że nie chce dalej mieszkać sama i przeniesie się do domu spokojnej starości.

– Mamo, jeśli chcesz mieszkać w takim domu, da się to zrobić. Nie martw się o nic, wezmę wszystko na siebie – zapewniłem ją. – Pójdziesz do najlepszego domu seniora w Hanowerze, do Eilenriedestift.

Moja matka pozostała, choć naturalnie wiedziała, że dobrze zarabiam, osobą skromną, zadowoloną z tego, co ma. Dla nikogo nie chciała być ciężarem. Kiedy zamieszkała w Eilenriedestift, okazało się, że życie napisało przedziwny scenariusz. W tym samym domu opieki zamieszkała też Elfriede, wdowa po wujku T., moim biologicznym ojcu. Nie wiem, jak one to robiły, ale będąc w tym samym domu, przez pięć lat matka i Elfriede schodziły sobie z drogi. Moja mama tłumaczyła, że ma opory przed rozpoczęciem rozmowy z Elfriede.

– Elfriede poza tym też unika spotkania ze mną – dodawała. – Kiedy widzimy się z dala na korytarzu, omijamy się. A jeśli jest już na to zbyt późno, mówimy sobie tylko dzień dobry albo coś w tym rodzaju. Nie ma żadnego kontaktu, żadnej rozmowy, niczego.

Choć kwestia mego prawdziwego ojca nigdy nie przedostała się na zewnątrz, a ja dotrzymałem słowa i milczałem, Elfriede musiała jednak czegoś się domyślać albo przynajmniej przeczuwać. Pewnego dnia moja mama zadzwoniła do mnie bardzo podekscytowana i powiedziała, że zdarzyło się coś niezwykłego.

– Spotkałam Elfriede i tym razem mnie nie wyminęła. Wprost przeciwnie, przystanęła i powiedziała: „Hilde, pomyślałam, że to właściwie bardzo głupie, jak się zachowujemy. Nie miałabyś ochoty zajść do mnie w piątek po południu na kawę? Mogłybyśmy porozmawiać". Matka odpowiedziała: „Chętnie przyjdę do ciebie. Nawet bardzo chętnie".

Rozmowę tę odbyliśmy w środę, a w piątek przed południem, zaledwie na kilka godzin przed spotkaniem, moja matka dostała pisemną wiadomość, że Elfriede spotkanie odwołuje. Bez uzasadnienia, bez słowa „przepraszam". Potem dowiedziała się, że właśnie przed południem odwiedziła Elfriede jedna z jej siostrzenic i to ona najprawdopodobniej zabroniła ciotce spotkać się z moją matką. Elfriede odziedziczyła majątek swego męża, mojego biologicznego ojca, i jej krewni obawiali się widocznie, że ja, rodzony syn Theodora, zacznę dochodzić swoich praw do spadku. Czego nigdy bym nie zrobił! Kilka lat później moja matka zmarła w wieku osiemdziesięciu dwóch lat. Elfriede też żyła do śmierci w domu seniora. Do rozmowy między nimi nigdy już nie doszło. Dziwnie niekiedy toczą się koła ludzkiego życia.

Co zawdzięczam mojej matce? Co mi dała na życie? Dziecko szuka bliskości i oparcia i myślę, że matka to oparcie mi dała. Nie wychowywała mnie nakazami i zakazami: rób to, zostaw tamto. Zawsze mogłem robić to, co chciałem. Bez nacisku, bez zabraniania i pouczania, lecz również niestety bez szczególnej motywacji do osobistego rozwoju. Tę musiałem sobie wypracować sam. Rodzice powinni pokazywać dziecku pewien styl życia, przekazać mu jakiś system wartości. Moja matka urodziła się w 1909 roku, przeżyła dwie wojny światowe. Stawką często było wtedy samo przeżycie. Te doświadczenia odcisnęły się na jej charakterze i nie mogę niczego jej zarzucić, bo wiem, że dała mi to, co mogła najlepszego – kierowanie się w życiu sercem, co ostatecznie okazuje się ważniejsze niż wiedza wyniesiona ze szkół. W życiu chodzi o kształtowanie serca. Moja matka miała wielkie serce. A wiele innych rzeczy, których nie otrzymałem w dzieciństwie, nadrobiłem dzięki lekturze wielkich klasyków oraz dziesięcioletniej terapii.

II
WZRASTANIE

MARZENIE O KARIERZE

Po mojej pierwszej filii zaczęły powstawać następne. Nieustannie szukaliśmy nowych lokali do wynajęcia, zawieraliśmy seryjnie umowy najmu. Każdy kolejny sklep przynosił większe obroty, ale też ciągle musieliśmy inwestować, angażować nowy personel. Trzeba było rozwiązywać problemy zaopatrzenia w towar, potrzebne okazały się większe pomieszczenia na magazyny. Pierwsza centrala firmy znajdowała się nad filią sklepu Rossmann przy Lister Platz, tutaj też mieszkałem. Wszystko załatwiało się, improwizując, i zawsze pojawiały się jakieś rozwiązania. W 1974 roku znaleźliśmy nowe pomieszczenia na magazyn i biuro przy Berliner Allee. Na tyłach tego budynku był lokal pod nazwą Kaulquappe i to on, w miejsce Maulwurfa, stał się teraz naszą stałą knajpą.

Najważniejsza w firmie była logistyka. O przetwarzaniu danych mało kto jeszcze słyszał, dla większości moich pracowników było to pojęcie obce. Dla mnie też. Przyznaję – początkowo nie mogłem zrozumieć potrzeby instalowania systemu komputerowego. Peter Anhoeck uważał natomiast, że bez tego stracimy wkrótce konkurencyjność. Sieć naszych filii rozszerza się coraz bardziej, argumentował Peter, musimy więc wyposażyć firmę w taki system. Pod koniec 1975 roku posiadaliśmy dwadzieścia pięć sklepów. W Wigilię Bożego Narodzenia Peter poinformował mnie, że na własną rękę zamówił skomputeryzowanie firmy. Koszty, jakie pochłoną sprawy techniki i eksploatacji w następnych latach, wyniosą sześćset tysięcy marek. Wpadłem w furię. Powiedziałem, żeby się wynosił, wyrzuciłem go. Ale tylko na trzy godziny. Tyle trwało, by przekonał mnie do tej inwestycji. Kiedy dziewięć miesięcy później dostarczono nam nasz system komputerowy i zainstalowano go, okazał się on potrzebniejszy niż kiedykolwiek. W międzyczasie otworzyliśmy dziesiątki kolejnych sklepów.

Cztery lata po otwarciu pierwszego sklepu przeniosłem centralę firmy z Hanoweru do Burgwedel*. Z tego miasta koordynowałem odtąd całość działań przedsiębiorstwa. Już wkrótce, w latach 1977–1978, rosnąca liczba filii wymusiła zatrudnienie pięćdziesięciu pracowników administracji. Zdarzało się, że o drugiej po południu mówiłem:

– Koniec na dzisiaj, moi drodzy, dziś już nic nie robimy, odwołujemy wszystkie spotkania.

---

* Miasto w pobliżu Hanoweru (przyp. tłum.).

– Szefie, jak to?!

– Pójdziemy pojeździć na gokartach.

I wspólnie jechaliśmy na tor gokartowy na przedmieścia Hanoweru.

– Żeby nie było zbyt nudno – mówiłem – proponuję, by połowa z nas jechała w lewo, a druga połowa w prawo i w pewnej chwili się spotkamy.

– Och, to będzie fantastycznie – wykrzykiwali i cieszyli się jak dzieci.

Następnego dnia wszyscy pracowali z własnej woli do dziesiątej wieczór, żeby nadrobić pensum godzin, nikt nie domagał się zapłaty za nadgodziny. To był kompletnie wariacki czas. W mojej firmie nie wprowadziłem nigdy zasad dotyczących ubioru, nie ma ich do dziś. Nikt nie musi nosić krawata ani garnituru. Ma być luźno, tak jak sam najchętniej chodzę ubrany.

Ale nie zawsze było różowo. W pierwszych latach spotykały mnie też porażki. Mój wyjazd pod koniec lat siedemdziesiątych do Austrii okazał się katastrofą. Zamierzałem rozszerzyć działalność za granicą. W krótkim czasie otwarliśmy dziesięć sklepów w Wiedniu, a wszystkim kierowała niewielka grupa ludzi z Burgwedel. To nie mogło się udać, pomysł okazał się wielką klapą. Inne przepisy, inna moneta, trudna logistycznie sytuacja, kompletnie inna mentalność – problemy pojawiały się na każdym kroku. Po roku wycofałem się z austriackiego rynku. Z błędów wyciągnąłem wnioski na przyszłość.

Kamieniem milowym w rozbudowie sieci sklepów Rossmann było wejście do mojej firmy gracza na rynku finansów – Hanowerskiej Grupy Finansowej, której początkowo dałem dziesięć, a potem czterdzieści procent udziałów. Dzięki zastrzykowi finansowemu mogłem kontynuować modernizację istniejących sklepów i realizować dalszą ekspansję firmy. Na początku byłem potwornie niespokojny: czy dobrze zrobiłem, godząc się na uczestnictwo obcej firmy w moim przedsiębiorstwie? Obawiałem się zbyt wielu kontroli, nie wiedziałem, co się może wydarzyć. Ale miałem zaufanie do mojego przyjaciela Clausa Bingemera, za sprawą którego zdecydowałem się na ten krok. Jego i jego żonę Beate poznałem przez moją pierwszą żonę, z którą wziąłem ślub w wieku dwudziestu siedmiu lat. Nasze małżeństwo trwało tylko cztery lata. Przyjaźń z Bingemerami trwa za to do dziś. Claus był przez wiele lat przewodniczącym zarządu Hanowerskiego Towarzystwa Reasekuracyjnego, dziś trzeciego co do wielkości towarzystwa reasekuracyjnego w świecie. Moja ówczesna żona była blisko zaprzyjaźniona z córkami Bingemerów, dlatego wiele czasu spędzaliśmy u nich w domu. Było niemal tak, jakbyśmy u nich mieszkali. Dom Bingemerów był domem otwartym, także dla wszystkich sąsiadów. Beate i Claus byli zawsze wyluzowani, lubili w swoim domu gości i wielkodusznie ich podejmowali.

Na początku Claus zupełnie nie zwracał na mnie uwagi, widząc we mnie jednego z licznych znajomych czy przyjaciół swojej córki, którzy wpadali i wypadali. Pewnego dnia wszedł do piwnicy, a tam na środku stał nowy stół do ping-ponga; wszyscy namiętnie graliśmy w ping--ponga. Zwrócił się więc do nas z pytaniem, skąd się tu wziął ten stół – taka rzecz musi przecież trochę kosztować. Ja zaś, jako że Bingemerowie byli wobec mnie tak wielkoduszni, że stale jadałem na ich konto i piłem ich wino, chciałem się odwdzięczyć.

„To Dirk kupił ten stół", odpowiedział ktoś. I wtedy Claus przyjrzał mi się bliżej. Od tego momentu zaczęła się nasza bliska przyjaźń. Claus był ode mnie starszy o jakieś dwadzieścia lat. Był człowiekiem, który wtedy gdy tworzyłem swoją firmę, najwięcej mi dał, w sensie czysto ludzkim i intelektualnym, i zdecydowanie mnie ukształtował. Przez całe życie był postacią ważną w niemieckiej gospodarce, a współtworzone przez niego Hanowerskie Towarzystwo Reasekuracyjne stało się instytucją przynoszącą miliardowe dochody. Mnie jako drobnemu wówczas przedsiębiorcy niezwykle to imponowało. Moja matka była pracowita i próbowała utrzymać rodzinę i drogerię, za co ją bardzo szanuję, ale nie miałem w niej partnera do rozmów na poważne, głębokie tematy. Każde dziecko chce, żeby jego rodzice byli idealni, ale w jakimś momencie dociera do niego, że tacy nie są. I że trzeba zaakceptować ich słabości i cechy, których się nie lubi. Czułem się zawiedziony brakiem potrzeby intensywniejszej wymiany myśli ze strony mojej mamy. Beate i Claus wzięli mnie jakby za rękę i pokazali nieznany dotąd świat. W pewien sposób stali się niejako moimi rodzicami zastępczymi. A ja byłem żądny wiedzy, zawsze coś popychało mnie ku ludziom, od których mogłem się czegoś nauczyć.

Claus zmarł w marcu 2018 roku w wieku dziewięćdziesięciu dwóch lat. Alice i ja napisaliśmy w nekrologu:

Jako młody człowiek przetrwałeś wojnę dzięki szczęściu i tupetowi. Przez sześćdziesiąt lat byłeś najbardziej wyrazistą osobowością w ogromnej rodzinie. Posiadałeś wiedzę humanistyczną w wielu dziedzinach. Współtworzyłeś od zera Hanowerskie Towarzystwo Reasekuracyjne, trzecie w świecie pod względem wielkości, i przez dwadzieścia pięć lat nim kierowałeś, a przez ponad trzydzieści lat pełniłeś funkcję przewodniczącego jego zarządu. Byłeś dla nas wspaniałym przyjacielem – lepszego trudno sobie wymarzyć. Pozostawiasz nas z olbrzymim skarbem wspomnień i spojrzeniem na życie, jakie bez Ciebie nigdy nie stałoby się naszym udziałem.

Z Clausem często rozmawialiśmy o przeszłości Niemiec. Beate i Claus byli świadkami narodowosocjalistycznej dyktatury. Jedna z ich zasadniczych wypowiedzi na temat czasów nazistowskich brzmiała: „W 1933 roku wszyscy wykształceni Niemcy wiedzieli, co może się stać i do czego Hitler jest zdolny. Wszyscy, którzy twierdzą, że niczego nie przeczuwali, mówią nieprawdę". Tupet miał Claus rzeczywiście, ta cecha uratowała mu życie w ostatnich miesiącach wojny. Został jeszcze powołany na front, był to ostatni nakaz Hitlera. Clausowi udało się zachorować, paląc jednego papierosa za drugim. Doprowadził się do takiego stanu, że najpierw trzeba go było leczyć. Wielu innych z jego rocznika wcielonych wtedy do wojska straciło życie.

MOJA KOTWICA – PSYCHOLOGIA

Jako nastolatek przyswoiłem sobie nieco podstawy filozofii, wczytując się w Schopenhauera, później przyszedł Nietzsche i dzieła innych wielkich myślicieli. W dorosłym już życiu otworzył się przede mną – dzięki Bingemerom – zupełnie nowy świat, świat psychologii. Od tamtego czasu psychologia odgrywa w moim życiu zasadniczą rolę. Bez niej nie byłbym dzisiaj w tym miejscu, w którym jestem, a moja firma nigdy nie odniosłaby sukcesu. Psychologia otworzyła mi oczy na wiele spraw. Po rozpadzie mojego pierwszego małżeństwa – pobraliśmy się młodo i nie pasowaliśmy do siebie – pomogli mi Bingemerowie, wspierając mnie cennymi radami. Edeltrud Meistermann, matka Clausa, była znaną w Kolonii psychoanalityczką. Przez kilka lat stanowiła parę ze słynnym psychoanalitykiem Alexandrem Mitscherlichem. Jego książka *Die Unfähigkeit zu trauern* (Niemożność zaufania), napisana wraz z żoną

Margarete, była jedną ze sztandarowych pozycji po wojnie w Niemczech. Do kręgu przyjaciół Edeltrud Meistermann należał też między innymi Heinrich Böll.

W 1978 roku, po rozwodzie z moją pierwszą żoną, która ode mnie odeszła, byłem w kiepskiej kondycji, wpadłem w czarną dziurę. Beate poradziła mi, żebym poszedł na terapię. A ponieważ psychologia była dziedziną, w której miała dobre rozeznanie, pomyślałem: w porządku, po prostu spróbuję. W ciągu dnia czułem się dobrze, w pracy byłem rozluźniony; nie miałem czasu na smętne rozmyślania, ale ciężko znosiłem samotne wieczory w domu. Człowiek nie lubi być sam. Mieszkałem wtedy w Hanowerze, w mieszkaniu własnościowym, w wieżowcu na dwunastym piętrze.

Beate zaproponowała mi jako terapeutkę swoją dobrą znajomą, uważała, że można jej zaufać. Nie miałem bladego pojęcia, czym jest terapia, kiedy ją rozpoczynałem. Na spotkania chodziłem raz, czasami dwa, a nawet trzy razy w tygodniu. I po każdym powrocie stwierdzałem, że muszę się jeszcze wiele nauczyć, a przede wszystkim poznać samego siebie. Na pierwszym spotkaniu terapeutka dała mi karteczkę, na której miałem napisać, co myślę dobrego, ale i co złego o mojej matce. Również to, co podobało mi się, a co nie podobało w moim ojcu. To był jej sposób, żeby mnie bliżej poznać i wyrobić sobie o mnie jakieś wyobrażenie.

W końcu Ingrid (bo tak miała na imię terapeutka) powiedziała:

– Zaczniemy od czterech godzinnych spotkań, a po nich wspólnie zdecydujemy, czy idziemy dalej, czy kończymy. Najpierw musimy się trochę poznać. Jeśli po tych czterech spotkaniach zdecydujemy, że kontynuujemy, wtedy pójdziemy już dalej na dobre i na złe. Nie zawsze będzie łatwo.

Takie były jej reguły gry. Po czterech pierwszych posiedzeniach zdecydowaliśmy, że idziemy dalej. Dla mnie cała ta sytuacja była niesłychanie ekscytująca. Nie chodziło mi o to, żeby się dowiedzieć, jakie mam problemy i zaburzenia, lecz by czegoś nowego się nauczyć, bo moja terapeutka widziała wiele rzeczy inaczej niż ja i dzięki temu na pewne sprawy otwierała mi oczy. Wtedy zacząłem też medytować. Do tego doszedł trening autogenny, codziennie, przez trzy lata. I czytałem wiele fachowych książek z zakresu psychologii. Dziś często, w wielu wypadkach za często, przepisuje się leki. Uważam proces wyjaśniania własnych problemów wewnętrznych za konieczny, żeby na trwałe przezwyciężyć projekcje i lęki. Obie metody, terapia przez rozmowę i medytacja, bardzo mi wtedy pomogły. Przede wszystkim przekonałem się jednak, jak olbrzymie możliwości ma psychologia, i doszedłem do wniosku, że można ją sensownie wykorzystać również w przypadku pracowników mojej firmy. W latach osiemdziesiątych zaczęliśmy więc wprowadzać seminaria rozwoju osobistego.

Po dwóch latach terapii indywidualnej terapeutka powiedziała mi, że jestem gotów na kolejny krok i żebym się zastanowił, czy chcę wziąć udział w terapii grupowej. Przed tym czułem jednak paniczny lęk. Nie chciałem opowiadać o swoich problemach obcym ludziom, grupie piętnastu–dwudziestu osób. Jak zareagują, słysząc, że tu oto mamy między sobą tego kapitalistę Roßmanna? Nie chciałem być oceniany, źle się czułem z myślą, że musiałbym ujawnić swoje najbardziej intymne sprawy. Ale w końcu się przemogłem. I zrozumiałem, że niechęć do udziału w tego typu terapii była z mojej strony przejawem lęku. Projekcją.

Prowadzący grupę powiedział mi:

– Wytłumaczę ci, czym jest świadomość samego siebie. Ktoś, kto nie jest siebie świadomy, przyłącza się do grupy liczącej dwadzieścia osób i czuje, że dziewiętnaście spośród nich go lubi. Ale jedna osoba go odrzuca. I ponieważ ta jedna osoba go odrzuca, on jest poirytowany i nieszczęśliwy. Nie może zrozumieć, dlaczego ktoś go nie lubi. A teraz do grupy wchodzi ktoś świadomy siebie. Dziewiętnaście osób z grupy go nie lubi, a lubi tylko jedna. I ten ktoś świadomy siebie siedzi sobie spokojnie, zadowolony, że jest osoba, która go lubi. Dziewiętnaście innych osób, nastawionych wobec niego negatywnie, jest mu zupełnie obojętnych.

Jeśli człowiek uzależni się od sądów i ocen innych, jest zgubiony. Brzmi to jak truizm, ale rzeczywiście nauczyłem się uniezależniać od sympatii bądź antypatii otoczenia. Świadomość samego siebie wyzwala. Wtedy też radzimy sobie psychicznie z tym, że inni nas odrzucają.

Kiedy brałem udział w spotkaniach terapii grupowej, zdałem sobie sprawę, jak dobrze mi one robią.

Co daje terapia? Lepsze poznanie samego siebie i konfrontację z własnymi słabościami. Na początku byłem słabym szefem, bo w wielu sytuacjach, za które odpowiada pracodawca, po prostu się nie sprawdzałem. Brakowało mi na przykład odwagi, żeby kogoś zwolnić, miałem wtedy wyrzuty sumienia. W gruncie rzeczy byłem obłudny. Z jednej strony chciałem prowadzić przedsiębiorstwo odnoszące sukcesy, z drugiej – nie chciałem ponosić konsekwencji, jeśli działo się coś nieprzyjemnego. Jeśli z tego czy innego powodu musiałem zwolnić kogoś z kręgu menadżerów, miałem do tego ludzi, którzy to za mnie załatwiali. Po tąpnięciu, jakie nastąpiło w połowie lat dziewięćdziesiątych, o którym jeszcze szerzej opowiem, zrozumiałem w końcu, że takie sytuacje muszę brać na swoją klatę, muszę pokazać kręgosłup. Lecz początkowo nie byłem wewnętrznie dość mocny, by do końca odpowiadać za własne decyzje. Unikałem wielu rzeczy, bo miałem problem z tym, że kogoś mogę zranić. W gruncie rzeczy chodziło mi o to, żeby wszyscy dobrze się czuli. I tu tkwiła sprzeczność: z jednej strony stworzyłem przedsiębiorstwo, z drugiej – nie byłem wewnętrznie mocny.

Lecz jeśli ucieka się przed sprawami nieprzyjemnymi, te sprawy jakoś do nas wracają i się na nas mszczą. Psychika zdrowieje dopiero wtedy, kiedy człowiek nauczy się stawiać czoła również smutnym, trudnym doświadczeniom i je akceptować. Dzięki terapii grupowej dostałem szansę bycia lepszym szefem. Dobry szef powinien być przewidywalny, autentyczny i konsekwentny. Wtedy jego twarde decyzje również będą akceptowane. Mój styl kierowania ludźmi dzisiaj? Swobodnie, ale konsekwentnie, czasami bardzo serio, a czasem wesoło. Czuję, kiedy jestem napięty do granic albo kiedy zawalam, kiedy nie jestem dobrym szefem. Najważniejsza jest przede wszystkim autentyczność i umiejętność przyznania się do tego, że ma się z czymś problem. Moim celem jest stworzenie dobrego zespołu, w którym przy jasnej hierarchii będą panować otwartość i uczciwe relacje. Najmniej mam w sobie z klasycznego patriarchy. Gdybym miał patriarchalny styl rządzenia, już dawno byśmy splajtowali.

Myślę, że prawdziwie owocna współpraca możliwa jest w atmosferze zaufania z obu stron. Podstawę zaufania stanowi szczerość. Ludzie, którzy długo ze mną pracują, wiedzą, że mogą mi powiedzieć, co myślą. Jeśli mówię któremuś z nich: „Jak pan myśli, co ja o panu sądzę", najczęściej pierwszą reakcją jest zdumienie, ale potem tym szczersze słyszę odpowiedzi. Moja największa umiejętność jako przedsiębiorcy i szefa to integrowanie ludzi. Jestem człowiekiem, który wyczuwa nieporozumienia i otwarcie o nich mówi. To najczęściej przynosi dobre skutki.

Dalszą wiedzą wyniesioną z terapii jest to, że ostre dyskusje między ludźmi nie muszą być czymś złym. Zdrowa kłótnia z partnerką, przyjacielem czy partnerem w interesach może łączyć, nie musi być niczym dzielącym. Wierzę w zdrowe jądro kłótni, która oczyszcza powietrze. To wszystko i jeszcze więcej dotarło do mnie podczas terapii – po dziesięciu latach terapii indywidualnej i terapii grupowej.

Nie wiem, czy oddałbym psychologii tyle serca i namiętności, gdybym na drodze swego życia nie spotkał nadzwyczajnie mądrej i błyskotliwej kobiety, Ruth Cohn. Jest ona twórczynią koncepcji interakcji skoncentrowanej na temacie. Poruszyła mnie historia jej życia. Cohn przyszła na świat w Berlinie w 1912 roku jako dziecko zasymilowanej rodziny żydowskiej. W latach 1931–1932 studiowała ekonomię i psychologię na uniwersytetach w Heidelbergu i w Berlinie. Studiując w Berlinie, podczas jednego z wykładów, była świadkiem pobicia swych żydowskich kolegów przez ludzi z hitlerowskich SA. To ponure zdarzenie, ta pogarda dla człowieka ukształtowały ją na zawsze.

Osobiste doświadczenia doprowadziły Ruth Cohn do stworzenia koncepcji TZI – interakcji skoncentrowanej na temacie. Koncepcja ta miała służyć aktywnemu, żywemu uczeniu się oraz dobrej komunikacji i współpracy. Chodzi w niej o dynamiczną równowagę między: potrzebami pojedynczych osób, potrzebami grupy, zadaniami do wykonania i środowiskiem. Kiedy władzę w Niemczech przejęli narodowi socjaliści, Ruth uciekła do Szwajcarii. Tam studiowała psychologię, potem wyemigrowała do USA, a gdy w latach siedemdziesiątych wróciła do Europy, była już psychoanalitykiem o międzynarodowej renomie. Czuła, że jej obowiązkiem jest powrót do Europy, gdzie, zwłaszcza w Niemczech, żyło wielu ludzi naznaczonych hitlerowską dyktaturą i wojenną traumą. A ponieważ ani finansowo, ani pod innym względem nie było możliwe, żeby co drugi Niemiec kładł się przez rok na kozetce u psychoanalityka, Ruth Cohn zajęła się terapią grupową. Jej misją było uczenie ludzi lepszego rozumienia samych siebie, wrażliwszego odczytywania siebie. Mówiła: „Musimy coś dla ludzi robić. Ludzie powinni uczyć się lepiej postrzegać samych siebie i być zdolni do refleksji". Mówiąc „musimy", miała na myśli swoich kolegów i sojuszników tej sprawy – Normana Libermana, Yitzchaka Ziemana i Johna Brinleya, z którymi zetknęła się w USA i z którymi przybyła do Niemiec.

Potem Ruth Cohn pojechała do Szwajcarii, gdzie prowadziła terapie grupowe z zupełnie „normalnymi" ludźmi. Pracowała też dla wielkich firm, między innymi dla towarzystwa lotniczego Swissair. Uczenie się, rozwój osobowości to były główne cele jej zajęć. Jak zachowuję się w grupie? Zasadniczym hasłem jej koncepcji było „żywe uczenie się", pojęcie, o którym chętnie mówię, bo „żywe uczenie się" – uczenie się przez doświadczenie, poznawanie innych i kontakty międzyludzkie – odgrywa w moim życiu niezmiernie ważną rolę.

Ruth Cohn stworzyła „model czteroczynnikowy": „ja", „my", „to" i „glob". Z modelem tym zapoznajemy również naszych pracowników na szkoleniach z psychologii. W modelu Ruth Cohn „ja" oznacza kompetencje, umiejętności pojedynczej osoby, „my" – całą grupę, „to" – zadania i wyzwania, a „glob" – środowisko. Celem zajęć propagujących teorię TZI jest osiągnięcie dynamicznej równowagi pomiędzy tymi czterema czynnikami, którym przyznaje się wartość równorzędną. Najważniejsze reguły tej teorii brzmią: „Bądź swoim własnym szefem". Znaczy to, że każdy jest odpowiedzialny za swoje działanie. „Kiedy mówisz, mów w swoim imieniu". Używaj zatem pierwszej osoby liczby pojedynczej: „ja uważam, że", a nie ogólników: „wszyscy tak uważają", „uważa się". „Wypowiadaj pytania jako pytania, a opinie jako opinie". To znaczy: pytania pozwalają nie ujawniać własnego zdania. „W danej chwili może mówić tylko jedna osoba". Jeśli chce mówić kilka osób naraz, to grupa powinna najpierw ustalić przebieg rozmowy. „Powstrzymuj się od oceniania innych ludzi". Ponieważ te oceny mogą być fałszywe. „Unikaj uogólnień". Uogólnienia mogą łatwo zaszkodzić pracy w grupie. „To, co przeszkadza, ma pierwszeństwo". Różnym zaburzeniom w komunikacji powinno się dawać przestrzeń, żeby mogły zostać wyjaśnione. „Nie deprecjonuj siebie samego ani innych, nie neguj swoich możliwości i zdolności ani tych cech u innych ludzi". Ta reguła jest zrozumiała sama przez się.

Dlaczego Ruth Cohn wywarła na mnie takie wrażenie? Zawdzięczam to osobistemu z nią spotkaniu. Moja terapeutka Ingrid również szkoliła się w zakresie metody

TZI. W 1982 roku zaproponowała mi, żebym przeszedł kurs TZI w Szwajcarii, właśnie u Ruth Cohn. Uważała, że dobrze mi to zrobi. Właściwie nie miałem na to ochoty, bo właśnie poznałem Alice, moją przyszłą żonę, i wolałem z nią spędzać czas. Mimo wszystko pojechałem do Szwajcarii i zgłosiłem się do Ruth Cohn. Kurs trwał dwanaście dni, program był dosyć ambitny i intensywny. Drugiego dnia Ruth Cohn zaprosiła dwie uczestniczki kursu i mnie do siebie do domu. Ta słynna psycholożka mieszkała dosyć skromnie w małym apartamencie ze wspaniałym widokiem. Opowiedziała nam, że za kilka miesięcy opublikuje nową książkę. Chodziło o *Von der Psychoanalyse zur Themenzentrierten Interaktion* (Od psychoanalizy do interakcji skoncentrowanej na temacie), która stała się potem podstawowym dziełem z zakresu psychologii. Ruth przeczytała nam fragment, a potem opowiedziała historię, swoją historię, która porusza mnie do dziś.

Był przełom lat 1933/1934. Rodzina Ruth zamierzała wyjechać z Niemiec, jej rodzice sprzedali cały majątek. Wcześniej postanowili swoją córkę, która miała wtedy dwadzieścia lat, wysłać za granicę, przekazując jej do przewiezienia osiemdziesiąt tysięcy marek niemieckich. W tamtym momencie Żydzi mogli jeszcze wyjeżdżać z Niemiec i podróżować. Ruth miała pojechać pociągiem ze Stuttgartu do Bazylei i przewieźć tę sumę. Plan był następujący: kiedy ona zdeponuje w Szwajcarii pieniądze, wtedy dojedzie do niej cała rodzina. W Ruth rodzina pokładała więc swą nadzieję, a kobieta czuła na sobie wielką odpowiedzialność.

W pociągu trafiła do przedziału, w którym siedział niemiecki major. Miała przy sobie cały rodzinny majątek. Za granicę wolno było zabrać z sobą niewielką sumę, wszystko, co ponadto, podlegało konfiskacie. A osiemdziesiąt tysięcy marek Rzeszy znacznie przekraczało dopuszczalny limit. Ryzyko, że zostanie się nakrytym, było duże, bo podróżnych przeszukiwano, jeśli tylko kontrolerzy graniczni powzięli wobec kogoś jakieś podejrzenie. Zdenerwowanie Ruth rosło w miarę zbliżania się do granicy. Strach, że ona, Żydówka, zostanie dokładnie skontrolowana, był wielki i uzasadniony. Jakieś dwadzieścia kilometrów przed granicą Ruth nie wytrzymała. Zagadnęła swojego współtowarzysza, majora, bo wzbudził jej zaufanie; wcześniej, w trakcie podróży przyjaźnie z nią rozmawiał.

– Panie majorze – zwróciła się do niego – będę z panem szczera: jestem Żydówką, w bagażach mam osiemdziesiąt tysięcy marek. To cały majątek mojej rodziny. Chciałabym pana o coś prosić: czy zgodziłby się pan wziąć ode mnie te pieniądze do czasu, kiedy znajdziemy się w Szwajcarii?

Ruth wiedziała, iż prawdopodobieństwo, że celnicy wezmą na muszkę majora w mundurze i przeszukają go, jest niewielkie. I co uczynił ten człowiek? Skinął głową i wziął od niej te pieniądze. Ruth wiedziała, że tym samym naraża się na podwójne niebezpieczeństwo:

major może ją wydać albo zatrzyma przy sobie pieniądze i zniknie. Na granicy do przedziału weszli kontrolerzy, przeprowadzili rutynowe sprawdzanie paszportów, wszystko przebiegło bez najmniejszych incydentów. Potem pociąg wjechał na dworzec do Bazylei. Ruth i major wyszli z wagonu i znaleźli się na peronie. Major zwrócił się do Ruth i powiedział: „Młoda damo, to był dla mnie zaszczyt!", po czym wręczył jej pakunek z pieniędzmi, skinął głową, odwrócił się i wmieszał w tłum pasażerów.

Przewiezione pieniądze umożliwiły rodzinie Cohnów wyjazd z Niemiec, emigrację do USA i rozpoczęcie tam nowego życia. Odwaga Ruth wzrusza mnie równie mocno jak postawa majora, który w tamtym momencie zrozumiał, że młoda kobieta złożyła swój los w jego rękach. Dowodzi to, jak w życiu ważna jest postawa!

Ruth Cohn zmarła w 2010 roku, mieszkała wtedy w Düsseldorfie. Dożyła dziewięćdziesięciu siedmiu lat. Niestety, nigdy więcej już się z nią nie spotkałem. Swoje pojmowanie humanizmu opisała w taki oto sposób: „Wiedzieć, że ja się liczę, wiedzieć, że ty się liczysz. Wiedzieć, że liczy się każdy człowiek, czarny czy biały, czerwony, żółty czy brązowy. Liczy się ziemia. Liczy się wszechświat. Moje cierpienie się liczy. Twoje cierpienie się liczy". Ta bardzo mądra myśl towarzyszy mi w życiu.

Kiedy odkryłem dla siebie pozytywne skutki psychoterapii, zapragnąłem dowiedzieć się o psychologii czegoś więcej. Rozpocząłem nawet szkolenie w zakresie terapii

Gestalt i TZI. Zdecydowałem się na to po prostu z czystego zainteresowania, byłem ciekawy ludzi i chciałem ich rozumieć, bo bywają tak bardzo różni. Od dawna mnie to fascynowało.

Poniekąd jestem więc w pewnym sensie psychologiem. Wcześniej pisywałem nawet od czasu do czasu w czasopismach fachowych na tematy psychologiczne. Wiele czerpałem przy tym od Normana Libermana, amerykańskiego psychologa, który współpracował z Ruth Cohn. Koncepcja terapii Gestalt wychodzi od tego, że nasze postrzeganie rzeczywistości i nasze zachowania są skutkiem przeżycia „figury" i „tła", całościowych postaci. Zgodnie z tym każda potrzeba może wystąpić z tła i stać się figurą, jeśli na przykład, w ramach terapii, ujawni się i zostanie zauważona. Inną zasadniczą metodą postępowania w terapii Gestalt jest praca z marzeniami sennymi. Fritz Perls, jeden ze współtwórców terapii Gestalt, wyjaśnił, jak to funkcjonuje. Zapytał pewną pacjentkę, czy ta może sobie przypomnieć jakiś swój sen. Pacjentka w pierwszej chwili zaprzeczyła, potem jednak, powoli, zaczęła sobie odtwarzać pewien sen. Opisała go tak: „Fritz, śni mi się zawsze ten sam sen. Śnią mi się schody i te schody nie mają żadnej barierki. Nic więcej". Terapia Gestalt wychodzi z założenia, że sny człowieka są projekcją i człowiek jest tym, co mu się śni.

Po rozwodzie z pierwszą żoną długo byłem w kiepskiej kondycji psychicznej. Miesiącami śniła mi się przemoc, wojna, czołgi i zniszczenia. Bo moje życie wtedy było jedną wojną i jedną kupą gruzów. Ale kobiecie, która siedziała teraz naprzeciw Fritza Perlsa, śniły się schody bez poręczy. W interpretacji terapii Gestalt sen ten oznaczał, że to ta kobieta jest tymi schodami. Polecono jej powiedzieć: „Jestem schodami". Kobieta musiała się przemóc, żeby to zrobić. Na początku było to dla niej trudne, obudziły się w niej agresja i niepokój. W końcu jednak wypowiedziała to zdanie: „Jestem schodami", i zaczęła je nawet powtarzać. Nagle się rozpłakała, rozdygotała. I zrozumiała, w czym tkwił jej problem. Od czterech lat była mężatką, osobą z zamożnego domu. Ale mąż jej nie kochał – była dla niego trampoliną do awansu zawodowego, schodami mającymi prowadzić do sukcesu.

Ponad trzy lata kształciłem się w terapii Gestalt – prowadząc równocześnie własną firmę – pod okiem amerykańskiego psychologa Johna Brinleya. Do egzaminu końcowego w heskim Gelnhausen nie podszedłem jednak, choć termin był już wyznaczony. Posłuszny jakiemuś dziwnemu przeczuciu, na egzamin nie pojechałem. Wkrótce doszła mnie wiadomość, że John Brinley i dwaj jego uczniowie zginęli w wypadku samochodowym w drodze na egzamin. Byłem szczęśliwy, że posłuchałem własnej intuicji. Do dziś intuicja to mój wewnętrzny kompas. Kiedy mi podpowiada, żeby raczej czegoś nie robić, idę za nią, choć dana opcja może wydawać się bardzo pociągająca. Gdy intuicja mówi mi „nie", zmieniam pierwotne zamiary.

W gruncie rzeczy ten egzamin nie był mi do niczego potrzebny, nigdy nie zamierzałem zostać terapeutą. Chodziło mi przede wszystkim o to, by lepiej zrozumieć fascynujące zagadnienia psychologii. Jaką rolę odgrywa dobry terapeuta? Kiedy mam problem i pytam przyjaciela, czy jest gotów mnie wysłuchać, a ten odpowie, że tak, to będzie miłe z jego strony, lecz sens terapii rozmową nie polega na takim wysłuchaniu. Bo może ów przyjaciel miał dzisiaj ciężki dzień i słuchając mnie, nie potrafi się należycie skupić i tylko stara się robić wrażenie, że słucha. I jeśli rozmawiam z człowiekiem, który mnie nie lubi, nie ma sensu opowiadać mu o swoich problemach. Kto nie czuje do kogoś sympatii, ten też nie będzie umiał słuchać albo będzie to robił wyłącznie z uprzejmości. Jednak gdy ktoś darzy mnie wielką sympatią, wtedy rozmowa z nim również nie zmieni się w proces terapeutyczny. Taki ktoś będzie starał mi się pomóc, wesprzeć mnie, próbować mnie uspokoić, lecz nie wiąże się z tym poznanie terapeutyczne. Dobry terapeuta nie może odczuwać do swego pacjenta antypatii, ale też nie może mieć do niego za wiele sympatii. Musi posiadać natomiast zdolność empatii.

Amerykański psychoanalityk i pisarz Irvin Yalom, jeden z moich ulubionych autorów, opowiada w którejś ze swoich książek następującą historię: chciał u niego rozpocząć terapię pewien nowy pacjent, lecz Yalom nie mógł go przyjąć, bo był bardzo zajęty. Powiedział to temu pacjentowi przez telefon. Mimo to doszło do pierwszego spotkania. Pacjent był otyłym mężczyzną i Yalom poczuł, że nie czuje do niego sympatii. Po tym spotkaniu wykończony – miał za sobą stresujący dzień, siedem czy osiem godzin terapii – otworzył wieczorem butelkę wina, przygotował sobie kolację i zaczął myśleć o pacjencie, wobec którego nie zdecydował jeszcze, czy zacznie z nim terapię, czy też nie. Jako terapeuta wiedział, że musi wsłuchać się w swoje emocje. Kiedy się zastanawiał, dlaczego ten gruby mężczyzna wzbudził w nim negatywne odczucia, spojrzał na siebie i zauważył, że on sam ma mały brzuszek, który go od dawna irytuje. Zrozumiał, że nie odrzuca tamtego mężczyzny, tylko nie lubi własnego wyglądu; to jego problem z samym sobą.

Mamy tu do czynienia z czymś, co w psychologii nazywa się projekcją. Yalom miał problem ze swoją figurą, ale nie lubił kogoś, kto był otyły. Kiedy to sobie uświadomił, rozpoczął terapię z zażywnym pacjentem i już był w stanie mu pomóc. Ważne jest więc, żeby się zastanawiać: co wywołuje we mnie drugi człowiek? I dlaczego tak jest. Jeśli to się powiedzie, będziemy zdolni do empatii wobec innych. Empatia nie oznacza, że utoniemy w sympatii albo w antypatii, lecz że zobaczymy człowieka takim, jaki jest, jaki jest naprawdę, zobaczymy go ze wszystkim, co go stanowi.

Świat psychologii pochłonął mnie i wciągnął. Nie tylko dlatego, że przeczuwałem, iż tą drogą pomogę sobie, lecz dlatego, że byłem żądny wiedzy. Tak jak wtedy, gdy porwała mnie filozofia. Momentem kluczowym, kiedy poczułem, że wreszcie coś pojmuję, była lektura dzieła Alice Miller. Napisała ona między innymi *Das Drama des begabten Kindes und die Suche nach dem anderen Selbst**, które po raz pierwszy ukazało się w 1979 roku. Alice Miller (1923–2010) była szwajcarską pisarką i psycholożką polsko-żydowskiego pochodzenia. W swej książce wyjaśniła, jak rozwija się tożsamość człowieka i co w ogóle znaczy posiadać własne „ja" oraz na czym polega siła tego „ja". Dlaczego ludzi są tacy, jacy są. „Nie możemy w najmniejszym stopniu zmienić naszej przeszłości, nie możemy uznać za niebyłe szkód, jakie wyrządzono nam w dzieciństwie – pisała we wspomnianej książce. – Ale możemy się zmieniać,»reperować« psychikę, odzyskać utraconą tożsamość... Droga ta jest z pewnością niewygodna, jednak w wielu wypadkach daje nam ona możliwość wydostania się z niewidocznego, a przecież tak okropnego więzienia dzieciństwa i daje możliwość przeobrażenia się z nieświadomej ofiary przeszłości w odpowiedzialnego człowieka, który zna swoją historię i z nią żyje".

Myśl Alice Miller była dla mnie rodzajem przełomu. Jej pisma głęboko mnie poruszyły i trwale ukształtowały. Miller była cudowną osobowością. Zrozumiałem, że mój prywatny rozwój uświadomił mi również znaczenie

---

* Alice Miller, *Dramat udanego dziecka: w poszukiwaniu siebie*, tłum. Natasza Szymańska, Poznań: Wydawnictwo Media Rodzina, 2007 (przyp. tum.).

relacji międzyludzkich. Dobre doświadczenia z terapią grupową sprawiły, że ten rodzaj terapii chciałem wprowadzić w swojej firmie i zachęcić do niej moich współpracowników. Zrobiłem to na początku lat osiemdziesiątych, uczestnictwo w zajęciach było dobrowolne. Celem tych zajęć była poprawa komunikacji międzyludzkiej w przedsiębiorstwie. W 1981 roku znalazłem budynek, który idealnie nadawał się na centrum szkoleniowe. Było to miejsce położone w lesie, na terenach Pustaci Lüneburskiej. Nazywało się Waldhof. Wiele pracy, wysiłku i pieniędzy włożyliśmy w remont tego chłopskiego gospodarstwa z 1915 roku, w którym ostatnio mieścił się dom starców, przeniesiony potem gdzie indziej. Po stworzeniu centrum zaproponowaliśmy naszym współpracownikom bogaty program seminaryjny. Początkowo fakt, że jakieś przedsiębiorstwo szkoli swoich pracowników w zakresie psychologii, wywołał w prasie wielki szum. Radio NDR wyemitowało półtoragodzinny reportaż na temat nowoczesnego szkolenia pracowników w naszej firmie. Pisało o nas kilka gazet. Zajęcia z psychologii, praca terapeutyczna w grupach w takim jak nasze, niezwiązanym z psychologią przedsiębiorstwie były rzeczą dotąd niepraktykowaną.

Niektórzy z pracowników z początku przyjmowali ten pomysł sceptycznie i otwarcie go krytykowali. Co zrozumiałe, wziąwszy pod uwagę, że nigdy wcześniej nie zetknęli się z czymś podobnym. Obawiali się manipulacji czy bycia zmuszanymi do ujawniania na forum grupy spraw osobistych. Takie obawy przewijały się w rozmowach. Jednak gdy coraz więcej osób zaczęło brać udział w tych zajęciach, także oporni stopniowo zrozumieli, że dla większości zajęcia te są czymś bardzo pozytywnym. Wiele osób robiło wspaniałe postępy i rozwijało się w sensie zdobywania autonomii, szacunku do samego siebie, poszerzania wewnętrznej wolności. W czasach największego zainteresowania seminariami uczestniczyło w nich w Waldhofie do osiemdziesięciu osób naraz.

Wcześniej wśród różnych seminariów mieliśmy takie tematy jak „Gra i fantazja", „Lepienie z masy solnej" albo „Cyrk w firmie?". Teraz seminaria wzmacniały samoświadomość naszych pracowników. Podczas zajęć w grupach poruszano już nie tylko tematy zawodowe, ale zagadnienia praktyczne: „Jak widzę siebie?", „Jak odbieram innych?", „Jak się nawzajem traktujemy?", „Jak mówię?", „Jak bronię własnych interesów?" albo „Jak krytykuję innych, nie raniąc ich?". Praca w grupach jest formą zmagania się z samym sobą. W każdym przedsiębiorstwie, nieważne, jak dużym, mechanizmy relacji międzyludzkich są podobne: jeden krytykuje, drugi czuje się atakowany. Przedmiot sporu nie odgrywa przy tym często większej roli. Kiedy problemy przechodzą na płaszczyznę osobistą, sprawy bardzo się komplikują. Jestem przekonany, że siła naszego przedsiębiorstwa polega na tym, że o wielu tematach możemy rozmawiać w taki sposób, by nie podkopywać od razu poczucia czyjejś wartości ani nikogo nie zawstydzać. Po kilku latach od otwarcia centrum seminaryjnego Rossmann sytuacja wyglądała tak, że – mówiąc skrótem handlowym – popyt przewyższał podaż. Nie ulega też wątpliwości, że ludzie w międzyczasie się zmienili. Na początku podczas pracy w grupach nie byli tak otwarci jak dziś; jest to z pewnością kwestia współczesnego wychowania i tendencji panujących w dzisiejszym społeczeństwie. Ja sam zawsze otwarcie mówiłem o tym, że przeszedłem terapię. Terapia jest dla mnie możliwością robienia czegoś innego, autonomicznego kształtowania swego życia.

W USA wprowadzanie podstaw psychologii do przedsiębiorstw w latach osiemdziesiątych wyglądało zupełnie inaczej niż w Niemczech. Pracodawcy amerykańscy posyłali swoich menadżerów na terapię, by ci mogli znaleźć potrzebną im wewnętrzną równowagę. Bo kto prowadzi firmę zatrudniającą tysiąc osób – co wiąże się często z ogromnym stresem – powinien być osobą zrównoważoną. Nerwowi, kłótliwi, pracoholiczni szefowie z manią wielkości na swoim punkcie odbierani są przez każdą społeczność pracowniczą jako czysta trucizna.

W mojej firmie w ciągu ponad trzydziestu lat szkolenie w tak zwanych grupach rocznych przeszło ponad pięciuset pracowników ze średniego i wyższego szczebla kierownictwa. Podczas tych dynamicznych kursów na warsztat bierze się zasady teorii Ruth Cohn. Uczestnicy uczą się mówić o problemach od siebie, w pierwszej osobie, konstruktywnie stosować krytykę, uczą się kłócić i uwrażliwiać na innych. To wcale nie jest łatwe i dla wielu nieoczywiste mówić od siebie, używając pierwszej osoby liczby pojedynczej – wielu automatycznie wybiera formę bezosobową „się". Jest to jednak ogromna różnica, bo używając formy bezosobowej, człowiek dystansuje się od tego, o czym mówi.

Seminaria rozwoju osobowości i komunikacji międzyludzkiej ukształtowały atmosferę w naszym przedsiębiorstwie. Nie mamy żadnej sformułowanej czarno na białym filozofii przedsiębiorstwa, ważne jest jednak, by pracownicy traktowali się z uwagą i szacunkiem. Tam, gdzie są ludzkie zbiorowości, zawsze dochodzi do napięć, do walki o władzę i nieporozumień. Nie da się kierować ponad pięćdziesięcioma tysiącami pracowników bez konfliktów i zadrażnień. Jesteśmy w końcu ludźmi i nikt nie jest doskonały. Ostatecznie liczy się jednak, by to, co łączy, było silniejsze od tego, co dzieli.

ZE „SPIEGLEM" DO NRD

Jesień 1989 roku była czasem niezwykle emocjonującym zarówno dla Niemców, jak i dla całego świata. Nieustannie siedziałem przed telewizorem. Dla kogoś, kto urodził się w 1946 roku i przeżył podział Niemiec, to, co właśnie dokonywało się w NRD, było nieprawdopodobnie poruszające i niezwykłc. Zdumieni obserwowaliśmy wydarzenia, które wszystko zmieniały. Z Lipska przez NRD szła fala protestów. 4 września doszło do pierwszej poniedziałkowej demonstracji, zasadniczego elementu bezkrwawej rewolucji. Wkrótce potem na ulice wyszli mieszkańcy Drezna, Halle, Magdeburga, Plauen, Rostocku i innych miast. „My jesteśmy narodem" – przewodnie hasło protestujących skandowały w każdy poniedziałek setki tysięcy ludzi, domagających się nowego, pokojowego i demokratycznego porządku, rozwiązania

SED* i wolności podróżowania. Powstałe ruchy obywatelskie – Demokracja Teraz, Nowe Forum i Przebudzenie Demokratyczne – które domagały się praw obywatelskich, przejęły rolę rzeczników ruchu wolnościowego. Kogo mogło to pozostawić obojętnym? Ja sam odczuwałem od zawsze nieprawdopodobną pogardę dla reżimów totalitarnych, wściekłość wobec tych, którzy nie pozwalają innym oddychać. Właśnie to czynią ludziom systemy totalitarne: odbierają wolność, manipulują, niszczą wszelkie zaufanie.

9 listopada upadł mur berliński. Bardzo dokładnie pamiętam ten dzień. Twarze ludzi, którzy po raz pierwszy mogli pojechać ze wschodu na zachód. Tę szaloną radość z wolności. Ja sam wcześniej jeździłem kilka razy do NRD. Raz wspólnie z Normanem Libermanem, z którym w międzyczasie zdążyłem się zaprzyjaźnić. Jechaliśmy moim porsche z Hanoweru drogą tranzytową przez NRD w stronę Berlina. W Helmstedt przekroczyliśmy granicę niemiecko-niemiecką i kiedy znaleźliśmy się po stronie NRD, poczułem tamtą przytłaczającą atmosferę. Mimo że wiedziałem, że nic się nam nie stanie, bardzo źle się w tym czułem. Dla Normana, Amerykanina, to wszystko było jeszcze bardziej przygnębiające. Był równie zdenerwowany jak ja.

---

* Socjalistyczna Partia Jedności Niemiec, hegemoniczna partia polityczna w NRD wykonująca dyrektywy płynące z ZSRR (przyp. tłum.).

Innym razem przyjechałem do Raguhn, miejscowości z zaledwie czterema tysiącami mieszkańców, w pobliżu Bitterfeld, centrum przemysłu chemicznego w NRD. Jechałem z kierowcą, nie mogliśmy znaleźć żadnego miejsca w hotelu. Po długim czasie dotarliśmy wreszcie do przydrożnego zajazdu oferującego skromne pokoje. Siedziałem wieczorem w smutnym lokalu przeznaczonym dla gości, obok mnie przy stole tkwił jeden jedyny człowiek, którego skierowano do tej miejscowości jako przedstawiciela firmy. Nawiązała się między nami rozmowa. Powiedziałem:

– Powietrze jest tutaj nie do zniesienia!

Odpowiedział:

– Jest o wiele gorzej, niż pan myśli. Czasami zupełnie nie da się wytrzymać. – To mówiąc, schylił się po walizkę, otworzył ją i wyjął z niej maskę przeciwgazową. Nie wierzyłem własnym oczom. – Kiedy wiatr wieje z pewnego kierunku – dorzucił – wkładam tę maskę. Można się domyślić, jakie trucizny są w powietrzu. To horror!

Trójkąt Bitterfeld, Halle i Merseburg, gdzie ulokowany był przemysł chemiczny, zaliczał się do najbardziej trujących środowisko regionów na wschodzie Niemiec. Na zdjęciach z tego okresu widać typową szarą zasłonę dymów unoszącą się nad całym tym obszarem. Moje wspomnienia z NRD były podobnie szare, przytłaczające i ponure.

Potem przyszedł grudzień 1989 roku i to, o czym informowano teraz w dzienniku telewizyjnym, ogromnie

mnie zdenerwowało. Przed Bożym Narodzeniem zaczęło pojawiać się coraz więcej doniesień o tym, że prawicowi radykałowie rozrzucają w Dreźnie i w Lipsku ulotki propagujące ich hasła. To przecież niemożliwe, myślałem, żeby pierwszą wiadomością, która dotrze do ludzi z NRD po upadku muru, była taka szmira! Do tej pory Niemcy Wschodnie nie miały dostępu do mediów zachodnich. Mieszkańcy NRD mogli wprawdzie jeździć na Zachód i robić zakupy, ale w kioskach enerdowskich nie było jeszcze zachodniej prasy. I kiedy 27 grudnia po raz kolejny zobaczyłem w wiadomościach, że ludzie z NPD* z Niemiec Zachodnich rozwijają swą aktywność we wschodnich Niemczech, wykorzystując do swoich celów powstałą ideologiczną pustkę, tak się wściekłem, że postanowiłem coś przedsięwziąć. „Nie możemy oddać pola takim ludziom", powiedziałem sobie. Jeszcze zdenerwowany, wykręciłem numer redaktora „Spiegla", który swego czasu robił ze mną wywiad.

– Panie Burgdorff, do pana wracają wszystkie egzemplarze danego wydania pańskiego magazynu, które się nie sprzedały, prawda? – zapytałem.

– To kształtuje się bardzo różnie, ale przeciętnie dostajemy około dwudziestu tysięcy zwrotów. Dlaczego pan pyta?

---

* Narodowosocjalistyczna Partia Niemiec – niemiecka partia o programie nazistowskim, kontynuatorka istniejącej w latach 1950–1964 Niemieckiej Partii Rzeszy (przy. tum.).

– W porządku, tyle wystarczy. Czy może mi je pan
dać, te dwadzieścia tysięcy egzemplarzy pisma?

– Co pan chce z nimi zrobić?

– Weźmie mnie pan za wariata, ale chcę je wywieźć
do NRD.

– To jest zabronione – ostrzegł mnie. – Też już o tym
myśleliśmy, ale to niestety, niemożliwe. Jeśli pojedzie
pan przez granicę ciężarówką, zostanie ona przeszuka-
na. Wszystkie ciężarówki przeszukują.

– Panie Burgdorff, doceniam to, że się pan o mnie
troszczy. Ale jeśli do czegoś dojdzie, to będzie już mój
problem. Od pana chciałbym się tylko dowiedzieć, czy
dostanę z pańskiego wydawnictwa dwadzieścia tysięcy
niesprzedanych egzemplarzy ostatniego numeru magazynu.

– Powtarzam raz jeszcze: zastawia pan na siebie pu-
łapkę. Poza tym sam nie mogę podjąć tej decyzji. To
sprawa dyrekcji. Omówię to z szefostwem i zadzwonię
do pana.

Na tym rozmowa się skończyła. Jeszcze tego samego
dnia, kilka godzin później, Stephan Burgdorff oddzwonił.

– Panie Roßmann, mieliśmy właśnie spotkanie kierownictwa. Wydawnictwo przekaże panu te zwroty za cztery fenigi od sztuki. Czy przystanie pan na ten warunek?

Szybko przeliczyłem. Była to kwota ośmiuset marek.
Tę sumę mogłem zaakceptować.

– Warunek przyjmuję. Gdzie i kiedy mogę odebrać
zwroty?

Czym się kierowano, ustalając cenę czterech fenigów od sztuki, nie mam pojęcia, do dziś nie dostałem rachunku. Ale dziękuję szefom wydawnictwa!

W styczniu 1990, odebrałem w Hamburgu dwadzieścia tysięcy egzemplarzy „Spiegla". Jak na ironię tytułową historię tego wydania stanowił artykuł o zanieczyszczeniu środowiska w Niemczech Wschodnich. „NRD – wytwórnia trucizn", widniało na okładce. Towarzyszyła temu ilustracja pokazująca szklane kolby z godłem NRD – młotem i cyrklem w wieńcu zwycięstwa, a w tym wszystkim jeszcze kominy fabryczne, z których niebezpiecznie się dymiło. Kiedy na to patrzyłem, przypomniał mi się mój wyjazd do Bitterfeld i mężczyzna z maską przeciwgazową w walizce.

Jak jednak miałem przerzucić „Spiegla" przez granicę? Wciągnąłem do tej akcji przyjaciół i współpracowników, potrzebne były też ich samochody. Doszliśmy do szesnastu samochodów osobowych. Miałem nadzieję, że w odróżnieniu od ciężarówek na granicy nie będą przeszukiwać samochodów osobowych. Panował tam przecież wielki ruch. Poza osobówkami miał też jechać dostawczy ford transit, pusty, celnicy mogli go sobie przetrzepywać. Miał służyć do rozwożenia „Spiegla" już na miejscu, po stronie wschodnioniemieckiej.

W Burgwedel podzieliliśmy dwadzieścia tysięcy egzemplarzy „Spiegla" na szesnaście samochodów. Spotkaliśmy się pewnego poniedziałku w centrali naszej firmy – trzydzieścioro pięcioro pracowników, pełnych zapału, bardzo zmotywowanych. Do każdego bagażnika zapakowaliśmy równo tysiąc dwieście pięćdziesiąt egzemplarzy. Gdyby jeden albo kilka samochodów zostało zatrzymanych na granicy, mielibyśmy jeszcze wystarczającą liczbę magazynów w innych autach. Kiedy wszystko rozmieściliśmy jak należy, ruszyliśmy w stronę Lipska. Chcieliśmy tam rozdać ludziom „Spiegla" na poniedziałkowej demonstracji. W każdy poniedziałek w Lipsku demonstrowało mnóstwo ludzi; na początku było ich dziesięć tysięcy, teraz na placu Karola Marksa i w okolicach zbierało się już ponad sto dwadzieścia tysięcy i maszerowało dalej Ringiem*. Upadek muru berlińskiego nie zakończył lipskich demonstracji; trwały one do marca 1990 roku, do pierwszych wolnych wyborów do Izby Ludowej**.

Szesnaście prywatnych samochodów z „trefnym towarem" przejechało granicę bez problemów. W Lipsku zatrzymaliśmy się w hotelu Merkur, gdzie mieliśmy zamówiony nocleg. Przed hotelem zaparkowało więc szesnaście samochodów osobowych z rejestracją zachodnioniemiecką. Przenosiliśmy dwadzieścia tysięcy numerów „Spiegla" do forda transita i już samo to wzbudzało zainteresowanie przechodniów. „Co państwo tam robią? Co państwo tam mają? Czy ja też mogę dostać egzemplarz?", pytali. „Spiegel" fascynował.

---

* Ring – szeroka ulica, obwodnica miasta (przyp. tłum.).
** Izba Ludowa (Volkskammer) – najwyższy organ władzy państwowej NRD, który wybierał Radę Państwa (przyp. tłum.).

Wpadłem jeszcze na krótko do hotelowego pokoju, umyłem sobie twarz. Biały ręcznik, którym się wytarłem, poszarzał. „NRD – wytwórnia trucizn", przypomniałem sobie. Powietrze w wielkim mieście, jakim był Lipsk, było szczególnie zanieczyszczone. Nie tylko za sprawą jeżdżących tu po ulicach wielu trabantów; właściwie gorszy efekt dawało w miesiącach zimowych palenie w piecach węglem brunatnym.

Pojechaliśmy na plac Karola Marksa i zaparkowaliśmy naszą ciężarówkę z napisem ROSSMANN zaraz za wozami transmisyjnymi telewizji wschodnioniemieckiej, ARD i ZDF. Wszyscy już tam byli, by informować o wydarzeniach. Tuż po piątej po południu plac zaczął się stopniowo zaludniać. Był to widok potężny, imponujący. Zdawało się, że na nogach jest całe miasto. Kobiety, mężczyźni, młodzi i starzy, matki i ojcowie z dziećmi. W ciągu czterdziestu minut plac szczelnie się zapełnił. Krótko przed osiemnastą zaczęliśmy rozdawać egzemplarze „Spiegla".

Wcześniej wyobrażaliśmy to sobie tak: przyjedziemy na plac, wciśniemy ludziom w ręce po egzemplarzu i odjedziemy. Nie liczyliśmy się z tym, że tłum zacznie na nas napierać szturmem. Wiadomość, że oto kilkoro ludzi z Zachodu rozdaje za darmo „Spiegla", rozeszła się z prędkością błyskawicy. Każdy chciał dostać egzemplarz. „Rozdają »Spiegla«!". Na naszego forda napierała ściana ludzi. Sytuacja stawała się dramatyczna: nietrudno sobie wyobrazić, jaka jest siła naporu dziesięciu tysięcy osób.

Wszystko filmował swoją kamerą Peter Anhoeck. Niektórzy z naszych ludzi wpadli w panikę, wszyscy czuliśmy grozę. Trzech naszych pierzchło pod auto. Ja z kilkoma innymi wspiąłem się na dach samochodu, gdzie było bezpieczniej. Na szczęście kilkoro młodych ludzi z Lipska zorientowało się, że sytuacja staje się krytyczna, stworzyli wokół nas ochronny krąg i wkrótce napór został opanowany. Wszystkie przywiezione egzemplarze rozdaliśmy w ciągu zaledwie pół godziny. Wyrywano je sobie dosłownie z rąk, my rzucaliśmy je częściowo po prostu w tłum. Ludzie chowali zdobyte egzemplarze pod swetry, żeby nie zgubić ich w tłoku. Każdy, komu udało się zdobyć „Spiegla", odchodził szczęśliwy.

Atmosfera była pełna emocji, poruszająca, naładowana olbrzymią energią. Kiedy jeszcze rozdawaliśmy egzemplarze tygodnika, na scenie trwały przemowy. Pamiętam, że stał tam ktoś, kto psioczył na Zachód i śpiewał pieśń pochwalną na cześć NRD. Demonstrantów to rozeźliło, zakrzyczeli go: „Stul mordę! Spieprzaj!". Czułem agresję i niepowstrzymaną potrzebę wolności tych ludzkich mas. Po jakiejś godzinie przemowy się skończyły i demonstranci zaczęli przemieszczać się w stronę Ringu. Plac pustoszał. W pewnym momencie dostrzegłem starszego mężczyznę, który zmartwiony szukał swoich okularów zgubionych w tłumie. Po chwili je znalazł – leżały rozdeptane na ziemi. Zrobiło mi się go żal, wcisnąłem mu w rękę dwadzieścia marek. Drobny gest. Ktoś inny krążył po placu, zbierając rozerwane strony

„Spiegla" walające się po ziemi. „Nie udało mi się już dostać żadnego egzemplarza, wszystkie zostały rozdane", powiedział z żalem. Miałem jeszcze kilka, dałem mu jeden.

– To wszystko czyta pan co tydzień? – zapytał.

– Tak, ale nie wszystko, czytam tylko artykuły, które mnie interesują – odpowiedziałem.

Zupełnie tego nie rozumiał.

– Co?! Czytać trzeba wszystko, każdą stronę, to przecież takie wartościowe.

Jego postawa zaskoczyła mnie. Ale miał rację. Wolna i krytyczna prasa była dla nas, ludzi z Zachodu, czymś oczywistym, nie myśleliśmy o tym wcale, kupując w kiosku gazety. Dla ludzi z NRD była to niezwykła wartość, coś, co jest w cenie i czego trzeba bronić. Nie wszystko, co pisze prasa, jest zawsze dobre i słuszne, więc spotkałem się nie tylko z pozytywnymi przykładami na tym polu, ale reakcja tamtego człowieka w Lipsku sprawiła, że popatrzyłem na to inaczej.

Tego dnia rozmawialiśmy w Lipsku z wieloma osobami. Ludzie opowiadali nam o swoich problemach i obawach, przede wszystkim jednak o nadziei na przyszłość. To w gruncie rzeczy już cała historia o tym, jak przewoziliśmy „Spiegla" na wschód.

Kilka tygodni później zjawiliśmy się tam znowu. Ponownie wieźliśmy do Lipska dwadzieścia tysięcy egzemplarzy „Spiegla", tym razem już ciężarówką, a nie po kryjomu w samochodach osobowych – w międzyczasie kolportaż prasy zachodniej do wschodniej części Niemiec przestał być problemem. Tak jak za pierwszym razem, teraz też ustawiliśmy się na placu Karola Marksa. Obok nas stał reporter BBC i dziennikarze krajowych i zagranicznych stacji telewizyjnych. Niektórzy z nich zwracali się z prośbą o wywiad. „Spiegla" rozdawaliśmy tym razem z platformy na podnośniku hydraulicznym – i teraz wszystko przebiegło znacznie spokojniej i bardziej cywilizowanie, bez naporu tłumu. Niedługo potem zachodnioniemieckie wydawnictwa zaczęły zupełnie oficjalnie sprzedawać swoje książki w NRD. Myślę, że naszą akcją utorowaliśmy w pewnym stopniu drogę innym i dodaliśmy im odwagi do pójścia w nasze ślady.

W mediach zachodnioniemieckich nie było prawie informacji o naszej akcji rozdawania „Spiegla", zresztą nie o to mi chodziło. Nie miała to być akcja obliczona na PR. Jedna ze stacji radiowych poinformowała, że zorganizowałem to wszystko dlatego, że potem zamierzałem otworzyć w NRD sieć swoich sklepów. Ale to była nieprawda. Chodziło mi o symbol. Wściekłem się. Po prostu się wściekłem. W 1990 roku moja firma była jeszcze niestabilna, a jej przyszłość niepewna. Wielu może teraz myśli: co ten Roßmann znowu wyprawia? Claus Bingemer powiedział kiedyś: „Niektórzy niezwykle mądrzy ludzie nie odnoszą sukcesu, bo za wiele się nad wszystkim zastanawiają i roztrząsają tylko ryzyko. Człowiek nie tak może mądry, ale sprytniejszy po prostu coś robi. Nie bije się nieustannie z myślami".

Mówi się, że trzeba się zestarzeć, żeby poznać samego siebie. Kiedy dziś, mając ponad siedemdziesiąt lat, wracam do przeszłości, myślę: wow, tamten czterdziestoczteroletni mężczyzna miał jednak odwagę! Skąd ją brałem, nie wiem, ale jestem dumny z szaleństw, jakie wtedy popełniałem. Kiedy oglądam filmy i zdjęcia dokumentujące zdarzenia z 1990 roku, ciągle czuję wzruszenie. Widzę beznadzieję ludzi, która odbijała się w ich twarzach, i ich eksplodującą wtedy wściekłość. Widzę ich tęsknotę za wolnością, którą tak dobrze potrafię zrozumieć.

Kilka lat później, w 1998 roku, wydawca „Spiegla", Rudolf Augstein, kończył siedemdziesiąt pięć lat. Z tej okazji wyszło specjalne wydanie tygodnika poświęcone jego życiu. Zamieszczono w nim między innymi zdjęcie ówczesnego prokurenta mojej firmy, który stoi na naszym fordzie i rozdaje ludziom egzemplarze czasopisma. Podpis pod zdjęciem brzmiał mniej więcej tak: „Pierwsze rozdanie »Spiegla« w Lipsku". O tym, kto stał za tą akcją, nie wspomniano ani słowem. Nieco mnie to wtedy zirytowało. Dziś jestem już ponad takie rzeczy, ale wówczas byłem jeszcze – jakby to powiedzieć – żądny uznania.

SPOJRZENIE W PRZEPAŚĆ

Pierwszą placówkę Rossmanna na terenie NRD w czasach przełomu otworzyliśmy 2 lipca 1990 roku w Sondershausen, w Turyngii. W tym samym roku rozpoczęliśmy intensywną ekspansję do wszystkich pięciu nowych niemieckich landów. Przed moją firmą otworzyły się, niedostępne dotąd rynki handlowe. Czuło się, że dzieje się coś nowego. Także dzięki budowie centrali firmy w Burgwedel, zakończonej w 1992 roku. Widoczna jest na niej z dala nazwa naszej firmy – ROSSMANN – pisana wielkimi literami. W tym czasie powstało też nasze logo – wpisany w literę O wizerunek centaura, mitycznego skrzyżowania konia i człowieka; skrzyżowanie tych dwóch postaci składa się na nazwisko założyciela: Ross = koń, rumak, Mann = człowiek. Do dziś nie ustaliliśmy, kto wpadł na ten pomysł, żeby centaura z greckiej mitologii użyć jako elementu logo naszej firmy.

Ale już w latach siedemdziesiątych powstały pierwsze projekty, w których pojawiał się człowiek wyrastający z konia.

Kiedy zacząłem zakładać sieć sklepów drogeryjnych, miałem ambicję, by w tej dziedzinie przejąć w Niemczech stery. Prowadzimy 3800* sklepów w sześciu krajach Europy i w 2017 roku po raz pierwszy udało nam się przekroczyć granicę dziewięciu miliardów euro obrotu. W rankingu najbogatszych Niemców prowadzonym przez „Manager Magazin" zajmuję czterdziestą trzecią pozycję – nieźle, jeśli wziąć pod uwagę, jakie były moje początki i jak niepewny był wtedy mój dalszy los. Kiedy mówię, że jestem lekko zwariowany – moja żona twierdzi, że lekko to mało powiedziane – to nie jest żadna kokieteria. Może trzeba być troszkę innym niż większość, by móc osiągnąć wielki sukces.

Żeby utrzymać się na zatłoczonym rynku zbytu, na którym trwa zażarta konkurencja, należy mieć też w sobie wytrwałość. Wielu długo nas nie doceniało. Przez całe lata byłem w branży traktowany jak drobny zając albo barwny ptak. Bycie niedocenianym niekiedy wcale nie jest złe. Jeśli wszystko idzie tak jak trzeba, mówi się: „To świetny przedsiębiorca". Może jednak być tak, że z jakichś powodów na tej długiej drodze karta się odwraca i – wysiadka. U mnie raz omal się tak nie skończyło. Nic nie szło, nic się nie udawało. Przez lata wiatr wiał nam w oczy. A potem nastały sprzyjające czasy i znowu mogliśmy ruszyć do szturmu.

---

* Dziś 4002 sklepy (przyp. red.).

W 1991 roku miałem czterdzieści pięć lat, w Niemczech Zachodnich odnieśliśmy wielki sukces. Urząd Powierniczy był odpowiedzialny za prywatyzację przedsiębiorstw państwowych. Po zabójstwie szefa Powiernictwa Detleva Karstena Rohweddera dokonanym przez Frakcję Czerwonej Armii nowym prezydentem tej instytucji została Birgit Breuel z CDU w Dolnej Saksonii. Próbowaliśmy nawiązać kontakt, co było trudne, bo Urząd Powierniczy tonął pod ciężarem pracy. Zaczęliśmy więc szukać kontaktów z menadżerami organizacji handlowej HO, której podlegali indywidualni przedsiębiorcy w NRD, począwszy od fryzjera do właściciela sklepu spożywczego. Dla nas HO była ważnym partnerem rozmów, ponieważ za jej pośrednictwem mieliśmy ułatwione wejście do nowych landów niemieckich – i to w tym najwcześniejszym okresie po zjednoczeniu. Pilnie potrzebowaliśmy powierzchni sklepowych w dobrych lokalizacjach. Konkurencja nie spała, wszyscy ruszyli tłumnie na rynek wschodnioniemiecki pod hasłem: „Zakładać sklepy, sklepy, sklepy. Być obecnym, być pierwszym".

Runęły nie tylko granice niemiecko-niemieckie, otwarła się też droga do Europy Wschodniej. Chcieliśmy teraz iść do Polski, na Węgry i do Czech. Zainwestowaliśmy mnóstwo pieniędzy i energii w te nowe rynki. Przeprofilowania i rozbudowania wymagał ponadto nasz dział logistyczny.

A teraz przechodzę do problemu, na którym w latach dziewięćdziesiątych o mały włos nie skręcilibyśmy sobie karku. Jak można inwestować mnóstwo pieniędzy, jeśli posiada się ich niewiele? Odpowiedź jest prosta: zaciąga się kredyty i dopóki istnieją banki, które chcą ich udzielać, dopóty problem nie istnieje.

Żeby prowadzić ekspansję handlową przekraczającą rzeczywiste możliwości finansowe mojej firmy, musiałem się potężnie zadłużyć. W pewnym momencie zaciągnąłem zobowiązania finansowe w dwudziestu różnych bankach. Długi rosły i rosły. Tylko ten, kto jest duży, może stać się jeszcze większy i przez to umocnić pozycję na rynku. A my musieliśmy szybko stać się wielcy. A więc potrzebowaliśmy coraz więcej kredytów. Kołdra na pokrycie potrzeb była wciąż za krótka.

Równolegle do rozwijania skrzydeł w nowych landach niemieckich i ekspansji na rynki państw byłego bloku wschodniego stałem się aktywny na jeszcze jednym polu: tym razem chciałem utrzeć nosa rynkowi perfumeryjnemu. W połowie lat osiemdziesiątych zacząłem zaskarżać wszystkie wielkie koncerny kosmetyczne, od Lancôme'a do Lancastera. Chciałem być bezpośrednio zaopatrywany przez wielkich wytwórców perfum. Oni jednak odrzucili moje postulaty. Ich produktami wolno było handlować tylko autoryzowanym sklepom, ceny ustalał sam wytwórca. A ponieważ klienci przychodzący do Rossmanna oczekiwali także markowych perfum i kosmetyków, chcieliśmy odpowiedzieć na ich oczekiwania.

Wiele rozpraw sądowych (niektóre z nich toczyły się nawet przed Trybunałem Federalnym) skończyło się dla mnie bez sukcesu. Jestem za wolną konkurencją, nie za konkurencją ograniczoną. Niemieckie prawo dotyczące depozytów* jest anachroniczne. Gdyby sklepy Rossmann były zaopatrywane w perfumy bezpośrednio od wytwórców, zapach Chanel kosztowałby wkrótce o trzydzieści procent mniej. Ponieważ jednak wytwórcy nie chcieli w tej kwestii ustąpić, a my prawnie nie byliśmy już w stanie niczego wywalczyć, postawiliśmy na inną taktykę: do naszych filii na całym świecie poprzez drobnych handlarzy zaczęliśmy kupować produkty, o jakie nam chodziło. Twórcy luksusowych kosmetyków poczuli się sprowokowani i od razu zareagowali. Na ich produktach pojawił się kod. Pozwalał on udowodnić, kto nas w nie zaopatrzył, niezależnie od kraju.

Zatrudniałem wówczas mnóstwo pracowników do usuwania kodów z opakowań. Kiedy dotarło to do wytwórców perfum, ci, żeby nas przechytrzyć, wymyślili jeszcze coś innego: kombinację kodu z nakazanym przez

---

* Niemiecki system gwarantowania depozytów istotnie różni się od obowiązujących w pozostałych krajach UE. Jego trzonem nie jest jedna instytucja, np. jak u nas Bankowy Fundusz Gwarancyjny, lecz składa się on z trzech oddzielnych podsystemów. Każdy z trzech filarów sektora bankowego w Niemczech: banki prywatne, sektor kas oszczędnościowych i banki spółdzielcze funkcjonuje w ramach odrębnych rozwiązań instytucjonalnych. (por. F. Gostomski, *Bankowość spółdzielcza w Niemczech: Gwarancje dla depozytów szyte na miarę* [w:] NBS 2015/01) (przyp. red.).

prawo numerem produkcji, który obowiązkowo musiał być widoczny na każdym opakowaniu. W międzyczasie toczyły się procesy, jeden po drugim, we wszystkich instancjach. Raz wygrywaliśmy my, innym razem strona przeciwna, po każdym zwycięstwie przychodziła porażka. Niemal codziennie otrzymywaliśmy tymczasową decyzję sądu zakazującą nam sprzedaży towarów danego wytwórcy. Myślano zapewne, że będzie to dostateczny stres dla naszej firmy, która – jak oceniano – ma niewielki kapitał i z pewnością górę długów, a równocześnie intensywnie powiększa swe rynkowe wpływy.

Mnie jednak to wszystko nie wystarczało. Zacząłem spekulować. W jednym z naszych banków ciągle jeszcze cieszyłem się wysokim zaufaniem, bo mimo wszystkich niekorzystnych okoliczności i problemów corocznie wykazywaliśmy zyski. Niewysokie, ale bilans ostatecznie wyglądał porządnie. Otrzymałem więc kredyt w wysokości dwustu milionów marek. I co z nim zrobiłem? Postawiłem wszystko na jedną kartę i zacząłem prowadzić ryzykowne interesy na giełdzie. Teraz zrobiło się naprawdę nieprzyjemnie. Powtarzałem sobie mantrę: jestem sprytny i na giełdzie zrobię wielkie transakcje. Podobała mi się rola spekulanta giełdowego. To było ekscytujące. Pieniędzmi pożyczonymi z banku wykonywałem najbardziej skomplikowane transakcje. Ryzykowne interesy, przez które omal nie przepadłem. I to wszystko na kredyt, bo własnych pieniędzy miałem o wiele za mało.

Raz na wozie, raz pod wozem, co było bardzo stresujące. Kiedy doszło do sytuacji krytycznej, sprzedałem wszystko za jednym zamachem, żeby utrzymać straty w pewnych granicach. Można się było spodziewać, że po tym doświadczeniu cofnę się z tej drogi, ale tak się nie stało. Przeciwnie. Pewien doradca bankowy poradził mi, żeby zainwestować w interes z opcjami kupna i sprzedaży na giełdzie. Bardzo skomplikowana sprawa, której wyjaśnianiem nie będę zanudzać czytelnika. Ja też zrozumiałem tylko połowę z tego, co ów doradca mi tłumaczył.

– Co to konkretnie oznacza? – spytałem go.

– Na końcu zyskuje pan zawsze jeden procent – wyjaśnił. – Przy milionie marek wkładu oznacza to dziesięć tysięcy marek zysku.

– Aha – powiedziałem tylko. – A gdzie tkwi ryzyko?

Teraz padło rozstrzygające zdanie:

– Nie ma ryzyka. W ogóle nie ma ryzyka.

Brzmiało dobrze, akurat po mojej ostatniej porażce na giełdzie.

– W porządku – powiedziałem. – Wchodzę w to ze stoma milionami marek.

Rachunek był prosty: jeden procent zysku, żadnego ryzyka. Przy stu milionach gwarantowany zysk to jeden milion.

Po drugiej stronie słuchawki zapadło milczenie.

– O takiej sumie nie mogę zdecydować sam, wkrótce do pana oddzwonię – usłyszałem od doradcy.

Zadzwonił pół godziny później. Zarząd banku wyraził zgodę. Umowa stanęła, pieniądze zainwestowałem i tydzień później odebrałem rzeczywiście milion zysku. Trwał szalony czas i szaleństwo ciągle narastało. W pewnym momencie stałem się jednym kłębkiem nerwów. Była to pierwsza odsłona czystego szaleństwa. Drugą okazała się nasza ekspansja do krajów Europy Wschodniej. Tutaj też problemów było bez liku. Zupełnie nie zdawaliśmy sobie sprawy, jak bardzo różnimy się w sposobie myślenia o prowadzeniu przedsiębiorstwa od ludzi w tamtej części Europy. Zderzyły się tu z sobą dwa światy. Mniej więcej w 1994 roku pojechałem z moim synem Danielem do Polski na decydującą rozmowę z tamtejszymi menadżerami. Ci ludzie wychowani w czasach komunizmu nie znali nic innego poza gospodarką planową i jasną strukturą władzy. Co oznaczało, że jeden decyduje, inny wykonuje. Polscy menadżerowie nie rozumieli, że znacznie więcej można osiągnąć poprzez dialog i otwartość, w tym lepsze porozumienie wewnątrz firmy. Z każdym z nich siadałem przy stole osobno, rozmawiałem godzinę, ale widziałem, że do nich nie trafiam. Im chodziło praktycznie tylko o to, kto powinien wydawać decyzje, a kto słuchać; kto ma ostatnie słowo. Oczywiście decyduje szef i on nadaje ton, ale w moim rozumieniu trzeba stawiać na współpracę, na angażowanie współpracowników w sprawy przedsiębiorstwa. Tylko wtedy może ono dobrze funkcjonować. Jak jednak miałem znaleźć w Polsce ludzi, którzy by w sposób nowoczesny pojmowali kierowanie przedsiębiorstwem i byli w stanie wspólnie dopracowywać się najlepszych rozwiązań? W międzyczasie wiele się zmieniło. Dziś mamy świetny zespół pracowników w Polsce i w innych krajach Europy Wschodniej, w których jesteśmy aktywni.

Daniel miał wówczas osiemnaście lat. Widział, że po tych rozmowach byłem przybity, i pytał: „Tato, po co ci to wszystko?".

Wszystko się komplikowało. Był to jeden niekończący się stres. I przyszedł rok 1996. Pewnego dnia poczułem ucisk w klatce piersiowej. Zignorowałem go. Ale ból nie znikał. Był trudny do opisania, raz mocniejszy, raz słabszy. Często sobie coś wmawiam i tym razem też udawałem, że nie dostrzegam tego bólu, nie mówiąc o pójściu do lekarza. Minie, uspokajałem się. Tłumaczyłem sobie te bóle – ja, doktor Roßmann – późnymi skutkami ciężkiego zapalenia płuc, jakie przeszedłem w dzieciństwie, i bliznami, jakie musiało ono pozostawić w moim organizmie. Na to nie pomoże żaden lekarz...

W tym samym roku w centrali naszej firmy odbywała się konferencja prasowa i pamiętam, że uczestnicząc w niej, przez cały czas czułem się zmęczony, wypruty z sił. Byłem tak słaby, że nie potrafiłem wejść po schodach na pierwsze piętro, musiałem jechać windą. Dziennikarzom opowiadałem, jak dobrze ma się moja firma, jak rosną nasze obroty. Nie wspomniałem tylko, że zysk jest zaledwie minimalny. Udawałem silnego mężczyznę, kogoś, kto tryska energią i komu wspaniale się wiedzie.

Oszustwo. Były dni, że nie wiedziałem, skąd wezmę pieniądze na wypłaty dla pracowników. Brakowało mi środków, a limit kredytów się wyczerpał.

Pod koniec 1996 roku sytuacja wyglądała już bardzo źle. Nasze straty wynosiły dwanaście milionów marek. Jak wiadomo, banki bardzo chętnie udzielają kredytów, dopóki mają pewność, że w przewidywalnym terminie otrzymają zwrot pieniędzy i solidne odsetki. Jeśli nie, szybko kończą współpracę z takim klientem. W każdym razie tak wówczas myślałem i zdałem sobie sprawę, że przyszedł moment, kiedy zrobiło się naprawdę niebezpiecznie. Banki obliczą sobie, jak wysoki jest kapitał własny naszego przedsiębiorstwa, najważniejszy element, obok zysku rocznego, który decyduje o przyznawaniu kredytu. W handlu detalicznym kapitał własny kształtował się przeciętnie na poziomie dwudziestu, dwudziestu pięciu procent wysokości bilansu. Nasz kapitał własny wynosił jedynie osiem procent. Nie tylko mieliśmy dotkliwe straty i wielkie długi w bankach, ale jeszcze do tego minimalny kapitał. Mój wielki niepokój wiązał się z tym, że jeśli banki dokładniej przyjrzą się naszym bilansom, wtedy zobaczą, jak naprawdę wygląda nasza sytuacja, i natychmiast wypowiedzą nam kredyty. Splajtujemy. Taki będzie nasz koniec.

Bóle w klatce piersiowej nasilały się w tamtych tygodniach coraz bardziej. Nie pomagała już taktyka przymykania oczu na problem. Pamiętam, jak razem z żoną byłem w teatrze w Hamburgu. W trakcie oglądania spektaklu poczułem nagle, że mam zupełnie lodowate stopy i jestem straszliwie słaby; przestałem cokolwiek czuć. W hotelu żona podała mi koniak i przez pół nocy masowała mi stopy, by pobudzić krążenie. Nadal odmawiałem wezwania lekarza. Zdecydowałem się dopiero dwa dni później. Wreszcie. Pojechałem do Würzburga, do mojego szwagra, który był internistą. Ten zbadał mnie i natychmiast przekazał kardiologowi, który wykonał szczegółowe badania i stwierdził, że niedawno przeszedłem zawał serca. Był to zawał niezbyt dramatyczny, nie zagrażał życiu, jak ocenił lekarz, mięsień serca nie został zbytnio uszkodzony. Co nie oznaczało, że to są żarty. Poddałem się tym badaniom w ostatniej chwili.

– Miał pan ogromne szczęście – zakończył lekarz swą diagnozę.

Wyszedłem z tego bez szwanku, prawdopodobnie też dlatego, że moja żona znakomicie się zachowała, czyniąc wszystko, by pobudzić moje krążenie i żebym nie stracił przytomności.

Lekarz zalecił mi się oszczędzać, żadnego stresu, spokój, spokój i jeszcze raz spokój. A ja akurat dostałem zaproszenie od Gerharda Schrödera, by towarzyszyć mu wraz z innymi przedsiębiorcami w podróży do Polski, której realia dość dobrze znałem z powodu interesów, jakie tam prowadziłem. Schröder był wówczas jeszcze premierem Dolnej Saksonii, dwa lata później zmienił Helmuta Kohla na stanowisku kanclerza. Za żadną cenę nie chciałem zrezygnować z tej podróży. Zawał, nie zawał, nie czułem jeszcze wyraźnej poprawy, ale zawziąłem się i pojechałem. W trakcie wyjazdu bóle w piersiach zaczęły narastać. Mimo to jednak zdołałem uczestniczyć we wszystkich spotkaniach; do dziś nie wiem, skąd wziąłem na to siły.

W czasie lotu powrotnego do Frankfurtu moje samopoczucie zaczęło się pogarszać. Zasłabłem. Sytuacja zrobiła się bardzo poważna. Czułem, jakbym umierał. Kiedy wylądowaliśmy, na lotnisku czekała już karetka. W klinice, dokąd mnie zawieziono, natychmiast zostałem zbadany. Miałem szczęście w nieszczęściu: nie zdecydowano o zrobieniu bajpasów, co byłoby poważniejszym zabiegiem chirurgicznym, lecz uznano, że wystarczy założenie stentu w aorcie, niewielkiej rurki udrażniającej przepływ krwi. Zabieg przeszedłem przy pełnej świadomości, w miejscowym znieczuleniu. Na dwóch monitorach obserwowałem, jak stent wędruje w głąb mego ciała. Niczego wprawdzie nie czułem, było to jednak dziwne uczucie – widzieć, jak kawałek drutu zbliża się do serca. Pomyślałem, że jeśli coś się nie uda, umrę na miejscu. Czytałem wcześniej, że błędy przy takich zabiegach wynoszą 0,3 procent. Tą wiedzą, zaczerpniętą z artykułu ze „Spiegla", podzieliłem się od razu z lekarzem, który coś przy mnie majstrował, i spytałem:

– Co dzieje się z pacjentem, u którego podczas zabiegu coś się nie uda?

Lekarz przerwał swoje czynności i odparł sucho:

– Zmienia się w nieboszczyka.

Ten chirurg miał poczucie humoru, chociaż nieco makabryczne. Po zabiegu, który zaliczał się na szczęście do 99,7 procent udanych, położono mnie na dwadzieścia cztery godziny na intensywnej terapii. Następnego dnia miałem zostać wypisany. Obudziłem się w nocy i półsenny poszedłem do toalety. Siedząc w ubikacji, spojrzałem na podłogę i pomyślałem: dziwne, szpital z czerwonymi kafelkami w łazience... W tym momencie otworzyły się drzwi i stanęła przede mną pielęgniarka, krzycząc. Co się stało? Kiedy wstawałem półprzytomny z łóżka, wyrwałem sobie – nie zauważywszy – igłę wenflonu założonego do żyły. Krew tryskała naokoło i białe kafelki na podłodze w toalecie zamieniły się w czerwone.

Pominąwszy to drobne krwawe *show*, mój pobyt w klinice przebiegł bez komplikacji. Następnego dnia wyszedłem do domu. Niektórzy lekarze mówili mi wtedy, że założony stent wytrzyma pewnie z pięć lat, potem trzeba go będzie wymienić. Noszę go w sobie już ponad dwadzieścia lat.

PORAŻKI? NIE ISTNIEJĄ

Przed założeniem stentu byłem potwornie wybuchowy. Zastanawiałem się, czy ta wybuchowość nie jest częścią mojego charakteru. Nie lubiłem siebie takiego. Gdy wróciłem ze szpitala, wiele osób mówiło mi: „Nagle stałeś się inny, taki spokojny i odprężony". Rzeczywiście, fizycznie byłem w zupełnie innej kondycji. Stałem się bardziej skoncentrowany w pracy, nie pieniłem się też natychmiast, jeśli coś się nie udało.

Lekarz ostrzegł mnie wtedy:

– Musi pan ograniczyć czas pracy. I spokojniej podchodzić do problemów. Nie może pan brać na siebie zbyt wiele.

A co zrobiłem? Znowu coś dokładnie przeciwnego do rad, jakie usłyszałem. Mój zawał nie wynikał z przepracowania. Przeciwnie, pracowałem zbyt mało, zbyt mało troszczyłem się o prawdziwe problemy, zaniedbywałem firmę. To wszystko chciałem teraz zmienić. Pracować – tak, ale dla właściwej sprawy. Było to tak jak w grze w tenisa, w której w pierwszym secie przegrałem 0:6, w drugim 0:5 i w ostatnim 0:40. Dopiero kiedy wydawało się, że sytuacja jest beznadziejna, zacząłem walczyć. Tak samo było w 1996 roku. Dostałem zawału, ponieważ się przeraziłem, że banki wypowiedzą mi kredyty, że ogłoszą naszą upadłość i że przejechałem się na swoich ryzykanckich operacjach finansowych. To, że potem wszystko dobrze się potoczyło, a ja dziś jestem wdzięczny za to wszystko, co mam, odbieram jak mały cud. Wtedy straciłem z pola widzenia to, co istotne. W tym sensie zawał przestawił moje życie na właściwe tory. Stał się ostrzeżeniem, bez którego nie wiem, czy byłbym w tym miejscu co dziś. Miałem pięćdziesiąt lat i wykorzystałem szansę, żeby zmienić swoje życie. Pomogli mi w tym zarówno rodzina, jak i współpracownicy.

Pierwszym krokiem było pozbycie się balastu; żeby móc spać spokojnie, sprzedałem swoje akcje, zredukowałem je do zera. Musiałem ratować firmę, zanim upadnie. Zawsze wyznawałem zasadę, że przekonam ludzi i pociągnę ich za sobą, jeśli będę z nimi szczery i otwarty. Żadnych okrągłych frazesów i kluczenia w rozmowie – jasność, nawet jeśli będzie bolało. Z tym, co zrobiłem, banki, u których miałem długi, z pewnością nigdy się nie zetknęły: do każdego z dwudziestu banków wysłałem pismo na dwadzieścia stron. Na pierwszych dziesięciu stronach opisałem stan, w jakim znajdowało się obecnie moje przedsiębiorstwo, i wyjawiłem w szczegółach, niczego nie ukrywając, wszystkie swoje błędne posunięcia. Byłem do bólu szczery. A na kolejnych dziesięciu stronach przedstawiłem plan restrukturyzacji – co w firmie zmienię od zaraz i co będę robił lepiej. Pokładałem nadzieję w tym, że tą szczerością przekonam do siebie wierzycieli. A przynajmniej nieźle ich zaskoczę. Chciałem dostać rok na to, żeby doprowadzić firmę do porządku. Pisząc do banków, prosiłem o szansę dla siebie, nie chciałem, żeby skądkolwiek zadzwoniono, oznajmiając: „Koniec z tobą".

Kiedy pisma zostały wysłane, musiałem uzbroić się w cierpliwość. Jak zareagują wierzyciele? Może pomyślą, że Roßmann się wygłupił. Dadzą mi szansę czy zakręcą kurek? Można sobie wyobrazić, jak bardzo szarpało nerwy czekanie na odpowiedź. A jednak wydarzył się cud. Siedemnaście banków przychyliło się do mojej prośby, trzy odmówiły. Te trzy, widząc mój bilans, cofnęły mi kredyty z natychmiastowym skutkiem. Ale wszystko wisiało nadal na włosku. Czekała mnie jeszcze rozmowa ze Sparkasse*, najważniejszą dla nas instytucją finansową, w której zaciągnęliśmy większość naszych kredytów. „Dajemy panu rok, panie Roßmann", usłyszałem.

Wykorzystaliśmy to warunkowe odroczenie. Po dwunastu milionach strat mieliśmy rok później, w 1997 roku,

---

* W systemie niemieckich instytucji finansowych Sparkassen to kasy oszczędnościowe znajdujące się w rękach lokalnych władz, co odzwierciedlają ich nazwy, np. Berliner Sparkasse, Hamburger Sparkasse, banki natomiast są w rękach prywatnych (przyp. tłum.).

milion zysku. Nie było to jeszcze dużo, ale odbiliśmy się od dna. Już szło z górki. Banki były zadowolone. Widziały, że Roßmann nie tylko obiecuje, ale coś zrozumiał i zmienił.

Każdy zapyta: co takiego Roßmann zrobił inaczej? Co się zmieniło? Najpierw musiałem przyznać przed sobą, że w czasie kryzysu oczekiwałem od swoich pracowników i menadżerów wielkiego zaangażowania i efektów ich pracy, sam dając z siebie zbyt mało. Teraz przyszedł czas, żeby zakasać rękawy i samemu wziąć się do roboty.

Kiedy odciąłem się od akcji, zacząłem też robić wszystko, żeby zakończyć pochłaniające wiele pieniędzy i nerwów procesy z firmami kosmetycznymi. Skoncentrowałem się znowu na istotnych problemach handlowych swojej firmy. I zrobiłem coś bardzo ważnego: zacząłem słuchać żony. To ona podsunęła mi myśl, by rozszerzyć asortyment w naszych sklepach. Pokazała mi, jak na przykład zrobiło to Tchibo, które sprzedaje o wiele więcej niż tylko kawę. Poszliśmy razem do jednego ze sklepów sieci Tchibo i przyjrzeliśmy się ich ofercie. Moja żona powiedziała, że to jest też nasza przyszłość. Musimy przebudować nasze filie, a dla rozszerzenia oferty handlowej potrzebujemy innych elementów wyposażenia, nowych regałów i możliwości prezentacji nowych produktów, a poza tym potrzebujemy fachowców, którzy zatroszczą się o ten asortyment, rozwiną linie produkcyjne, będą dokonywać zakupów. Odpowiedziałem żonie krótko: „Jeśli uważasz, że to właściwa droga, zrób to".

Była to godzina narodzin nowej odsłony naszej firmy, którą nazwaliśmy Rossmann-Ideenwelt. Nad jej stworzeniem czuwała Alice razem z zespołem ludzi. Był to wielki sukces. Główny powód wielu problemów w przeszłości wynikał stąd, że marża na klasyczne produkty drogeryjne była bardzo niska. Producenci markowych towarów zarabiali naprawdę sporo, natomiast my, sprzedawcy detaliczni, niewiele. Mówiąc brutalnie, byliśmy głupcami w całym tym łańcuchu wytwarzania i sprzedaży i chcieliśmy z tym skończyć. Zaczarowane hasło brzmiało: dorobić się własnej marki.

W 1997 roku wystartowaliśmy z tym rodzajem naszej działalności z dwoma zaledwie pracownikami i czterema własnymi produktami markowymi. Pod względem jakości produkty musiały być równie dobre albo nawet lepsze od pozostałych produktów markowych, żeby klient chciał wybierać je na stałe. Jednocześnie musiały być one tańsze. I potrzebowały dobrych nazw. Wszystko, co wiąże się z papierem, nazywa się u nas Alouette. Wszystko, co wiąże się z podstawową pielęgnacją ciała – Isana. W krótkim czasie marki te odniosły wielki sukces, dziś oferujemy trzydzieści własnych marek i cztery tysiące sześćset artykułów do pielęgnacji dzieci i niemowląt, pielęgnacji ciała, higieny ciała, ochrony przed słońcem, do golenia, pielęgnacji zębów i jamy ustnej, pielęgnacji włosów, ponadto artykuły gospodarstwa domowego, produkty dla zwierząt, perfumy, żywność eko, słodycze, suplementy wspierające kondycję i zdrowie, usługi w dziedzinie fotografii i multimediów. Znane powszechnie marki można kupić wszędzie, ale nasze produkty posiadające wysoką jakość, w dodatku tańsze od innych, są dostępne tylko w naszych sklepach. Produkty odległe od typowo drogeryjnych i produkty naszych własnych marek – te dwie podstawowe nowości wprowadzone do sieci naszych sklepów wydźwignęły nas po kryzysie 1996 roku. Nic nie działa jednak bez zaufania klientów: stracić je łatwo, zyskać trudno. Żeby je zdobyć, potrzebny jest czas. Ludzie – i słusznie – są początkowo ostrożni, sceptyczni, ale nam udało się zyskać ich zaufanie i obroty wzrosły. To, co robimy, chcemy robić dobrze. Nasze produkty są nieustannie testowane. Najczęściej otrzymują ocenę „dobry" i „bardzo dobry".

To, co jest dobre, nie musi być drogie. Jedna ze stacji telewizyjnych testowała kiedyś parasole. Najdroższy kosztował prawie 50 euro, nasz – w cenie 2,95 euro – był najtańszy. Wygraliśmy w tym teście, pozostawiając konkurentów daleko w tyle. Czasem sam jestem zdumiony bogactwem naszego asortymentu – sprzedajemy siedemnaście tysięcy różnych produktów. Kiedy pewnego ranka stwierdziłem, że nasza waga łazienkowa skończyła swój żywot, powiedziałem do żony, że potrzebujemy nowej wagi. W odpowiedzi usłyszałem, że przecież wiem, gdzie taką dostanę. Musiałem mieć bardzo zdziwioną minę. Żona przypomniała mi, że wagi łazienkowe mamy przecież w asortymencie naszych sklepów. Kupiłem więc taką wagę i byłem zachwycony: jaki wspaniały produkt w tak niskiej cenie! Czasami można zdobyć mnie drobiazgami.

Wracam jeszcze do lat dziewięćdziesiątych i do zmian w naszej firmie. Jako szef stałem się znośniejszy, podczas gdy wcześniej byłem wybuchowy i nerwowy, co łączyło się z problemami kardiologicznymi. Kiedy czułem zbyt wielki stres, odreagowywałem go na innych. Tego faktu – jako człowiek dostatecznie krytyczny – nie ukrywam. Potem przyszedł czas, że dałem pracownikom do zrozumienia, iż bez nich niczego dobrego nie osiągniemy. W styczniu 1997 roku zaprosiłem wszystkich kierowników swoich filii do Paryża, gdzie odwiedziliśmy park rozrywki Disneyland. Dwa noclegi, trzy dni w Paryżu. Wyjazd integracyjny kosztował mnie czterysta tysięcy marek, ale były to dobrze wydane pieniądze. Przepraszam, wyjazd ten kosztował nie czterysta tysięcy marek, bo został uznany za wymierną korzyść pieniężną i opodatkowany. Koszty wzrosły więc o kolejne czterysta tysięcy marek. Wielu mogło pomyśleć, że szef zamiast oszczędzać, wydaje mnóstwo pieniędzy. Ale ja zrozumiałem wreszcie, że nic u nas nie było w porządku, a najgorsze, że ludziom obcy był interes naszej firmy. Kiedy mnie pytano, czy mam dobrze w głowie, odpowiadałem, że musimy poprawić atmosferę w pracy.

Z jednej strony byliśmy więc wprawdzie bardzo postępowi – chodzi o szkolenia i dalsze kształcenie – z drugiej jednak strony pojawił się potężny problem: kierowaliśmy się błędną strategią, nasz model sklepu już się nie sprawdzał. Nasze marże były za niskie, a wymagania względem pracowników wysokie. To się musiało zmienić.

Tradycyjne spotkania bożonarodzeniowe w firmie były smętnymi uroczystościami – panował nastrój powszechnej bierności, wszystko było wszystkim obojętne. Jak miało być inaczej, skoro sam szef niczym się nie przejmował? Jak to się mówi: ryba psuje się od głowy. Dziś wiem, że my, przedsiębiorcy, robimy wielki błąd, domagając się od ludzi efektów w pracy i nie oferując im – nie mam tu na myśli uczciwego wynagrodzenia – nic w zamian. Dopiero gdy to zmienimy (i to pod warunkiem, że dopisze nam szczęście), możemy coś od nich uzyskać. W wywiadzie dla „Financial Times" powiedziałem kiedyś, że w moim przedsiębiorstwie chodzi o to, żeby ludzie chętnie przychodzili do pracy. Naprawdę tak uważam. Tylko w ten sposób mogę jako przedsiębiorca mówić o długofalowym sukcesie. Błędy zdarzają się zawsze i wszędzie, jestem tego najlepszym przykładem. Ale tylko wtedy, kiedy otwarcie potrafi się o nich rozmawiać, można ich uniknąć na przyszłość. A jeśli się je jeszcze analizuje, wszystko się poprawia.

Wtedy zmieniła się też forma komunikacji z pracownikami. Powstał „Dialog", nasza gazetka pracownicza. Idea była taka, jak sugeruje nazwa gazetki, by prowadzić dialog z pracownikami i wspólnie z nimi działać na rzecz firmy. Można w niej było pisać krytycznie, nie miał to być organ, w którym będziemy sobie tylko schlebiać, ale chodziło o żywą wymianę opinii. Atmosfera w firmie stopniowo zaczęła się poprawiać i w pewnym momencie można było powiedzieć, że wstąpił w nią inny duch. Również pomiędzy kierownictwem firmy i radą zakładową zaczęła nawiązywać się coraz bardziej konstruktywna współpraca, w coraz większym stopniu oparta na zaufaniu.

Często odwiedzam swoje sklepy, rozmawiam z personelem, słucham, co jest dla niego ważne, przechodząc przez sklep, kontroluję też, czy wszystko należycie wygląda, czy regały są pełne. Wysłuchuję opowieści o kłopotach i obawach pracowników. Reakcje na wizytę szefa są najczęściej pozytywne. Oczywiście zdaję sobie sprawę, że nikt nie będzie otwarcie narzekał, gdy pojawi się stary Roßmann. Ale kiedy dziś wchodzę do któregoś ze sklepów, mam wrażenie, że ludzie mnie znają. Transparentność i otwartość są dla mnie bardzo ważne.

Podchodzą do mnie pracownicy i mówią:

– Dziękuję.

– A za cóż to? – pytam.

– Za bony kilka razy w roku, za paczki pracownicze; po prostu dziękuję.

Wtedy mówię:

– Nie trzeba mi dziękować. To ja dziękuję za codzienną pracę w naszym gronie.

Wcześniej panowała złowieszcza cisza, stężałe miny, podejrzliwość: czego on tu chce, co zamierza? Ale to już się zmieniło. Nie z dnia na dzień – to był proces trwający lata. Niemniej ludzie w firmie czuli, że coś się poprawia. Zauważali, że szanuję ich godność, że poważnie ich traktuję.

Teraz jak zawsze odwiedzam sporo swoich filii, może trzydzieści w miesiącu – wcześniej było tych wizyt nawet jeszcze więcej. Zawsze są niezapowiedziane. Chodzi mi o to, żeby zobaczyć prawdziwą sytuację w sklepie, a nie przedstawienie teatralne. Z reguły bardzo szybko wyczuwam atmosferę i potrafię określić, czy sklep prowadzony jest źle, czy dobrze.

Najcenniejszą rzeczą, którą wypracowaliśmy przez lata, jest zaufanie. Zaufanie stanowi podstawę wspólnego życia i współpracy między ludźmi. Wcześnie zrozumiałem, także po moich doświadczeniach, że inteligencja jednej osoby nigdy nie gwarantuje sukcesu przedsiębiorstwa. Sukces gwarantuje natomiast inteligencja wspólnoty. Oczywiście zdarza się, że bardziej lubię tego czy innego pracownika, ale mimo to staram się być obiektywny. To mi się zawsze udawało, zwłaszcza w ostatnich dwudziestu latach. Silna wspólnota, kontynuacja i – jeśli niebo pozwoli – zdrowie: to są filary sukcesu.

Po czasie kryzysu w latach dziewięćdziesiątych obrót i zysk naszej firmy do 2013 roku, w ciągu szesnastu lat, powiększył się o rząd dwóch zer. Koncern Springera zaprosił mnie z żoną do Berlina, gdzie wręczono nam prestiżowe odznaczenie „Zwycięzca roku w dziedzinie wzrostu obrotów firmy". Opanowaliśmy też trudną początkowo sytuację w Polsce, na Węgrzech i w Czechach, znajdując mądrych, bardzo zmotywowanych menadżerów. Tylko w Polsce nasze obroty wynoszą ponad dwa miliardy euro, przy 1200* sklepach. W Polsce nie używa się określenia sklep drogeryjny, mówi się po prostu: Rossmann. Staliśmy się synonimem tego terminu, tak jak Adidas jest synonimem butów sportowych. Niemal zupełnie spłaciliśmy nasze długi. Tylko w ostatnich czterech latach rozdaliśmy pracownikom jako dodatek do pensji talony zakupowe o łącznej wartości pięćdziesięciu milionów euro. To tylko część naszej obecnej działalności socjalnej. Zaprosiliśmy na przykład również ponad sześć tysięcy pracowników na wycieczkę do parku Wörlitz, najpiękniejszego parku krajobrazowego w Niemczech, połączoną na końcu ze zwiedzaniem naszego olbrzymiego magazynu głównego w Landsbergu.

Kiedy spoglądam wstecz, muszę przyznać, że jest to szalona historia, która rozpoczęła się w 1972 roku – roku otwarcia mego pierwszego sklepu – która przetrwała niemal bankructwo 1996 roku i trwa do dziś, choć teraz też nie wszystko toczy się gładko. W tym momencie wciąż dobrze zarabiamy, ale sytuacja na rynku nie jest bynajmniej różowa. Konkurencja nie śpi. Nasza firma jednak ma silne podstawy. Z biegiem lat dokupiliśmy inne firmy albo przyciągnęliśmy udziałowców, co daje solidny fundament na przyszłość.

Mamy naprawdę dobry klimat w firmie, choć wśród trzydziestu tysięcy pracowników w Niemczech zdarzają

---

* Dziś 1360 sklepów (przyp. red.).

się też oczywiście jacyś niezadowoleni; zawsze coś musi pójść nie tak. Ale jeśli „Focus" razem z portalem Kununu, który ocenia pracodawców, napisał w 2017 roku, że jesteśmy jednymi z najlepszych pracodawców w Niemczech, to dla mnie powód do dumy i radości. Denerwuje mnie jednak prezentowanie w prasie zbyt pochopnych, pozbawionych podstaw opinii. No cóż, przedsiębiorcy to dla prasy wspaniały obiekt ataków…

Kiedy pytają mnie o największą porażkę, odpowiadam: „To nie jest kategoria, którą myślę ani która określa moje działania". Straszliwie się bałem, że splajtuję, moje serce tego nie wytrzymywało, mój motor się zacinał i kiedy – mniej czy bardziej bezsilny – leżałem w szpitalu, myślałem, że mimo wszystko nadal będę zajmował się właśnie tym, czym od lat się zajmuję, choć akurat sprawy nie idą tak, jak powinny. I że muszę dać sobie radę. Niektóre rzeczy się w życiu udają, inne nie.

Słowa „porażka" nie używam. Mogę żyć z trudnościami, wyzwaniami, problemami, przeciwnościami – tak, z tym mogę żyć. „Pokonywanie przeciwności" to trafne określenie na moje radzenie sobie z trudnymi sytuacjami. Tak jak na przykład moje wdrapanie się na drzewo w akcie protestu przeciw służbie wojskowej. Albo później, gdy jako szef firmy musiałem walczyć z wewnętrznymi oporami, kiedy przyszło mi zwolnić złego pracownika. Aż zrozumiałem, że nie mogę przerzucać tego zadania na innych. Zebrałem całą swoją odwagę i porozmawiałem z samym sobą. Potem potrafiłem już prowadzić tego typu rozmowy, znikło napięcie, które mi wcześniej towarzyszyło. Zawsze miałem naturę wojownika. To ujawniło się już na samym początku, kiedy jako dwulatek ciężko zachorowałem i walczyłem o życie. Małe ciałko chciało żyć. W interesach była to ciągła walka z konkurencją, w której chciałem zwyciężać, czy chodziło o bardzo mądrego Götza Wernera i jego firmę DM, czy o innych. Ale – jest to również nauka płynąca z doświadczeń roku 1996 – nauczyłem się, że nie należy walczyć za wszelką cenę. Zrozumiałem, że nie muszę być najlepszy we wszystkim, dopóki mam pracowników, którzy są mądrzejsi ode mnie. Mam umiejętność wykuwania wspólnoty, w której każdy zgodnie ze swoimi uzdolnieniami daje z siebie to, co najlepsze.

MOSKWA – DOŚWIADCZENIE SZCZEGÓLNE

Mówiłem już o swoich dwóch podróżach do Lipska. Wiadomości, które zaczęły docierać na Zachód z rozpadającego się Związku Radzieckiego na początku lat dziewięćdziesiątych, nie nastrajały optymistycznie. Przywódcą był jeszcze Michaił Gorbaczow, wkrótce miał go zastąpić Borys Jelcyn, wybrany w 1991 roku na pierwszego prezydenta Rosji. Upadały komunistyczne struktury, nowe jeszcze się nie ukształtowały. Wielu Rosjan doświadczyło dotkliwej biedy, głodu i zimna. Tygodnik „Die Zeit" pisał w listopadzie 1990 roku: „W Związku Radzieckim panuje widmo – widmo głodu. Wszystkie siły nowej Europy sprzymierzyły się w świętym przymierzu pomocy przeciwko temu widmu, sam papież i szczyt paryski, Helmut Kohl i Jacques Delors". W artykule zacytowano słowa Borysa Jelcyna: „W każdej chwili może dojść do zamieszek. W niektórych miastach zapasy żywności wystarczają zaledwie na dwa–trzy dni".

Upłynęło dziewięć miesięcy od akcji rozdawania „Spiegla" w Lipsku. Wiadomości na temat głodu napływające z ZSRR, Moskwy, Leningradu i innych miast wstrząsnęły mną. Powiedziałem sobie: Rosjanie zrobili dla nas, Niemców, tak wiele, bez Gorbaczowa ponowne zjednoczenie Niemiec nie byłoby możliwe – teraz przyszedł czas, żebyśmy my zrobili coś dla Rosjan. Moje plany szły w tym kierunku, żeby zorganizować akcję pomocy dla rosyjskiej ludności. Na realizację tego zamiaru zaplanowałem zebranie dwóch milionów marek. Sam nie mogłem ofiarować takiej kwoty, moje przedsiębiorstwo nie stało jeszcze wówczas tak mocno jak teraz, w dodatku tkwiłem w długach. Co zrobiłem? Zadzwoniłem do moich rynkowych rywali. Najpierw, w grudniu 1990 roku, wykonałem telefon do Götza Wernera, którego sieć sklepów DM była naszą największą konkurencją.

– Götz – powiedziałem do niego (byliśmy już wtedy na ty) – rozkręcam akcję pomocy dla ludności rosyjskiej i do udziału w niej chcę wciągnąć największe niemieckie sieci drogeryjne. Zorganizuję dwadzieścia ciężarówek z przyczepami i pojadę do Moskwy, żeby zawieźć paczki. Będę je rozdawał sam, żeby trafiły do właściwych ludzi. Czy możesz wesprzeć tę akcję dwustu pięćdziesięcioma tysiącami marek? Ja przeznaczam na to taką właśnie kwotę.

Götz nie zastanawiał się długo.

– Okej, jutro będziesz miał te pieniądze – odpowiedział.

Następnie zadzwoniłem do Antona Schleckera. Jemu także, tak jak wcześniej Götzowi Wernerowi, przedstawiłem, co zamierzam.

– Wspaniale – odparł Schlecker – wchodzę w to. Dostanie pan ode mnie te pieniądze, jutro będą na pańskim koncie. Dam też panu do dyspozycji trzy ciężarówki z przyczepą, zgoda? – dodał.

Byłem zachwycony.

– Panie Schlecker, moje uznanie. Dziękuję!

Wykonałem telefon do kolejnego konkurenta. Znowu powtarzałem swoją mantrę: „Potrzebuję od pana dwieście pięćdziesiąt tysięcy marek...", i tak dalej. Tym razem nie otrzymałem konkretnej odpowiedzi, ani „tak", ani „nie". Dzwoniłem do niego uparcie jeszcze osiem razy i dalej nie podjął żadnej decyzji. Byłem coraz bardziej poirytowany. W ostatniej rozmowie z nim powiedziałem, że my, Niemcy, w swojej historii wyrządziliśmy światu wiele zła, a mimo to po wojnie Amerykanie ratowali nas milionami paczek z pomocą.

– Niech pan tylko pomyśli o tych wielu amerykańskich paczkach z darów.

A odpowiedź?

– Panie Roßmann, ja nigdy nie dostałem amerykańskiej paczki z darów.

Dla mnie to był koniec pertraktacji. Cierpliwość też ma swoje granice. Zostawmy to, pomyślałem. Po raz dziewiąty nie zadzwoniłem. Nie chciałbym źle mówić o tym człowieku, to towarzysko całkiem miły kompan, ale wtedy jego postawa bardzo mnie rozczarowała.

Zwróciłem się więc do przemysłowców, do firmy Beiersdorf i innych. Prawie wszyscy coś dawali, albo pieniądze, albo towary, produkty żywnościowe, które miały przydatność do spożycia również w bardzo niskich rosyjskich temperaturach. Wartość zgromadzonych towarów wyniosła ostatecznie dwa miliony marek. Z subwencji europejskich dostaliśmy jeszcze masło. Nasz transport składał się z dziesięciu tysięcy paczek z produktami spożywczymi. Dziewiętnastoma ciężarówkami z przyczepą ruszyliśmy w drogę do istniejącego wówczas jeszcze Związku Radzieckiego. Wszystko musiało być dostosowane do ekstremalnych zimowych temperatur. Przed wyjazdem przeprowadziłem jeszcze rozmowy z radziecką ambasadą w Bonn na temat sposobu rozdawania naszych paczek już na miejscu. Zapewniono nas, że kiedy pojawimy się w Moskwie, koordynację akcji przejmie powstała przed dwoma laty instytucja charytatywna Miłosierdzie. Poza tym otrzymamy do dyspozycji dwustu żołnierzy, którzy będą nam pomagać, oraz kilku tłumaczy. I – żebyśmy byli tego świadomi – nad wszystkim będą czuwać funkcjonariusze służby bezpieczeństwa. Państwo chce w końcu wiedzieć, co się w kraju dzieje, dodano. Zaakceptowałem te warunki. Nie miałem zresztą wyboru. Ale ja także postawiłem żądanie niepodlegające negocjacjom: w domach opieki senioralnej i domach dla ludzi upośledzonych będziemy osobiście rozdawać te paczki.

Dirk Roßmann, twórca sieci drogerii. Hanower, październik 2004.

Babcia Marie Wilkens, 1902.
Interesowała się polityką, z przekonań
była socjaldemokratką.

HANNOVER. Lortzingstrasse.

Pierwsza drogeria rodziny Roßmannów w Hanowerze, otwarta przez dziadka Rudolfa Roßmanna przy ulicy
Lortzingstraße 6 (róg Podbielskistraße) w 1909 roku.

Matka Dirka Roßmanna Hilde
Roßmann z domu Wilkens (z lewej),
najmłodsza z trzech sióstr, 1916 rok.
Hilde uczęszczała potem do Wyższej
Szkoły dla Panien w Hanowerze.

Dziadkowie Dirka Roßmanna Marie i Edmund Wilkensowie, 1954 rok. Oboje przez całe życie prowadzili
z sobą żywe dyskusje, zachowując, mimo różnic poglądów, wzajemny szacunek.

Dirk Roßmann (z lewej) i jego o dwa lata starszy brat Axel, 1948 rok.

Dirk Roßmann (z prawej) i jego przyjaciel z czasów dzieciństwa Frank Bahr podczas wakacyjnego pobytu w Hörnum na wyspie Sylt, 1959 rok. Frank Bahr pisze dziś reportaże z podróży do „Centaura", rossmannowskiego magazynu dla klientów.

Dirk Roßmann w wieku piętnastu lat.

Pierwsza centrala firmy Rossmann w Hanowerze, przy ulicy Am Listenholze 37, lato 1973 rok.

Pierwszy sklep sieci Rossmann w Hanowerze, przy ulicy Jakobistraße. W dniu otwarcia, 17 marca 1972, napór klientów był tak wielki, że doszło niemal do zamieszek.

Dirk Roßmann w roku 1973, zdjęcie pochodzące z gazety „Hannover Magazin".

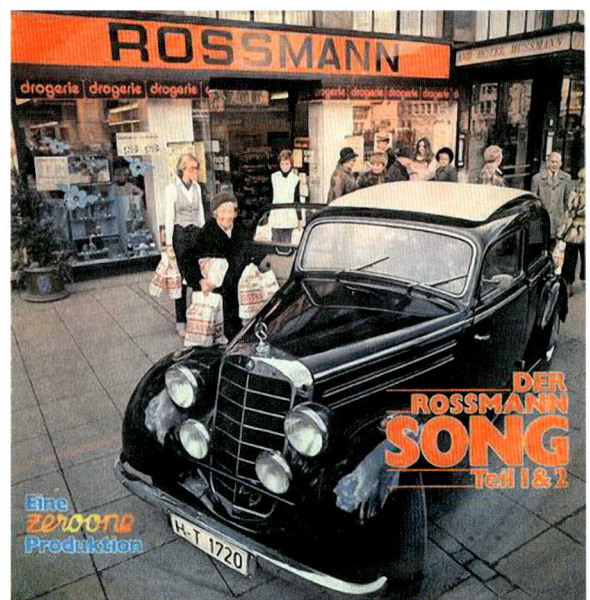

Okładka z rossmannowskim songiem, 1974 rok. Śpiewał go Thomas Voigt z zespołu Bourbon Skiffle Company z Hanoweru. Song zdobył status złotego.

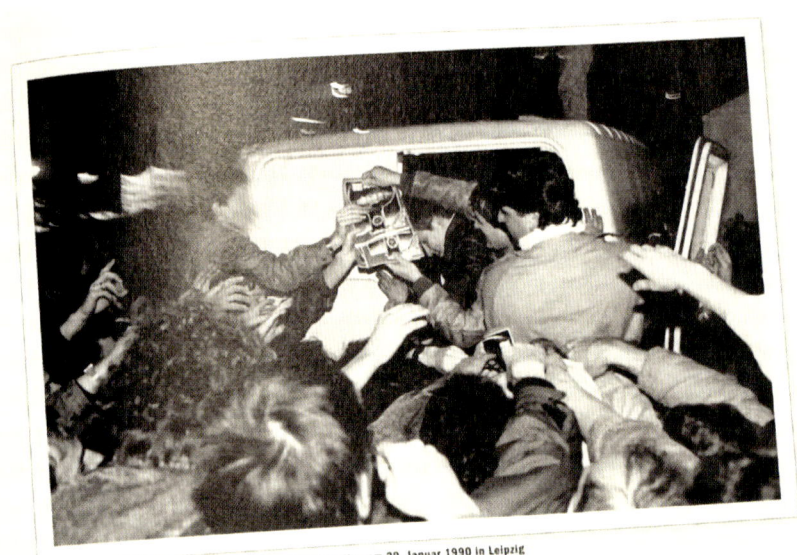

Verteilung von SPIEGEL-Heften auf der Montagsdemonstration am 29. Januar 1990 in Leipzig

Rozdajemy 20 tysięcy egzemplarzy wydania „Spiegla", 29 stycznia 1990 roku, na poniedziałkowej demonstracji w Lipsku. Egzemplarze zostały przewiezione nielegalnie przez istniejącą jeszcze wówczas granicę niemiecko-niemiecką w szesnastu prywatnych samochodach osobowych.

Małżeństwo Alice i Dirk Roßmannowie, 1988 rok. Poznali się sześć lat wcześniej; ich syn Raoul przyszedł na świat w 1985 roku.

Alice Roßmann, 2018 rok.

Przyznanie nagrody „Przedsiębiorca Roku 2010" w Starej Operze we Frankfurcie.
Dirk Roßmann otrzymał ją między innymi za politykę etyczno-socjalną w swojej firmie.

Dirk Roßmann ze swymi synami Danielem (z lewej) i Raoulem (w środku), 2012 rok.
Obaj synowie zajmują dziś kierownicze stanowiska w firmie Rossmann.

Dirk Roßmann z grupą Ehrlich Brothers w ich „Czarodziejskim warsztacie" w Bünde, 2015 rok. Przedsiębiorcę i obu prestidigitatorów łączy przyjaźń. Dirk Roßmann wspomagał finansowo braci Andreasa i Chrisa na początku ich kariery. Dziś ich pokazy cieszą się takim zainteresowaniem, że odbywają się na stadionach.

Wspólnie z prezesem klubu piłkarskiego Hannover 96 Martinem Kindem i wokalistą zespołu Scorpions Klausem Meine Dirk Roßmann rozwiesza plakat propagujący kampanię, w której chodziło o pozyskanie środków i edukatorów do akcji uświadamiania młodzieży w Etiopii, Kenii, Ugandzie i Tanzanii.

Dirk Roßmann z kryminologiem prof. Christianem Pfeifferem, długoletnim kierownikiem Instytutu Badawczego Kryminologii w Dolnej Saksonii (KFN). Obaj poznali się w trakcie telewizyjnego talk show i od tego czasu są zaprzyjaźnieni.

Z papieżem Franciszkiem podczas audiencji w Rzymie, 28 lutego 2018 roku. Dirkowi Roßmannowi chodziło o to, by porozmawiać z głową Kościoła katolickiego o problemie gwałtownego przyrostu ludności i stanowisku Kościoła w sprawie stosowania środków antykoncepcyjnych.

Dirk Roßmann w Etiopii w ramach działalności organizacji Niemiecka Fundacja Ludność Świata, październik 2015 rok.

Centrala firmy Rossmann w Burgwedel, 2011 rok. Stąd kieruje się przedsiębiorstwem, które zatrudnia ponad 55 tysięcy pracowników w całej Europie.

Kiedy wszystko to zostało ustalone, nasz konwój ruszył w kierunku Moskwy. Po przekroczeniu granicy z Polską kierowcy nie gasili już silników ze względu na mrozy. Były obawy, że jeśli je wyłączą, to będą kłopoty z uruchomieniem wozów. Ja sam poleciałem do Moskwy samolotem, ale potem słyszałem różne barwne historie z tej wyprawy. Jeden z kierowców opowiadał, co przydarzyło mu się pomiędzy dwoma punktami kontroli celnej na granicy polsko-radzieckiej, na terytorium, jak by to rzec, niczyim, gdzie stał w kilometrowym korku ciężarówek. Otóż po pewnym czasie poczuł, że musi pilnie do toalety, której oczywiście w pobliżu nie było. Chwycił więc rolkę papieru toaletowego i poszedł za jakieś drzewo, a jego zmiennik pozostał w kabinie ciężarówki. Podczas gdy tamten załatwiał swoją potrzebę, sznur ciężarówek nieoczekiwanie zaczął przesuwać się do przodu. Nasza ciężarówka z przyczepą nie mogła stać w miejscu. Paszport chwilowo nieobecnego kolegi został oczywiście w kabinie ciężarówki, kierowca nie pomyślał, żeby zabrać go ze sobą. Kiedy zatem zorientował się, że jego ciężarówka dawno go wyprzedziła, wpadł w panikę, wyobrażając sobie, że bez dokumentów zostanie zaaresztowany, bo nie zechcą mu uwierzyć, że jest kierowcą. Zaczął więc biec za ciężarówką. Dobiegłszy do punktu odprawy paszportowej, przez cały czas gestykulował przed funkcjonariuszami celnymi, trzymając w ręce rolkę papieru. I jak zachowali się celnicy? Wyjęli mu z rąk tę rolkę papieru i przepuścili. Papier toaletowy – to była moneta, która otworzyła przed nim granicę...

Nocleg był w okolicach Mińska. Jeden z kierowców musiał skontrolować stan oleju. Trochę oleju o temperaturze minus trzydziestu stopni spłynęło mu na rękę, co spowodowało potworny ból. Od innego kierowcy, nienależącego do naszego konwoju, dowiedziałem się, że poświęcił zapasowe opony, żeby zrobić z nich ognisko, bo inaczej nie przetrwałby straszliwego zimna tej nocy. Jazda naszego konwoju z Niemiec do Moskwy, ponad dwa tysiące kilometrów, trwała około czterech dni. Kiedy konwój dotarł na miejsce, w Moskwie panowała temperatura minus trzydzieści osiem stopni Celsjusza. Gdy wylądowałem, nasze ciężarówki już tam dotarły. Kierowca taksówki, którą zamówiłem z lotniska, pędził szaleńczo oblodzonymi ulicami wielkiej metropolii. W recepcji hotelu okazałem rezerwację. Odpowiedziało mi pytające spojrzenie. Na liście nie figuruje nazwisko Roßmann, odparł recepcjonista, kręcąc głową. W tym momencie w holu hotelu pojawił się na szczęście nasz prokurent, który jechał jedną z ciężarówek. Dowiedziawszy się, na czym polega problem, uśmiechnął się tylko i sięgnął do plastikowej torby z kartonami papierosów. Wyjął jeden i położył przed recepcjonistą.

– Jeszcze raz, jak brzmi nazwisko? – zapytał nagle żywo młody Rosjanin. – Ach, Dirk Roßmann, oczywiście. Mam tu pana.

Bez „małych prezentów" – tego szybko się nauczyliśmy – niczego w tym kraju nie dało się załatwić.

Dziewiętnaście naszych ciężarówek zostało tymczasem ustawionych, jak się dowiedziałem, na wielkim podwórzu, gdzie ich przez noc strzeżono. Następnego ranka skontaktowaliśmy się z tymi, którzy mieli być odpowiedzialni na miejscu za dalsze nadzorowanie akcji. Chcieliśmy się dowiedzieć, jak konkretnie będzie to wyglądało. Nagle wszystko okazało się skomplikowane – usłyszeliśmy, że nie słyszeli o żadnych ustaleniach w kwestii organizacji rozdziału przywiezionych paczek. Nie ma też gwarancji, że będziemy mogli jeździć z paczkami do domów opieki. Pertraktacje ciągnęły się do popołudnia. Paczki mamy przekazać stowarzyszeniu Miłosierdzie, które – rzekomo – miało się zająć rozdzieleniem ich wśród ludności. Czy tak naprawdę będzie? Co mamy zrobić? „To już nasza sprawa" – taki był sens tego, co usłyszeliśmy od drugiej strony.

Atmosfera stała się bardzo napięta, niemal agresywna. Ale nie ustępowaliśmy. Zbyt wielkie były nasze – uzasadnione – obawy, że towary o wartości ponad dwóch milionów euro znikną w ciemnych kanałach i nigdy nie trafią do potrzebujących. Najprawdopodobniej zostaną sprzedane po paserskich cenach na czarnym rynku. W końcu powiedzieliśmy: „Jeśli akcja nie zostanie przeprowadzona tak, jak to ustaliliśmy z radziecką ambasadą w Bonn, wracamy z powrotem do Niemiec z dziewiętnastoma ciężarówkami wyładowanymi pod sufit, tak jak przyjechaliśmy". Dyskusja ciągnęła się jeszcze przez kilka godzin, zanim nasi rosyjscy rozmówcy pojęli, że my ze swej strony stawiamy sprawę poważnie i nie są to czcze pogróżki. Że naprawdę przerwiemy tę akcję.

Dopiero wieczorem dostaliśmy zielone światło – usłyszeliśmy wreszcie, że wszystko przebiegnie zgodnie z ustaleniami poczynionymi w Bonn. Poczułem ulgę. Nie mam pojęcia, co mogłoby się zdarzyć, gdybyśmy ruszyli w podróż powrotną z całym towarem. Ale teraz na szczęście nie musiałem o tym myśleć. Następnego ranka, zapewniono nas, że otrzymamy do pomocy dwustu żołnierzy i kilku tłumaczy. I tak się stało.

Wczesnym rankiem podzieliliśmy się między sobą zadaniami. Mnie przypadło nadzorowanie rozdawnictwa paczek w trzech domach opieki. Przydzielono mi bardzo sympatyczną tłumaczkę. Naszym pierwszym celem był dom starców na obrzeżach Moskwy, znajdujący się w dwunastopiętrowym wieżowcu. Przydzieleni mi żołnierze okazali się bardzo oddanymi pomocnikami. Tak jak stresujący był dzień poprzedni, tak teraz współpraca układała się wzorowo. Pod moim nadzorem żołnierze przenosili paczki z ciężarówki do budynku. Chodziliśmy z piętra na piętro i wręczaliśmy je pensjonariuszom. Na ósmym piętrze znalazłem się raptem w dużej sali na dwadzieścia dwa łóżka, które stały ciasno obok siebie, nakryte białymi prześcieradłami. Jak pięknie to wszystko urządzone i jak czysto, pomyślałem. Na poduszkach leżały misie i inne osobiste przedmioty mieszkanek, kobiet w wieku od siedemdziesięciu do dziewięćdziesięciu lat. Nie widziałem za

to ani jednej szafy, więc zdziwiony spytałem tłumaczkę, gdzie są szafy.

– Po co szafy? – odpowiedziała pytaniem na pytanie.

– No, na ubrania i rzeczy osobiste. Czy stare kobiety
tego nie mają?

– Ależ tak – wyjaśniła tłumaczka – wszystkie rzeczy
są złożone w walizkach pod łóżkami. Tam jest to wszystko, co posiadają.

Ogarnął mnie smutek.

Pod względem higieny było bez zarzutu, ale wszystko
wyglądało bardzo biednie i bezosobowo.

Jeszcze kiedy stałem w tej sypialni, podeszła do mnie
jedna z kobiet w zaawansowanym wieku. Zanim się zo-
rientowałem, co się dzieje, objęła mnie. Drżała na całym
ciele. Potem zaczęła straszliwie szlochać, jakby dostała
załamania nerwowego. Jej silny emocjonalny wybuch był
dla mnie zupełnie niespodziewany, czułem się zmiesza-
ny, nie wiedziałem, jak zareagować. Nie rozumiałem też
ani słowa z tego, co chciała mi powiedzieć.

– Co się z nią dzieje, dlaczego ona tak na mnie napie-
ra? – zapytałem tłumaczki. Z trudem, przyznaję, znosiłem tę sytuację.

Tłumaczka odparła bardzo spokojnie:

– Panie Roßmann, ta kobieta przestała rozumieć świat,
który był jej dotąd znany. Od wielu lat nie miała w ustach kawałka czekolady ani łyka kawy. To, co jest w tych
paczkach, oznacza dla niej tyle co dziesięć świąt Bożego Narodzenia. Miała dwóch synów, obaj polegli pod

Stalingradem w wielkiej wojnie ojczyźnianej, jak my, Rosjanie, nazywamy drugą wojnę światową. Niemcy byli w jej oczach diabłami, a teraz stoi przed nią jeden z tych diabłów i daje jej paczkę. Stąd jej reakcja.

Tak, zrozumiałem. A jednocześnie czułem, że muszę stąd jak najszybciej wyjść, przestraszyłem się własnych emocji. Zanim jednak wyszedłem z sali, zaszło coś, co jeszcze bardziej mną wstrząsnęło. Kiedy odwróciłem się ku drzwiom, pomyślałem, że zawodzą mnie zmysły: stał tam człowiek z dwiema głowami, czterema rękami i dwiema nogami. Z prawej i lewej strony miał kule. Była to istota, której widok przyprawił mnie o przerażenie i szok. Jak figura z obrazu Salvadora Dalego. Nikt mnie na to nie przygotował. Byłem jeszcze wytrącony z równowagi świeżym epizodem ze starszą kobietą, nie potrafiłem sobie z tym wszystkim poradzić. Poczułem, że miękną mi nogi. To, co zobaczyłem, nie było żadną halucynacją. Były to – jak się za chwilę dowiedziałem – dwie kobiety, Masza i Dasza Kriwoszlapowe. Bliźniaczki syjamskie. W trakcie najbliższej godziny poznałem historię ich życia. Tu krótko ją przytoczę. Przyszły na świat w Moskwie 3 stycznia 1950 roku. Od urodzenia były ze sobą zrośnięte od talii w dół. Miały dwa osobne serca, ale jeden krwiobieg. Od razu odebrano je matce, prostej wieśniaczce. Wytłumaczono jej, że urodziła „monstra", które zmarły. Ich ojciec był zadowolony, że pozbył się kłopotu. Przez pierwszych sześć lat poddawano je eksperymentom w tajnych laboratoriach. Pozbawieni odpowiedzialności naukowcy wykorzystywali je jako króliki doświadczalne: sprawdzali na przykład, jak reaguje ciało drugiej z nich, jeśli pierwszej zada się ból. Maszę okładano lodem, żeby się przekonać, jak spada temperatura ciała Daszy. Albo wkładano jednej w rękę butelkę z gotującą się wodą. Robiło mi się słabo, gdy słuchałem, co przeszły. Ich udręki skończyły się po sześciu latach. Dziewczynki mogły opuścić laboratorium, nie były jednak w stanie chodzić ani samodzielnie jeść. „Dopiero teraz zaczęło się dla nas życie", mówi Dasza o tamtym czasie. Zaczęły poruszać się o kulach, na dwóch nogach. Zdeformowaną trzecią nogę amputowano im. Gdy opadła żelazna kurtyna, Masza i Dasza stały się znane na całym świecie.

Kiedy zobaczyłem je w tamtym moskiewskim domu starców w styczniu 1991 roku, miały czterdzieści jeden lat. W pierwszym momencie nie doszło jednak do rozmowy. Uciekłem. Gdy winda zatrzymała się na ósmym piętrze, wskoczyłem do niej, zjechałem na dół i wypadłem na ulicę. Musiałem zaczerpnąć świeżego powietrza. Trafiłem akurat na naszych żołnierzy, którzy właśnie skończyli wynosić paczki z ciężarówki. Naraz podeszła do mnie kierowniczka domu opieki z tłumaczką:

– Panie Roßmann, Masza i Dasza zapraszają pana serdecznie do siebie na kawę. Proszę za mną.

Moją pierwszą myślą było, że nie jestem w stanie.

Onc mieszkają na ósmym piętrze, tam, gdzie pan je właśnie widział – kontynuowała tłumaczka. – Tam mają własne małe mieszkanie.

Wyraźnie dała mi też do zrozumienia, że nie mogę odrzucić takiego zaproszenia. W Rosji będzie to absolutnie źle widziane.

– Pan został zaproszony i teraz pan do nich pójdzie. Nie może pan po prostu uciec!

Ton polecenia, super! Podobała mi się ta kobieta. Oczywiście miała rację. Poszedłem. Podobna rzecz nie zdarzy mi się prędko, pomyślałem.

Znów wjechałem windą na ósme piętro, gdzie w swoim mieszkanku czekały na mnie bliźniaczki syjamskie. Nasze spotkanie trwało godzinę. Już po kilku minutach widok kobiet przestał robić na mnie wrażenie – oswoiłem się z nim. Podczas gdy budynek domu opieki sprawiał wrażenie czystego, lecz bardzo biednego, mieszkanie Maszy i Daszy było jak na ówczesne stosunki w Rosji niezwykle nowoczesne: zachodni komfort, trzy pokoje, kolorowy telewizor, ładnie urządzone. Absolutny kontrast wobec wszystkich innych pomieszczeń dla pensjonariuszy w pozostałej części budynku. W kącie pokoju dziennego zobaczyłem specjalny model wózka inwalidzkiego niemieckiej produkcji. Ściany były wytapetowane wycinkami z prasy – informacjami o bliźniaczkach z Japonii, Brazylii, Francji i rozmaitych innych krajów. Usiadłem na sofie.

– Panie mają tutaj zupełnie inny komfort niż wszyscy pozostali – zagaiłem.

– Proszę pamiętać – odpowiedziała Masza, a może była to Dasza – że stałyśmy się czymś w rodzaju obiektu pokazowego w Związku Radzieckim. Odwiedzały nas już tutaj setki dziennikarzy prasowych i ekip telewizyjnych z całego świata, przeprowadzali z nami wywiady. Państwo chce pokazać, jak dobrze jest u nas kalekom.

– Ale dlaczego panie mieszkają w domu starców? – spytałem?

– Z prostego powodu. Tu przez całą dobę są do dyspozycji lekarze, opieka działa nieustannie, to jest dla nas doskonałe. Czujemy się tu całkiem jak w domu.

Potem opowiedziały o swoim trudnym życiu. Jak wychowywały się bez rodziców, o strasznych doświadczeniach, jakim były poddawane, o wielu domach opieki, do których je odsyłano, o odrazie, z jaką je traktowano, i o uprzedzeniach ludzi. I chociaż tak ciężko dotknął je los, choć ich życie musiało być wcześniej bardzo biedne, to teraz siedziały naprzeciw mnie dwie świadome siebie, mocne, mądre i dowcipne kobiety, które bardzo otwarcie rozmawiały ze mną o swoim życiu.

Byłem wszystkiego ciekawy, zadawałem pytania, na przykład: co to oznacza na co dzień być nierozerwalnie związaną z drugą osobą. Co robią, jeśli jedna z nich chce się w nocy przewrócić na drugi bok. To bardzo proste, zaśmiały się Masza i Dasza, wtedy ta druga też się odwraca.

– A czy panie się kłócą? – spytałem, zapewne nieco naiwnie.

– Oczywiście, jesteśmy przecież zupełnie normalnymi ludźmi. Kłócimy się tak jak wszyscy. Często mamy inne zdania w różnych sprawach – odpowiedziała Masza.

– Ale – wtrąciła Dasza – kiedy się ze sobą ścieramy, to tylko tu, w czterech ścianach, gdy nikt nie słyszy. Nigdy na zewnątrz. Mamy jasne reguły gry. Nigdy nie spieramy się publicznie.

Z charakteru były zupełnie różne. Dasza chętnie piła alkohol, Masza beształa ją wtedy – bo w jej żyłach też płynął wówczas alkohol. Masza za to paliła papierosy, a wtedy kaszlała jej siostra. Zdanie: „Jesteśmy przecież zupełnie normalnymi ludźmi", nie chciało mi wyjść z głowy. Miło było patrzeć, z jaką czułością odnoszą się do siebie. Od czasu do czasu w trakcie rozmowy jedna muskała drugą po uchu. Godzina rozmowy na sofie na ósmym piętrze upłynęła błyskawicznie, bo i czas biegł nieubłaganie – musiałem się pożegnać. Kiedy się żegnałem, oznajmiły, że zjadą ze mną windą na dół. Byłoby nieuprzejmie z ich strony, stwierdziły, gdyby nie odprowadziły mnie do wyjścia. Okazało się jednak, że winda przestała działać i trzeba było iść schodami. Schodziliśmy więc schodek po schodku osiem pięter na dół, co trwało pewnie z pół godziny i dla obu sióstr było wielkim wysiłkiem. Ale to była ich satysfakcja: odwiedził je Roßmann, a one odprowadziły go, jak należy, do drzwi.

Tego dnia byliśmy jeszcze w dwóch innych domach opieki. Tym razem w domach dla ludzi niepełnosprawnych fizycznie i umysłowo. I tu radość z paczek była ogromna. Pamiętam jeszcze pewien detal: w jednym z tych domów zapytałem o możliwość skorzystania z toalety. Kierowniczka domu poprosiła, żebym chwilę zaczekał.

Z pęku kluczy wygrzebała jeden i otworzyła ciężką stalową szafę, z której wyjęła rolkę papieru toaletowego. Wręczyła mi ją uroczyście, niczym cenny skarb przechowywany w sejfie. Dlaczego to opowiadam? Bo takie sytuacje jak tamta otwierają oczy, pozwalając zrozumieć, jak wiele rzeczy codziennego użytku, oczywistych dla nas, ludzi Zachodu, jest dla innych czymś niecodziennym.

Spędziłem w Moskwie trzy ekscytujące dni, pełne nowych doświadczeń. Spotkanie z Maszą i Daszą tkwi we mnie do dziś. Ludzie i ich historie są tym, co nieustannie uczy mnie życia. Jest to nauka żywa. Tak jak ta: spytałem moją miłą tłumaczkę, jak wygląda jej życie. Odpowiedziała, że ma męża i dziecko, mieszka w trzypokojowym mieszkaniu. To brzmi zupełnie przyzwoicie, przemknęło mi przez głowę. A młoda kobieta, jakby czytając w moich myślach, dorzuciła:

– Ale to nie jest tak, jak pan może sobie wyobraża. Z trzech pokoi zajmujemy tylko jeden. W drugim mieszka starsza pani. Ponieważ mój mąż i ja pracujemy zawodowo, po czterdzieści osiem godzin w tygodniu, ta starsza kobieta opiekuje się naszym dzieckiem. Bez tego dodatkowego dla niej zajęcia umarłaby z głodu, tak niskie są państwowe emerytury. Wszystko jest zorganizowane: mamy opiekunkę do dziecka, która pomaga też w prowadzeniu domu. W trzecim pokoju mieszka pięcioosobowa rodzina, rodzice i troje dzieci. Kuchnia i łazienka są wspólne. Ale mieszka się nam razem bardzo dobrze, nie mamy powodów, żeby się skarżyć.

Jeden z moich pracowników, nasz prokurent, który uratował sytuację w hotelu, posłużywszy się kartonem papierosów w charakterze argumentu, opowiedział mi rzecz następującą. Przyszedł do olbrzymiego mieszkania, dwieście pięćdziesiąt metrów kwadratowych, stare budownictwo, wysokie pomieszczenia, szlachetny styl dawnej Rosji. W mieszkaniu były wstawione ściany z desek, dzielące je na małe klitki. Mieszkało w nich w sumie czternaście rodzin. Miały do dyspozycji jeden telefon, który dzwonił przez cały dzień. Prokurent skomentował:

– Niesamowite, jaką dynamikę czuło się na tej powierzchni!

Potem zastanawiałem się, czy nie zaprosić Maszy i Daszy do Niemiec. Nie chciałem jednak, by zostały potraktowane jak obiekt budzący sensację. W 2003 roku, po dwunastu latach od mojego z nimi spotkania w Moskwie, Masza i Dasza zmarły. Dasza dostała zawału serca. Jej siostra przeżyła ją o siedemnaście godzin. Wtedy w Moskwie powiedziały mi, że prognozowana długość ich życia to pięćdziesiąt lat. W dniu ich pięćdziesiątych urodzin władze rosyjskie zaproponowały im rozdzielenie operacyjne. Pod względem medycznym było to już wtedy widocznie możliwe. One jednak odmówiły. Nie, dziękujemy, odparły, jeśli jedna z nas umarłaby podczas operacji, druga nie przeżyłaby tej straty. Żyły pięćdziesiąt trzy lata.

ROZWIJAĆ SIĘ, ŻEBY UTRZYMAĆ SIĘ NA RYNKU

Akcja pomocy dla mieszkańców Moskwy świadczy o tym, że konkurenci potrafią ze sobą współdziałać, gdy przychodzi co do czego. Götz Werner i Anton Schlecker włączyli się do akcji bez wahania, kiedy poprosiłem ich o pomoc.

Na początku lat osiemdziesiątych na niemieckim rynku drogeryjnym konkurowało ze sobą osiemnaście mocnych i średnich firm. Od 2000 roku konkurencja była już ostra. Tylko ten, kto zdążył się rozwinąć, miał szanse utrzymania się na placu boju. Firma Götza Wernera – DM – była dwuipółkrotnie większa od mojej. Schlecker też odnosił wspaniałe sukcesy. Rossmann znalazł się na gorszej pozycji. Kiedy wreszcie, realizując nowy model prowadzenia firmy po kryzysie 1996 roku, zaczęliśmy zarabiać pieniądze, okrzepliśmy i prześcignęliśmy konkurencję. Zacząłem wtedy stopniowo wykupywać inne przedsiębiorstwa. Wykupiłem sto sklepów sieci Idea, sieć drogerii Reve, przejąłem też ni mniej, ni więcej, tylko czterysta pięćdziesiąt sklepów Karla-Erivana Hauba, właściciela Tengelmanna*. Była to największa z moich transakcji. Poza tym wchłonęliśmy sieć sklepów drogeryjnych firmy Kloppenburg w północnych Niemczech. Wielkie firmy stawały się coraz potężniejsze, a małe znikały z rynku. Później, gdy również Schlecker ogłosił upadłość, wykupiliśmy prawie sto jego drogerii. Często zadawano mi pytanie, czy nie mam wyrzutów sumienia, że polityką cenową i ekspansją Rossmann zagraża mniejszym konkurentom. Odpowiadałem wtedy, że wolę być myśliwym niż zwierzyną łowną. Jeśli uczestniczy się w ostrej konkurencji, nie można wszystkim dogodzić. A konkurencja – o tym trzeba pamiętać – wymusza niższe ceny, co w ostatecznym efekcie jest korzystne dla klientów. Wiele osób nie wie, że nigdzie na świecie nie ma tak tanich markowych artykułów jak w Niemczech. Jesteśmy krajem dyskontów, zarówno w dziedzinie artykułów spożywczych, jak i produktów drogeryjnych. Wszystko w życiu ma swoje zalety i wady. To, że miliony ludzi mogą tanio kupować, jest zaletą. Wielu z nich, choć nie są zamożni, może nabywać produkty wysokiej

---

* Tengelmann – holding, który kontroluje sieć marketów budowlanych Obi, posiada udziały w firmie Zalando (sprzedaż internetowa) i w KiK (odzież) (przyp. tłum.).

jakości w niskich cenach. W ten sposób – także – przejawia się dobrobyt. Tubka pasty do zębów na przykład kosztuje w Anglii do pięćdziesięciu procent więcej niż w Niemczech. Wadą tej korzystnej w Niemczech sytuacji jest natomiast to, że jest ona efektem nieprawdopodobnej konkurencji, w której ostają się tylko ci, którzy swoje towary mogą sprzedać taniej niż ich rywale. Bezwzględna konkurencja istotnie zagraża małym firmom. To jest odwrotna strona medalu.

Człowiek posiadający firmę ma świadomość ciągłego ryzyka: może mu się udać i wtedy odniesie sukces, ale może powinąć mu się noga i wtedy wszystko traci. I choć wiele drogerii przestało istnieć na rynku, ostra konkurencja nie znika. Najsilniejszy jest ten, kto zdobywa placówki w dobrej lokalizacji. Jeśli otworzy się filię DM obok filii Rossmanna, obroty obu będą niskie, to proste. O najlepsze lokalizacje toczy się nieustanna walka. Kto gdzie będzie pierwszy? Mimo konkurencji trzeba jednak działać *fair*. Moja zasada brzmi: nie być bezwzględnym, zwracać uwagę na innych ludzi. Odnosi się to zarówno do życia prywatnego, jak i zawodowego. To zaś oznacza, że jestem właściwie kiepskim handlowcem. Kiedy chcę coś od kogoś odkupić, od razu podaję maksymalną cenę, jaką mogę zaoferować. Nie targuję się, tylko mówię na przykład: „Proponuję jedenaście tysięcy euro". Jeśli sprzedający powie: „Dwanaście", odpowiadam: „Przykro mi, jedenaście to mój pułap. Tak założyłem od początku". „No to jedenaście pięćset", próbuje się jeszcze targować. „Nie.

Jedenaście tysięcy euro to moja granica. Długo się zastanawiałem, ile mogę maksymalnie zapłacić". W ogóle nie lubię negocjacji. Wcześniej zawsze rozważam, jaka jest cena *fair*, którą jestem gotów dać, jaka cena będzie przystępną dla drugiej strony i gdzie leży złoty środek. Być może nie jest to sprytna taktyka negocjacyjna, ale taką stosuję.

Götza Wernera, mojego głównego konkurenta, który jest dwa lata starszy ode mnie, znam od jesieni 1972 roku. Kilka miesięcy po otwarciu mojego pierwszego sklepu Götz zapowiedział swój przyjazd do mnie, do Hanoweru. Przybył wraz ze swoim partnerem w interesach Güntherem Lehmannem. Ojciec Götza miał już piętnaście drogerii w Heidelbergu i w okolicy, Lehmann posiadał sieć sklepów spożywczych. Połączyli swoje siły. Chcieli się ze mną spotkać, bo zainteresował ich mój pomysł na handlowanie artykułami drogeryjnymi. W kręgach handlowców wiadomość o sukcesie, jaki odniosłem dzięki wprowadzeniu samoobsługi, rozniosła się z szybkością błyskawicy. Pokazałem im swój sklep i skład towarów oraz wszystko objaśniałem. Słuchali mnie z wielkim zainteresowaniem.

Götz Werner był rosłym mężczyzną, robił wrażenie. Mierzył sto osiemdziesiąt pięć centymetrów, był wysportowany, uprawiał wioślarstwo. Ja przy nim byłem kajtkiem. Götz nie mógł odmówić sobie na ten temat ironicznego komentarza. Już wtedy był taki jak dziś: znał swoją wartość, miał odwagę i silną wolę. W tym byliśmy podobni. Przez długi czas traktował mnie z wyższością. A ja chętnie występowałem w roli tego gorszego.

Właściciel sklepów optycznych Günther Fielmann rzucił wtedy, trzydzieści lat temu, kąśliwą uwagę na mój temat: jak to możliwe, że ten anemiczny, pozbawiony krwi i woli cherlak odnosi takie sukcesy! Nigdy nie wróciłem do tego w rozmowie z Fielmannem, nie obraziłem się też, bo być może naprawdę na takiego wyglądałem. W stosunku do Götza Wernera natomiast czułem, że mu nie dorównuję. Dziś to już przeszłość. Ale rywalizacja, poczucie, że on mnie wyprzedza, że pozostaję w tyle, nie dawały mi wówczas spokoju, a jednocześnie mobilizowały do działania. I to jak! Właśnie takiego bodźca potrzebowałem, żeby stać się lepszym. Przed ośmioma laty szef pewnej wielkiej agencji reklamowej powiedział mi podczas późnej kolacji:

– Sądzę, że za dziesięć lat na rynku niemieckim będzie istniało tylko DM, a pańska firma to będzie już historia.

– Jeśli tak pan to widzi – odrzekłem spokojnie – poczekamy, zobaczymy.

Jak widać, trochę się pomylił...

Na początku nie było konkurencji między DM i Rossmannem, obaj mieliśmy dla siebie przestrzeń. Götz otworzył swoją pierwszą drogerię rok po mnie, w 1973 roku, w Badenii-Wirtembergii. W następnych latach obaj rozszerzaliśmy zasięg swoich wpływów: ja z moimi filiami opanowałem północ, sklepy Götza Wernera mnożyły się na południu Niemiec. Przez długi czas nie wchodziliśmy sobie w drogę. Nie było między nami na ten temat żadnych ustaleń – po prostu nasze terytoria handlowe się nie nakładały. Początkowo, przez jakichś dziesięć lat, dokonywaliśmy nawet wspólnych zakupów do naszych sklepów. Kiedy przestrzeń rozwoju zaczęła stawać się ciasna, sytuacja się zmieniła. Mimo to nadal się przyjaźniliśmy, nawet niekiedy wspólnie spędzaliśmy urlop. Odwiedzałem go w Szwajcarii, chodziliśmy na górskie wycieczki i prowadziliśmy dobre, intensywne rozmowy. Götz jest typem intelektualisty, jedno z jego mądrych zdań, które bardzo mi się spodobało, brzmi: „Obrót to aplauz naszych klientów". Götz wcześnie zainteresował się antropozofią i czasami dawał mi książki na temat Rudolfa Steinera i jego myśli filozoficznej, lecz to nie był mój świat. Mimo to Götz bardzo mnie inspirował. Na przykład w swoim podejściu do obliczania dochodu. Götz od lat angażuje się w tę sprawę. Nasze ustawy podatkowe są obecnie tak skomplikowanym splotem przepisów i wytycznych, że nawet najsprytniejsi doradcy podatkowi mało z tego pojmują. Politycy od lat mówią o pilnej potrzebie uproszczenia przepisów, ale mamy do czynienia z czymś dokładnie odwrotnym. Sposób obliczania dochodu głównego proponowany przez Götza jest w mojej ocenie niemożliwy do wprowadzenia. To, że poddaje on tę kwestię pod dyskusję, nie uczyniło problemu łatwiejszym. Podejście Götza do ludzi dzielę z nim pod wieloma względami. To bardzo odpowiedzialny przedsiębiorca.

Nasze firmy stały się dwiema potęgami w branży drogeryjnej. Dzisiaj nasz kontakt nie jest tak intensywny jak dawniej, bo Götz wycofał się z aktywnego kierowania firmą; wiele obowiązków przejął jego syn Christoph. Oddaliliśmy się nieco od siebie. Ale kiedy się widzimy, natychmiast wraca dawna serdeczność ludzi, którzy przez pewien czas szli w życiu razem.

W pamięci szczególnie pozostała mi podróż z Götzem do Argentyny w 1978 roku. Duży producent wyrobów markowych zaprosił sześćdziesięciu niemieckich przedsiębiorców na mistrzostwa świata w piłce nożnej, które tam się właśnie odbywały, wśród nich Götza i mnie. Legendarny był mecz Niemcy – Austria 21 czerwca. W ostatniej grze rundy decydującej o awansie do finału drużyna Niemiec – a byliśmy wówczas aktualnymi mistrzami świata – uległa Austriakom 2:3. Tego dnia rano nasza grupa przyleciała do Cordoby. Dla Argentyńczyków my, Europejczycy, stanowiliśmy dużą atrakcję, przyjmowano nas bardzo serdecznie. Mecz, który rozpoczął się o 13.45 na Estadio Córdoba Chateau Carreras, stał się dla nas oczywiście okropnym wydarzeniem, a jego wynik kompletnie nas przybił. W takim też nastroju wchodziliśmy wieczorem do sześciu autobusów, które miały nas zawieźć nocą do Buenos Aires. Mieliśmy przed sobą osiem godzin podróży. Götz i ja zajęliśmy miejsca w pierwszym autobusie naszego konwoju, na samym przodzie. Martwiliśmy się o naszego kierowcę, bo obok niego stało kilka skrzynek wina, niektóre były już opróżnione. Kierowca był najwyraźniej nieco wstawiony i niepokojąco pochylał się nad kierownicą. Myśleliśmy sobie z Götzem: dobrze, że siedzimy w pierwszym rzędzie, będziemy mieć na niego oko, jeśli zaśnie.

Drogi były na szczęście puste, ludzie oglądali futbol. Radio, które przez całą noc głośno grało w autobusie, powtarzało transmisje meczów. Wieczorem Argentyna wygrała z Peru 6:0. Przy każdej bramce nasz kierowca wydawał entuzjastyczny okrzyk i otwierał kolejną butelkę wina. Götz i ja modliliśmy się, żebyśmy cali dotarli do hotelu. O czwartej nad ranem zdarzyło się coś dziwnego: duży kamień, który nie wiadomo skąd się wziął, uderzył w przednią szybę autobusu, robiąc w niej wielką dziurę. Kierowca zupełnie tego nie zauważył – ze stoickim spokojem prowadził pojazd dalej. Wokół nas leżało wszędzie rozbite szkło... Udało nam się w końcu doprowadzić do tego, że kierowca się zatrzymał. Oczyściliśmy szybę, wyjęliśmy z niej popękane szkło, by uniknąć dalszych przykrych zdarzeń. Jazda-horror trwała nadal. Kiedy wczesnym rankiem zajechaliśmy bez kolejnych przygód na parking przed hotelem, Götz i ja z ulgą przeżegnaliśmy się trzy razy.

Mój pokój znajdował się na dwunastym piętrze. Winda, jak się okazało, była nieczynna. Śmiertelnie zmęczony, bo podczas jazdy autobusem ani przez chwilę nie zmrużyłem oka, wszedłem po schodach na górę. Bardzo się spieszyłem, bo musiałem pilnie skorzystać z toalety. Wysoko nad sedesem wisiała duża, ciężka spłuczka z grubym sznurem, za który trzeba było pociągnąć. Z całej siły kilkakrotnie pociągnąłem za sznur, nie zauważywszy, że zamocowanie spłuczki jest obluzowane. Jak długo leżałem bez świadomości na podłodze łazienki, nie mam pojęcia. Po pewnym czasie udało mi się jakoś dowlec do łóżka.

Córdoba okazała się katastrofą na całej linii. Czego nie dokonał pijany kierowca, to udało się spłuczce: zostałem znokautowany. Końcowy mecz mistrzostw świata, w którym Argentyna grała z Holandią, oglądaliśmy, Götz i ja, na żywo, na stadionie. Był nieprawdopodobny entuzjazm, niemal histeria, która ogarnęła Argentyńczyków świętujących zdobycie tytułu mistrza świata. Wrzało całe miasto.

Kolejnym moim konkurentem był wcześniej Anton Schlecker. Znam go równie długo jak Götza, ponad ćwierć wieku. Czasami kiedy przyjeżdżał do Hanoweru, umawialiśmy się na spotkanie w restauracji w towarzystwie naszych żon, przy czym Anton najczęściej chciał płacić. Atmosfera naszych spotkań była swobodna, w takie wieczory było wesoło. Myślę, że Schlecker też w pewien sposób czuł nade mną przewagę, bo wtedy wiodło mu się lepiej ode mnie. Jednak w 2012 roku musiał ogłosić upadłość. Każdy, kto znał się trochę na rzeczy, wiedział już kilka lat wcześniej, że kiedyś do tego dojdzie. Średnie obroty, jakie osiągała firma Schleckera, były znacznie niższe od obrotów jego konkurentów. Równolegle do tego ponosiła ona, procentowo rzecz ujmując, najwyższe koszty. To nie mogło długo funkcjonować z punktu widzenia czystej matematyki. Po ogłoszeniu upadłości firmy tysiące pracowników Schleckera straciło pracę. Było ich nam żal. Götz i ja rozmawialiśmy czasami o sytuacji Schleckera i dziwiliśmy się, że on jeszcze w ogóle prosperuje. Można mu pewnie zarzucić, że zbyt długo ukrywał zauważalne znacznie wcześniej oznaki kryzysu w swoim przedsiębiorstwie. Przestało ono być konkurencyjne, jego placówki były zbyt małe i położone w mało atrakcyjnych miejscach. W niektórych miejscowościach dwie filie istniały na przykład drzwi w drzwi, tuż obok siebie. Tymczasem liczy się dochód z każdej filii. Było to zupełnie absurdalne, w końcu zapanował chaos.

Kiedy Anton Schlecker rozpoczął swoją działalność w 1975 roku, z początku właściwie nie zauważałem jego istnienia, bo swoje sklepy zakładał głównie na południu Niemiec. Konkurentem stał się wtedy, kiedy zaczął rozwijać się również na północy kraju. Wtedy był bardzo mocny, otwierał do tysiąca filii w ciągu roku. Jego moc nabywcza była olbrzymia, u dostawców otrzymywał najlepsze warunki.

Podczas naszych spotkań panowała sympatyczna atmosfera. Nigdy nie miałem wrażenia, że jest złym przedsiębiorcą, jak często przedstawiano go w mediach.

Po roku 2000 ja, DM i firma Müller umocniliśmy się na rynku, za to Schlecker tracił klientów. Czasami chodziłem, rano i wieczorem, do jednej z jego drogerii na zakupy. Na wydruku z kasy widniał aktualny numer klienta. Była to również informacja o tym, ilu klientów zrobiło danego dnia zakupy w tym punkcie. Te liczby były coraz mniejsze. Krótko przed tym, gdy firma Schleckera ogłosiła upadłość, umówiłem się jeszcze z jej właścicielem w restauracji w Ehingen w Badenii-Wirtembergii. Rozmawialiśmy o sprawach błahych, powierzchownych. O zaglądającym mu w oczy bankructwie, a więc o tym, co było palące, nie padło słowo. Schlecker stwarzał wrażenie, że wszystko układa się idealnie, co było kompletnie surrealistyczne i jakieś smutne. Po ogłoszeniu upadłości zupełnie wycofał się z życia. Od tej pory nie miałem już z nim kontaktu.

Dziś rynek drogeryjny w Niemczech stał się przejrzysty. Wedle wysokości obrotów na trzeciej pozycji po DM i Rossmannie plasuje się – w dużej odległości – Erwin Müller. Jego firma ma siedzibę w Ulm, kieruje nią sam Müller, a ma osiemdziesiąt sześć lat. Nie przekazał kierownictwa synowi.

Nasza firma, Rossmann GmbH, pozostaje w większości – w sześćdziesięciu procentach – w posiadaniu mojej rodziny, a czterdzieści procent udziałów należy do działającej na całym świecie A.S. Watson Group. Duża część naszego majątku to pasty do zębów i proszki do prania stojące na półkach naszych drogerii albo udziały w innych firmach. Wysoki stan konta nie jest jednak tym, co dla mnie najważniejsze. Tak czy owak, nie wydaję dużo, nie jestem materialistą. To nic jest kokieteria. Pieniądze są dla mnie ważne w dziedzinach, w których jestem aktywny. Ale nie są istotne, jeśli chodzi o moje osobiste szczęście. Nie chełpię się ich posiadaniem, staram się nie epatować luksusem. Mam ośmioletnie auto, jego zadaniem jest przewozić mnie z punktu A do punktu B. Mój telefon komórkowy to stary grat, nie żaden smartfon. Nie mam jachtu ani prywatnego odrzutowca, ani nawet laptopa. I nie noszę przy sobie portfela. Kiedy wychodzę z domu, wkładam do kieszeni spodni kilka banknotów. I te spodnie – najlepiej dżinsy – są wygodne i funkcjonalne. Moda nie odgrywa w moim życiu żadnej roli. W tym sensie jestem kiepskim klientem. Nie oszczędzam jedynie wtedy, gdy podróżuję. Doceniam dobre hotele i nie latam klasą ekonomiczną. Chętnie wydaję pieniądze na książki, bo nadal mnóstwo czytam, podkreślając tu i tam fragmenty, które są dla mnie ważne, albo zaginając strony. Czytam tylko w formie papierowej, nigdy nie korzystam z e-booków. Dobra literatura pogłębia postrzeganie świata. Dzięki książkom otwierają się przede mną niedostępne dotąd horyzonty, płyną z nich nowe bodźce dla moich emocji i intelektu. W dzisiejszych czasach często narażamy się na niebezpieczeństwo fragmentarycznego patrzenia na rzeczywistość. Niektórzy interesują się tylko piłką nożną, inni wyłącznie pieniędzmi. Tymczasem z pola widzenia nie wolno nam tracić świata jako całości.

Jak ważny jest pieniądz? Na to pytanie odpowiem nie wprost. Co znaczy dla mnie dobre jedzenie? Smakosz powie: „Dobre jedzenie jest dla mnie niezwykle ważne!". Ale właściwie jest to bardzo powierzchowne stwierdzenie. Dla kogoś, kto od dwóch dni nie miał niczego w ustach, posiłek ma kompletnie inne znaczenie niż dla tego, kto z zasady jest dobrze odżywiony. Tak też jest z pieniędzmi: jeśli nie ma się żadnych pieniędzy, pieniądz jest bardzo ważny, potrzebny, żeby zaspokoić podstawowe potrzeby życiowe. To, w jaki sposób zarabia się pieniądze, jest sprawą indywidualną. Ktoś pracuje chętnie jako urzędnik, ktoś inny jako przedsiębiorca. Jedni uprawiają zawody techniczne, inni zajmują się kulturą. Mam wielki szacunek do ludzi, którzy nie są aroganccy, nadęci. Ten, kto jest bogaty, powinien być wdzięczny losowi. Pokorny. „Człowieku, wiedzie mi się świetnie". Z tego rodzi się radość czynienia czegoś dla innych.

Z tym, co posiadamy, powinniśmy obchodzić się świadomie. Może to przekonanie wynika z czasów mojego dzieciństwa, które przypadło na trudny okres powojenny, ale nie cierpię marnotrawstwa – w żadnej formie. U Platona można przeczytać w pewnym miejscu, że kiedy Sokrates patrzył na towary wystawiane przez sprzedających, myślał z ulgą, jak wielu rzeczy nie potrzebuje. Kiedyś dostałem w prezencie sześć butelek naprawdę drogiego wina. Perwersyjnie drogiego, można powiedzieć. Trudno mi było sobie wyobrazić, że można by je wypić, ot tak, bez okazji. Z kolei na prezent dla kogoś wydawało się za drogie. „Może otworzymy kiedyś taką butelkę, jak będziemy świętować setne urodziny", powiedziałem do żony.

Pewnego razu wybraliśmy się z przyjaciółmi na spacer po łąkach. Dzień był zimny i deszczowy. Nie mieliśmy parasoli, z nieba siąpił nieustannie typowy północnoniemiecki kapuśniak. Po czterech godzinach włóczęgi zmęczeni i zmarznięci, ale w najlepszych humorach wróciliśmy do domu. Musieliśmy się ogrzać gorącym prysznicem, żeby się nie przeziębić. A potem poszedłem do piwnicy i wyciągnąłem jedną z tych sześciu straszliwie drogich butelek. Teraz to wszystko jedno, pomyślałem, jeśli nie dziś, to kiedy? I wypiliśmy to wspaniałe czerwone wino. Bardzo nam smakowało. W pewnym momencie poczuliśmy je w głowie. Powiedziałem: „W całym moim życiu jeszcze nigdy mi się to nie zdarzyło, ale dzisiaj – musiałem". Nie chodziło o to, że poświęciłem to drogie wino, tylko o to, żeby tu i teraz cieszyć się chwilą, a nie – jak to często w życiu bywa – odkładać na jutro.

Tak, jestem niewiarygodnie zamożnym człowiekiem i mam tu na myśli różne aspekty życia; może trafniejsze byłoby słowo „majętny". To, co mnie czyni bogatym w szerokim sensie, to relacje międzyludzkie, jakie wykształciły się z upływem lat, wspólnota z ludźmi, która wszystkiemu nadaje sens. Za to jestem losowi bardzo wdzięczny. To doświadczenie nie było mi dane tak po prostu, od razu, ale musiało dojrzewać i rosnąć. Psycholog i terapeuta Erich Fromm powiedział coś bardzo trafnego w swojej książce *Mieć czy być* (1976), gdzie wyłożył różnicę między tymi dwoma aspektami ludzkiego życia. Zacytował przy tym dwa wiersze pochodzące z różnych epok, spod pióra dwóch różnych poetów. W każdym z tych wierszy jego autor, przechadzając się, widzi na brzegu drogi piękny kwiat. Pierwszy, Alfred Tennyson, angielski twórca z XIX wieku, był tak zachwycony kwiatem, że zerwał go, mając świadomość, że w ten sposób go zabija. Chciał posiadać, by móc podziwiać. Drugi poeta, Japończyk Bashō Matsuo (1644–1694), oglądał tylko kwiat, ciesząc się z jego istnienia i myśląc o tym, jakie piękno ofiarowuje mu natura. Kwiatu nie dotknął. Nie chciał go nawet nazwać swoim, bo miał go we własnym sercu.

Który z nich był bogatszy? Co liczy się bardziej – mieć czy być? Erich Fromm przytoczył na koniec trzeci wiersz, Johanna Wolfganga Goethego. Nosi on tytuł *Znalazłem*. Goethe mówi w nim o spacerze w lesie, podczas którego w cieniu drzewa dostrzega mały kwiatek. Jak się zachowuje bohater? Zabiera kwiat ze sobą czy też tylko go podziwia i zostawia nienaruszony? Nic z tych rzeczy:

> Chciałem go zerwać,
> On do mnie rzekł,
> Czy chcesz bym zwiędnął
> I po to rwiesz?
>
> Więc wykopałem
> Swą dłonią kwiat,
> By nim upiększyć
> Przed domem sad.

Już puścił pędy
I rośnie zdrów,
Tak pięknie kwitnie,
Że brak mi słów*.

Goethe wybiera trzecią drogę, drogę pomiędzy mieć i być. Mądrą drogę.

Problem posiadania zajmował też Schopenhauera. Był on zdania, że istnieją trzy możliwości. Pierwsza: posiada się wiele, i to nie jest dobrze, bo wtedy człowiek przez cały czas zajmuje się tylko sprawami swego majątku i jego troski dotyczą głównie tej sfery. Druga możliwość: niczego się nie posiada, i to też źle; tego nie trzeba wyjaśniać – wtedy we wszystkim odczuwa się braki. Trzecia: średni majątek, taki, jaki wystarcza na dobre życie, sprawia, że człowiek nie żyje w stresie. Prosta prawda, do której Schopenhauer doszedł już dwieście lat temu.

Teraz ktoś może pomyśleć: dlaczego Roßmann gra tu filozofa, przecież on jest potwornie bogaty? To prawda, według Schopenhauera mój przypadek to wariant pierwszy i rzeczywiście – wcześniej cały mój czas i energia podporządkowane były interesom, ale teraz już od dawna jest inaczej. Rozważając rzecz obiektywnie – trzeba przyznać, że trzecia droga jest najlepsza.

---

* Tłum. F. Krzysiak.

WIECZNY GRACZ

Mam świetną pamięć do liczb. Nie chciałbym, żeby zabrzmiało to prowokacyjnie, ale kwoty dotyczące obrotów, kosztów, niezliczone liczby w statystykach mam po prostu w głowie. Jednak tylko wtedy, gdy chodzi o liczby, które mają dla mnie jakieś znaczenie. Podam przykład przeciwny: przez ponad czterdzieści lat byłem posiadaczem karty kredytowej pewnej znanej instytucji udzielającej pożyczek. Z karty korzystałem rzadko, ponieważ jeśli tylko mogę, płacę gotówką. Ale przez czterdzieści lat byłem wiernym klientem tej instytucji. Ta okoliczność, uważam, powinna coś znaczyć.

Jakiś czas temu otrzymałem telefon od pracowniczki tej firmy. Usłyszałem, że musi zadać mi teraz kilka pytań, żeby moja karta kredytowa, która straciła ważność, mogła zostać przedłużona. Najpierw więc zapytała mnie o prywatny numer mojej komórki, dla identyfikacji.

Odparłem, że nie znam swojego numeru, bo sam do siebie nie dzwonię. Mogę wyrecytować dwadzieścia numerów telefonów do przyjaciół, ale nie swój własny. Nie przeszedłem więc przez pierwsze pytanie. Następnie zostałem poproszony o podanie prywatnego numeru telefonu domowego, stacjonarnego. Powiedziałem, że to numer zastrzeżony. I tak to szło dalej. Nie potrafiłem odpowiedzieć na żadne z zadawanych pytań. W końcu moja cierpliwość się wyczerpała. „Zostawmy to" – powiedziałem i odłożyłem słuchawkę.

Teraz mam kartę kredytową innej firmy, po czterdziestu latach bycia wiernym klientem tamtej pierwszej. Przytaczając tę historię, chcę powiedzieć wyraźnie, że nie zapamiętuję tego, co mnie nie interesuje. Numery telefonów komórkowych, numery telefonów stacjonarnych mnie nie interesują. Ale jeśli mam przed sobą bilans, natychmiast widzę, gdzie jest w nim błąd.

Zawsze miałem naturę gracza. W młodości czytałem *Gracza* Dostojewskiego. Dostojewski napisał tę książkę w rekordowym czasie dwudziestu sześciu dni; potrzebował pieniędzy, które oferował mu wydawca. Wielki pisarz był tak samo uzależniony od gry jak bohater jego powieści, Aleksiej Iwanowicz. Ta historia mnie zafascynowała, podobnie jak gry hazardowe w realu. W kasynie w Monte Carlo postawiłem raz dwieście marek i całkiem szybko wygrałem trzy tysiące. Byłem zachwycony, nie chciałem jednak popełnić błędu większości graczy, którzy po pierwszej wygranej stawali się lekkomyślni. Pomyślałem:

nie jestem tak głupi i nie przegram teraz wszystkiego. Biorę pieniądze i kończę tę grę. Taką przyjąłem początkowo zasadę. Rzeczywistość wyglądała jednak inaczej: wychodząc z kasyna, zauważyłem szyld z napisem „Gotówka". Ponieważ lubiłem wtedy likier miętowy, chciałem uczcić wygraną i pozwolić sobie na małą przyjemność. Nie skończyło się jednak na jednym kieliszku likieru, potem był drugi, trzeci, czwarty, piąty, przy szóstym ogarnęła mnie euforia: taki gość jak ja rozbije bank. Wróciłem do kasyna z moją wygraną i po dziesięciu minutach wszystko straciłem. Musiałem iść na piechotę do schroniska młodzieżowego, bo tylko na nie było mnie jeszcze stać.

Czy okazało się to lekcją na przyszłość? Nie. Granie jest moją pasją i lubię wygrywać. Ale jeśli tracę, świat się nie wali. Umiem przegrywać. Lecz kiedy gram, jestem w stu procentach nastawiony na wygraną. Potrafię na przykład przez osiem godzin nieprzerwanie grać w skata. Cała moja rodzina uwielbia grę, współzawodnictwo. Piłka czy stół tenisowy wystarczą, żebyśmy wszyscy byli szczęśliwi.

Byłem dobrze po trzydziestce, kiedy znajomy opowiedział mi dość intrygującą historię. Trafił na książkę rosyjskiego księcia z Petersburga, który opisywał w niej rzekomo nieomylny system gry w ruletkę. Z tego powodu miał zakaz wstępu do wszystkich kasyn. Brzmiało to bardzo dziwnie, ale wzbudziło moje zainteresowanie. Chciałem koniecznie przeczytać tę książkę. Szybko pochłonąłem trzysta stron. Lecz choć znam się na liczbach

Niemiec, niektórym bardzo się nie spodobała. Jedno dokładało się do drugiego. Powoli zaczęło się podkopywanie pozycji prezydenta. Tu jakiś drobiazg, tam słowa krytyki i wokół Wulffa zaczęła się tworzyć zła atmosfera. Po wypowiedzi na temat islamu jego przeciwnicy, również z szeregów jego partii, wystawili go na ostrzał krytyki.

Pogłoski o szczególnie korzystnych warunkach nabycia domu w Großburgwedel wywołały dalszą lawinę zarzutów – o czerpanie nienależnych korzyści, zaproszenia do restauracji, koszty hoteli i tak dalej. W krótkim czasie Wulff z ulubieńca opinii publicznej – przez długi czas był zdecydowanie najbardziej lubianym politykiem w kraju – stał się narodowym kozłem ofiarnym. Jak powiedziałem, nie będę się upierał, że wszystko robił prawidłowo. Z pewnością podłożył się nieraz krytykom i niekiedy jego zachowanie było niezręczne. Trwała nagonka medialna, która skończyła się ustąpieniem Wulffa z urzędu. W tej całej debacie z góry zapadł wyrok, równający się egzekucji, co wprawiło mnie we wściekłość. Każdy drobiazg urastał do rangi dramatu. Wybuchła histeria, prezydenta państwa oceniano jak przestępcę. Żal mi było obojga Wulffów w tej ekstremalnie trudnej sytuacji. Byłem zszokowany, kiedy nawet poważne gazety każdego dnia zamieszczały na swoich stronach tytułowych zdania pełne krytyki. W tamtym czasie Wulffów jako rodzinę i jako ludzi to wszystko przerosło. On, jako polityk z zawodu, cierpiał na to, co nazywam „chorobą polityków". Politycy chcą być wybierani, więc muszą nieustannie zadawać i na matematyce, nie mogłem się w tym połapać. Jeśli coś tu nie funkcjonuje – myślałem – to systemy gry w ruletkę. Miałem mieszane uczucia; z jednej strony książka wydawała mi się interesująca, z drugiej – ogarniały mnie wątpliwości. A potem przyszedł mi do głowy pewien pomysł: dlaczego nie zaryzykować? Ja sam nie miałem czasu, żeby zająć się sprawdzeniem przedstawionego w książce systemu, ale poprosiłem o to kolegę, który miał zdolności matematyczne.

Zdobyliśmy wykazy zapisów liczb, jakie padły w określonych kasynach podczas gry w ruletkę. Wykazy te można kupić i dowiedzieć się na przykład – jakie liczby padły w kolejnych latach, a nawet jakie liczby padły kolejno przy stoliku numer siedem w Monte Carlo określonego dnia 1954 roku.

Mój przyjaciel był człowiekiem niezwykle cierpliwym i skrupulatnym. Przez sześć miesięcy, posługując się tysiącami kolumn takich liczb, starał się odtworzyć system gry w ruletkę wymyślony przez rosyjskiego księcia. Uważaliśmy, że jeśli system ten miałby się potwierdzić w przyszłości, musiał się też sprawdzić w przeszłości. Obliczenia były niezmiernie skomplikowane. Na końcu jednak wyliczyliśmy, że prawdopodobieństwo trafnego obstawienia wynosi ponad dziewięćdziesiąt dziewięć procent. Teraz miał nastąpić test praktyczny. W jednym z kasyn postawiliśmy więc pewnego dnia dwadzieścia tysięcy euro. I co się wydarzyło? Powinienem był to przewidzieć. Po kilku godzinach wszystkie pieniądze diabli wzięli. Wszystko, co tak pięknie wyglądało w teorii, zawiodło przy stole hazardowym. I do dziś nie wiem dlaczego. Ta historia zamknęła w moim życiu rozdział kasyn.

Mała recydywa zdarzyła mi się w Las Vegas, kiedy podróżowałem z moim piętnastoletnim wówczas synem Danielem przez Kalifornię. Zaczęliśmy od San Francisco, zwiedziliśmy różne parki narodowe, przejechaliśmy przez pustynię, przez Dolinę Śmierci. Nasza trasa kończyła się właśnie w Las Vegas w Nevadzie. Kto zna tamtejsze hotele, ten wie, że nie można nie natknąć się w nich na ruletkę i stół do gry. Daniel nie mógł jeszcze oficjalnie grać, dlatego ja obsługiwałem jego stawki. Nie stawialiśmy wysokich sum, tylko to, co było przeznaczone na naszą wyprawę, kilkaset dolarów. Daniel miał dobrą rękę, w krótkim czasie wygrał ponad sześćset dolarów. W trakcie gry nakręcałem się coraz bardziej, nie mogłem się powstrzymać, żeby nie dorzucać żetonów. Kiedy krupier ogłaszał: „*Rien ne va plus* – koniec zakładów", rzucałem jeszcze swoje żetony tu i tam, aż dawał mi laską po łapach. To, co zyskałem, szybko przegrałem.

Kolejnej nocy doznałem nagle jakiegoś, zdawało mi się, objawienia. Miałem poczucie, że wiem wreszcie, jak zagrać, żeby wygrać. Zbiegłem na dół, do kasyna, zacząłem grać i w krótkim czasie zebrałem górę żetonów o wartości jedenastu tysięcy dolarów. Ale stawiałem dalej – i straciłem wszystko. Zostały mi tylko dwa dolary. To tyle o moim „pewnym" systemie gry w ruletkę. Na końcu wybrałem się jeszcze na Strip*. Późną nocą na ulicach toczyło się życie, miasto było jasno oświetlone, od pustyni wiał ciepły wiatr. Jeden z dwóch pozostałych dolarów rzuciłem ulicznemu grajkowi. Z ostatnim dolarem postanowiłem raz jeszcze spróbować szczęścia i wszedłem do któregoś z wielu kasyn. Ten jeden dolar przyniósł mi czterdzieści dolarów! Las Vegas pozostało więc dla mnie mimo wszystko w strefie zysku. Od tamtego czasu nie przekroczyłem już jednak progu kasyna.

W okresie światowego kryzysu straciłem sporo na giełdzie, porzuciłem więc spekulowanie akcjami. Dziś znowu wróciłem do gry na giełdzie. Teraz robię to na zupełnym luzie i odnoszę sukcesy. O firmach, w które się inwestuje, trzeba coś niecoś wiedzieć. Nigdy nie można też być lekkomyślnym. Lekkomyślność prowadzi do zguby. Mój dzień zaczyna się od spokojnej lektury części gospodarczej i finansowej „Frankfurter Allgemeine Zeitung". Tu znajduję wszystko na temat przedsiębiorstw i ich rozwoju. Kto uprawia jaki model prowadzenia firmy? Który koncern jest solidny? Jakie akcje wchodzą na rynek? Dla mnie to wszystko jest czystą przyjemnością. Na koniec dzwonię do odpowiedniego urzędnika w moim banku. Tylko raz skorzystałem z jego rady. O wszystkim decyduję sam, ponieważ w gruncie rzeczy jestem niesterowalny, niepodatny na podpowiedzi osób z zewnątrz.

---

* Słynna ulica w Las Vegas pełna hoteli, kasyn, restauracji i wieżowców mieszkalnych, cel przyjazdu wielu turystów (przyp. tum.).

Akcjami zarządzam wyłącznie przez telefon. Tak czy owak, nie korzystam z komputera. Dopóki nie dojdzie do jakiegoś krachu na giełdzie, dopóki kursy rosną albo pozostają na mniej więcej stałym poziomie, najczęściej jestem po właściwej stronie.

III
BYCIE

POSTAWA ŻYCIOWA I ODWAGA CYWILNA

Nie jest rzeczą niezwykłą, że ktoś taki jak ja, będący szefem dużego przedsiębiorstwa, czasami bywa w centrum zainteresowania opinii publicznej. Dzisiaj podchodzę do tego o wiele swobodniej, nie mam już tremy. Przed kilkoma laty wyglądało to jednak inaczej. „Karierę telewizyjną", jeśli mogę użyć takiego określenia, zacząłem dopiero w dojrzałym wieku sześćdziesięciu pięciu lat. Nagle zacząłem być zapraszany do talk-show prowadzonych przez Günthera Jaucha, Franka Plasberga, Markusa Lanza i innych dziennikarzy. Przyczyną była afera z ówczesnym prezydentem Christianem Wulffem, na którego spadła lawina krytyki. Christana Wulffa znam od dawna. Widywaliśmy się od czasu do czasu, kiedy był jeszcze premierem Dolnej Saksonii, to jest w latach 2003–2010. Wulff zaprosił mnie na przykład, obok innych dolnosaksońskich przedsiębiorców, w podróż do Rumunii albo na Słowację.

Choć „zaprosił" nie jest tu słowem zupełnie trafnym, ponieważ uczestnicy tego wyjazdu musieli sami opłacić sobie pobyt w tych krajach. Potem co pewien czas zdarzało się nam spotykać na eventach gromadzących ludzi polityki i przedsiębiorczości. Jakoś się więc znaliśmy.

Po rozwodzie z pierwszą żoną Wulff ożenił się w 2008 roku z Bettiną Körner, doradczynią w dziedzinie *public relations*. Początkowo pracowała ona dla dostawców samochodów, potem zmieniła firmę; dostała stanowisko referentki prasowej u nas, w dziale kontaktów z prasą. W Rossmannie była zatrudniona przez trzynaście miesięcy. Uchodziła za osobę nieskomplikowaną, mającą dobre stosunki ze współpracownikami, była lubiana, rzeczowa, do pracy przyjeżdżała najczęściej na rowerze. Od tamtego czasu udziela się w Niemieckiej Fundacji Ludność Świata. Od początku lubiłem Bettinę Wulff. Była zaradna, śmiała, wszystko ogarniała: rodzinę – dwoje dzieci, syna z poprzedniego związku, drugiego syna z Christianem Wulffem – własną pracę zawodową, a obok tego liczne obowiązki wynikające z bycia małżonką premiera.

Poprzez to, że Bettina Wulff była naszą pracowniczką, oraz dzięki dawnym kontaktom z Christianem Wulffem z okresu kiedy był on premierem Dolnej Saksonii, z Wulffami łączyły mnie dobre relacje. Kiedy wszystko wskazywało na to, że Christian Wulff zostanie prezydentem republiki, Bettina Wulff zakończyła u nas pracę. Wybory przeprowadzone 3 czerwca 2010 roku, wkrótce po nieoczekiwanej rezygnacji Horsta Köhlera, obserwowałem z napięciem. Christian Wulff startował w nich przeciwko Joachimowi Gauckowi. W pierwszych dwóch turach wyborczych nie osiągnął wymaganej większości, chociaż rządowa koalicja chadeków i liberałów dysponowała w Zgromadzeniu Federalnym zdecydowaną większością. Wulff przebił się dopiero w trzeciej turze.

Po objęciu urzędu prezydenckiego Wullf zamieszkał wraz z rodziną w berlińskiej dzielnicy Dahlem. Zaprosił mnie wtedy z żoną do siebie, spędziliśmy uroczy wieczór. Wtedy świat Wulffów był jeszcze zwyczajny. Nasz kontakt osłabł, ale nigdy nie został zerwany. Słowo „przyjaźń" byłoby tu na wyrost, bo przyjaźń zrodziła się później. A potem doszło do afery Wulffów. Nie chciałbym się odnosić do poszczególnych zarzutów, jakie mu stawiano – wiele z nich rozpłynęło się potem w eterze – powiem tylko tyle: nie wszystko, co robił, było w porządku, większość zarzutów jednak została rozdmuchana i przedstawiona w sposób, który wywołał skandal. Nasze media się nie popisały. Według mnie kampania przeciw Wulffom zaczęła się znacznie wcześniej, wkrótce po objęciu przez Christiana urzędu prezydenta: pewna gazeta na stronie tytułowej informowała, jak nieodpowiednią suknię miała na sobie Bettina Wulff podczas oficjalnej wizyty w Moskwie. Był to nieznaczący incydent, dla mnie jednak stał się sygnałem zawoalowanego początku ataku. I wypowiedź Christiana Wulffa z okazji Dnia Jedności Niemiec, że islam również stał się już teraz częścią sobie pytanie, jak widzą ich wyborcy, co nieuchronnie prowadzi do tego, że żyją w stresie. Ciągle obserwujemy, jak prasa potrafi wynieść polityka w górę, a jeśli z jakiegoś powodu powinie mu się noga, bezlitośnie strąca go z piedestału.

W tej pełnej emocji sytuacji wystąpiłem publicznie i wezwałem do zachowania umiaru. Odebranie Wulffowi immunitetu przez prokuraturę w Hanowerze 16 lutego 2012 roku było początkiem końca. Nieco wcześniej brałem udział w rozmowie wraz z innymi zaproszonymi osobami, moderowanej przez Maybrit Illner, i wystąpiłem wówczas z taką pasją, że nawet Oskar Lafontaine przez dwadzieścia osiem minut nie mógł dojść do głosu. Niedługo po dymisji Christiana Wulffa byłem gościem w programie Günthera Jaucha i tam powiedziałem cytowane później często zdanie: „Nie jest zadaniem mediów zaglądanie w tyłek każdej musze". W jednej chwili stałem się znany szerokiej publiczności. Od czasu do czasu ktoś zagaduje mnie w pociągu. Ostatnio pewien starszy pan powiedział:

– Wygląda pan jak ten Roßmann.

Uśmiechnąłem się do niego i odrzekłem:

– No tak, kiedy rano widzę się w lustrze, też tak myślę.

Przez całe swoje życie starałem się być uczciwy, nawet jeśli w konsekwencji mogło to obrócić się przeciw moim interesom. Dla kogoś, kto żyje z handlu, jest to trudne, bo oczywiście wolałbym nie zrażać do siebie części klientów dlatego, że mam inne od nich przekonania polityczne. Ale próbuję nie ulegać niczyim naciskom, to nie leży zresztą w moim charakterze. Za rzecz najważniejszą i najcenniejszą dla przedsiębiorcy uważam zaufanie, a warunkiem zaufania jest uczciwość. Kto kłamie, temu się nie wierzy. Po moim wystąpieniu w programie telewizyjnym otrzymałem mnóstwo agresywnych w tonie listów, ale był też odzew pozytywny. Oprócz zgryźliwej krytyki – również słowa uznania, że wreszcie ktoś odważył się mówić bez ogródek.

Później, wiosną 2012 roku, znowu zobaczyłem się z Christianem Wulffem. Czasami chodziliśmy na wspólne wędrówki i wymienialiśmy opinie na różne tematy. Dobrze mu to robiło. Mnie te spotkania też wiele dawały. Od tej pory jesteśmy w bliskim kontakcie. W pewnym sensie rezygnacja z fotela prezydenta przyniosła Christianowi pozytywy: zyskał czas dla rodziny. Czas dla dzieci jest rzeczą nie do przecenienia. Zamęt, w jakim się żyje, pełniąc funkcje polityczne, ma w sobie coś ruinującego psychikę, widzimy to częściej niż kiedykolwiek. Patrząc z tej perspektywy, koniec kariery politycznej Christiana Wulffa był może początkiem czegoś pozytywnego w jego życiu.

To, jak mnie odbierano z zewnątrz, zajmowało mnie kiedyś o wiele bardziej, niż powinno. Na pewno miałem w sobie dużą potrzebę uznania. W ostatnich latach nauczyłem się występować w mediach w sposób mniej stresujący. Raoul powiedział kiedyś, że kiedy spotykam się z dziennikarzami, po dziesięciu minutach rozmawiam z nimi, jakby byli moimi przyjaciółmi. Zawsze miałem takie jakieś spontaniczne zaufanie do innych ludzi, również do mediów. Myślałem: tam siedzą przecież ludzie godni zaufania, z sercem na dłoni. Ta naiwność niekiedy obracała się przeciwko mnie, jednak większość dziennikarzy, jakich spotkałem, to byli ludzie absolutnie *fair*. W tym kontekście wracam raz jeszcze do Schopenhauera, który powiedział, że szczęście człowieka zależy od trzech czynników:

Od tego, kim się jest.

Od tego, co się posiada.

I od tego, jakim kto się wydaje w oczach innych ludzi.

Podczas gdy majątek albo szacunek ludzki, znaczenie i popularność to skarby nietrwałe, naprawdę niezrównana i najcenniejsza jest osobowość. Nikt nikomu jej nie odbierze. Mamy ją albo jej nie mamy. Kropka. Już Goethe pisał w *Dywanie Zachodu i Wschodu*: „Naród i sługa przyznają w każdym czasie: najwyższym szczęściem dzieci tej ziemi jest jedynie osobowość".

Imponują mi osoby, które mają odwagę cywilną, które zachowują jasną postawę we wszystkich sytuacjach i nie dadzą zamknąć sobie ust. Myślę przy tym o Ruth Cohn i o jej ryzykownej podróży do Szwajcarii. Odważni ludzie są dziś bardziej potrzebni niż kiedykolwiek. Aktualny przykład: Nadia Nischk, która w 2017 roku została wybrana przez czytelników „Braunschweiger Zeitung" na Brunszwiczankę Roku. Podczas wręczania jej tego tytułu laudację wygłaszał Christian Pfeiffer. Czego dokonała Nadia Nischk? Pracowała w Brunszwiku w LAB – Krajowym Urzędzie do spraw Uchodźców Dolnej Saksonii, instytucji, która rejestruje napływających uchodźców, przyznaje im świadczenia, wypłaca kieszonkowe. Był rok 2015, szczytowy moment kryzysu uchodźczego. Pracownicy LAB-u byli przemęczeni. Pamiętamy migawki pokazujące sytuację w tego typu urzędach w tamtym czasie.

Nadia Nischk i jej koleżanka wykryły, że niektórzy uchodźcy starający się o azyl przedstawiali fałszywe dokumenty tożsamości, aby zarejestrowano ich wielokrotnie. Czasami zapuszczali w tym celu brodę, zakładali okulary albo przychodzili nędznie odziani, ale to były te same osoby. Obie kobiety zaczęły od sporządzenia listy podejrzanych. Dla pewności sfotografowały ich aparatem cyfrowym. A ponieważ przypuszczały, że osoby te stosowały takie triki nie po raz pierwszy, to wyciągnęły z archiwum stare akta, przeanalizowały je. Natknęły się na setki oszustw. Postanowiły zgłosić wszystko na policję. Uważały, że jeżeli są ludzie, którzy tak bezczelnie oszukują urzędy, to cierpią na tym inni, postępujący uczciwie.

Przełożeni Nischk nie chcieli jednak słyszeć o zgłaszaniu tego policji. Przecież urząd wszystko prowadzi porządnie. Polecili kobiecie złożyć wszystkie teczki w piwnicy i nie podejmować żadnych dalszych kroków. Co jednak zrobiła Nadia? Zignorowała polecenie szefa i po bezsennej nocy poszła na policję. Ta wszczęła dochodzenie przeciwko pięciuset oszustom wymuszającym świadczenia od państwa, a także przeciw samemu Urzędowi do spraw Uchodźców w Brunszwiku. Nischk, dzięki której sprawa wyszła na jaw, straciła posadę. Najpierw wysłano ją na urlop, a potem nie przedłużono jej umowy o pracę, podpisanej na czas określony. Kiedy na początku 2017 roku afera przedostała się do mediów, szok był ogromny. Wielu solidaryzowało się z Nadią Nischk i głosowało na nią jako na Brunszwiczankę Roku.

Ona sama była tym wyborem zaskoczona. Przecież nie zrobiła nic specjalnego, tłumaczyła. Nikomu nie uratowała życia ani nie ryzykowała własnego – ujawniła tylko prawdę. „Po raz pierwszy zostałam nagrodzona za to, że nie odpuściłam", powiedziała w wywiadzie.

W laudacji podczas wręczania jej nagrody Christian Pfeiffer mówił o tym, co na temat odwagi cywilnej stwierdzili badacze. Amerykańscy naukowcy przeprowadzili w latach siedemdziesiątych wywiady z ponad siedmiuset osobami, które podczas drugiej wojny światowej ratowały Żydów. Co uformowało tych ludzi? Jakie wychowanie otrzymali w dzieciństwie? Ustalono rzecz niezwykle interesującą: bohaterską postawę ułatwiło tym osobom wychowanie pozbawione kar fizycznych. Decydującym czynnikiem była miłość rodziców. Silnie rozwinięta empatia wobec innych i zaufanie do samego siebie stanowiły podstawę, na której rozwinęło się coś pozytywnego: siła przeciwstawiania się przeciwnościom losu i niewycofywanie się z raz obranej drogi, mimo porażek. Ludzie, którzy ratowali Żydów, opowiadali z płonącymi oczyma o swoich ojcach i matkach jako ludziach, którzy z miłością i odwagą troszczyli się o osoby będące w potrzebie. Według Pfeiffera istnieje coś takiego jak dziedziczenie miłości bliźniego i umiejętności okazywania jej w sytuacjach krytycznych. Żeby w dziecku mogły wykształcić się takie cechy, w rodzinie musi być przynajmniej jedna osoba, która okazuje mu miłość i zainteresowanie. Trzeba kogoś, kto wierzy w dziecko i mówi mu jasno: „Kocham cię i zawsze będę przy tobie, niezależnie od tego, co się wydarzy". To dzięki temu w dziecku rodzi się z czasem siła, by w krytycznych sytuacjach nie schodzić z raz obranej drogi i nie ulegać naciskom z zewnątrz.

Christian Pfeiffer sam jest człowiekiem niezależnym i odważnym, który nigdy nie pozwolił zamknąć sobie ust. Istnieje na to wiele dowodów. Poznałem go przed dwunastoma laty, kiedy wspólnie z aktorką Sentą Berger byliśmy gośćmi talk-show prowadzonego przez Bettinę Tietjen w telewizji NDR. Tydzień wcześniej Christian Pfeiffer uczestniczył w programie Maybritt Illner, która na zakończenie rozmowy zapowiedziała, że zaraz Senta Berger opowie w ZDF o swojej nowej książce. Kiedy Christian Pfeiffer to usłyszał, wpadł w zachwyt – jeszcze w trakcie trwania programu – ponieważ jest wielkim fanem Senty Berger. Wtedy Bettina Tietjen szybko zaprosiła go jeszcze do swego talk-show. Kiedy się w nim spotkaliśmy, opowiedziałem o moim młodzieńczym proteście przeciw Bundeswehrze, co bardzo Christiana rozbawiło. Po programie poszliśmy razem do restauracji, a potem odwiozłem go do Instytutu Badawczego Kryminologii Dolnej Saksonii (KFN), którego był wówczas dyrektorem. Po drodze podziękowałem mu za niezwykle interesujące spotkanie i dodałem, że dziedzina, którą się zajmuje – kryminologia – jest fascynująca. Potem zaczęliśmy się widywać, chodzić na wędrówki i szybko nabraliśmy do siebie zaufania. Podstawą naszej przyjaźni były rozmowy, które umożliwiły każdemu z nas wejście w świat tego drugiego.

Udało mi się pozyskać Christana Pfeiffera, żeby pisał do „Centaura" – gazetki dla klientów Rossmanna – na temat swoich badań, wywołujących sensacje i dyskusje. „W ten sposób – stwierdził potem – trafiam z wynikami swojej pracy do przeciętnego Kowalskiego, który nie czyta literatury fachowej. Jestem wdzięczny za otwarcie mi tych drzwi".

Temat wychowania przewija się przez całe życie Christiana. W tym względzie jesteśmy bardzo podobni. Christian skomentował to tak: „Jesteśmy duchowymi braćmi, bo obu nam zależy na tym, żeby dzięki naszym możliwościom uczynić świat odrobinę lepszym". Dzięki swoim niezmordowanym staraniom o zmianę metod wychowawczych uczynił nasz kraj nie tylko odrobinę, ale znacznie lepszym. Bezprzykładna była jego walka o prawny zakaz bicia dzieci przez rodziców. W październiku 2000 roku – dopiero wtedy – nasz parlament uchwalił takie prawo. Christian wygłosił wówczas – jako ekspert Bundestagu – płomienną mowę. W bardzo delikatnej sytuacji znalazł się natomiast w roku 2013. Kościół katolicki w Niemczech zlecił Christianowi i jego instytutowi naukowe zbadanie seksualnego wykorzystywania dzieci przez duchownych. Pfeifferowi obiecano wolną rękę i oddanie mu do dyspozycji wszystkich akt będących w posiadaniu Kościoła. Miało powstać największe w świecie studium służące określeniu rzeczywistej winy Kościoła w zakresie nadużyć seksualnych. Do tego został wybrany właśnie on – kryminolog wywołujący swoją działalnością burzliwe dyskusje.

Stronę kościelną szybko jednak ogarnął strach.

– Przykładają mi pistolet do głowy – stwierdził Christian pewnego dnia podczas gry w skata. – Oświadczyli, że wspierają ten projekt, pod warunkiem że będą mieli prawo współdecydowania, jak on będzie przebiegał.

Pfeiffer otrzymał projekt umowy, w którym było napisane, że wszystkie informacje pisemne muszą najpierw przejść ocenę zespołu doradczego.

– To, czego domaga się Kościół, to cenzura – mówił Christian. Na tych warunkach nie wchodzę w to.

Strona kościelna nie ustępowała: Pfeiffer podpisze umowę albo projekt zostanie zerwany.

– Grozili mi tymczasowym postanowieniem sądowym, jeśli jeszcze raz użyję słowa „cenzura". Jeżeli się nie dostosuję, będę musiał zapłacić karę w wysokości stu tysięcy euro.

Zapytałem, czy może się jakoś bronić. To będzie trudne, odparł, bo nie wiadomo, w którym kraju związkowym i do którego sądu wpłynie ze strony Kościoła wniosek o tymczasowe postanowienie sądowe. Jego prawnik musiałby złożyć w każdym ze stu osiemnastu istniejących sądów krajowych tak zwane pismo ochronne. Jego na to nie stać.

Postanowiłem mu pomóc i wyszedłem z propozycją pokrycia kosztów czynności prawnych do siedemdziesięciu pięciu tysięcy euro.

Mając obietnicę finansowej pomocy, Christian zaangażował jeszcze tego samego dnia prawnika, który porozumiał się ze wszystkimi sądami krajowymi i złożył w nich wspomniane pismo ochronne. Kiedy wkroczyli prawnicy strony kościelnej, było już za późno. Nie udało im się skłonić Pfeiffera do milczenia. Ostatecznie Christian Pfeiffer wygrał ten spór prawny na całej linii. Ktoś inny nie zaryzykowałby i nie skonfrontowałby się z tak potężnym przeciwnikiem.

PRZYJACIELE

Martin Kind mówi, że nauczył się od swojej mądrej żony czegoś ważnego, co przydaje mu się w życiu: w pewnym wieku trzeba zacząć dbać o przyjaźnie. Kto ma przyjaciół, nie jest potem sam. To racja.

Alice i ja mamy duży krąg przyjaciół. Są to ludzie, z którymi nawiązywaliśmy bliskie relacje nie tylko poprzez kontakty zawodowe. Niektórych znam od trzydziestu czy czterdziestu lat. Kiedy się poznawaliśmy, byliśmy jeszcze młodzi. Dzisiaj nasi przyjaciele mają już ponad siedemdziesiąt lat, kilku przekroczyło osiemdziesiątkę. Jest rzeczą ważną, żeby dojrzewać i starzeć się z dobrymi przyjaciółmi przy boku. Nadal uczymy się od siebie, uzupełniamy się. Jednego czy drugiego tracimy z czasem z oczu, inni, jak mój szkolny kolega Frank Bahr, po latach ujawniają się znowu. Przeważnie są to męskie przyjaźnie, chociaż z żonami moich przyjaciół też niejednokrotnie czuję się blisko związany. Co jest sednem tych męskich przyjaźni? Gra w skata – raz w tygodniu spotykamy się, żeby wspólnie zagrać – szachy, tenis. Łączy nas też – co w Hanowerze szczególnie ważne – piłka nożna. I jeszcze jeden piękny zwyczaj – wędrówki.

W sumie jest nas dziewięć osób, wspólnie wędrujemy już od dekady. Mam siedemdziesiąt jeden lat i jestem najmłodszy w tej grupie. Raz w roku – najczęściej w sierpniu – wyruszamy na tygodniową wyprawę, za każdym razem w inny region kraju. Wszystko zaplanowane jest co do minuty – trasa, hotele, transport, program. U mnie w domu na półce z książkami stoi dziewięć dużych albumów fotograficznych z naszych wędrówek. Od Pfalzu do Rennsteigu* w Turyngii, od Szwajcarii Saksońskiej po Błota Odrzańskie, wszędzie już byliśmy. W 2017 roku zwiedziliśmy Dolną Frankonię, okolice Würzburga.

Nasza barwna trupa składa się po części z ludzi prominentnych, to dostojny krąg. Jest w nim Martin Kind i dawny ewangelicki biskup Hanoweru Horst Hirschler. Jest małżeństwo przedsiębiorców, Eberhart Kriesel i jego żona Angela pochodząca z rodziny Sprenglów, którą to rodzinę bardzo podziwiałem jako młody chłopak. Jest Hans-Dieter Harig, niegdyś przewodniczący zarządu PreussenElektra AG. Jest Dietrich Hoppenstedt, były prezydent Związku Niemieckiej Sparkasse i Jednostek Obrotu

---

* Rennsteig – najstarszy szlak pieszy w Niemczech znajdujący się w Lesie Turyńskim, na granicy Turyngii i Bawarii (przyp. tłum.).

Bezgotówkowego. Jest Rainer Feuerhake, były szef finansowy TUI. I Sepp Heckmann, długoletni szef Targów Hanowerskich, którego aktywności zawdzięczamy fakt, że targi Expo 2000 zostały zorganizowane w Hanowerze. Idea sprowadzenia Expo do Hanoweru towarzyszyła Heckmannowi od lat osiemdziesiątych. Zaprosił do współpracy wielu prominentów, od Franza Beckenbauera, poprzez Gerharda Schrödera, do Birgit Breuel z Urzędu Powierniczego* i wielu innych. I Hanower wygrał rywalizację ze światowymi metropoliami, takimi jak Miami, Rio de Janeiro, Paryż i Hongkong. W trakcie finalnego głosowania na początku lat dziewięćdziesiątych w Paryżu panowało jeszcze wielkie napięcie. Zdecydowanym faworytem było Toronto. Zwycięskie miasto musiało uzyskać w głosowaniu dwadzieścia dwa głosy. Hanower dobrze się trzymał, zajmował drugie miejsce, ale Toronto zdobyło już dwadzieścia jeden głosów. Do oddania pozostało jeszcze pięć głosów. Wszyscy myśleli: no to po sprawie, Hanower jest bez szans. I wtedy wydarzył się mały cud: ostatnich pięć głosów, jakie oddano, padło na Hanower! Kiedy ogłoszono wynik, ludzie zerwali się z miejsc na równe nogi. Expo 2000 dostarczyło wtedy paliwa do działania, propagując ideę zrównoważonego rozwoju. My, hanowerczycy, byliśmy bardzo dumni z naszego rodzinnego miasta.

---

* Niemiecka agencja państwowa, która w byłej NRD przejęła własność państwową w celu jej prywatyzacji (przyp. red.).

Kiedy myślę o naszej wędrownej grupie, ogarnia mnie też melancholia. Od początku tworzyło ją dziewięciu starszych panów; od zeszłego roku jest nas już tylko ośmiu. Hannes Rehm zmarł w 2017 roku. Droga życiowa Hannesa była niezwykła. Przez wiele lat był przewodniczącym zarządu Północnoniemieckiego Banku Krajowego. Po latach intensywnej pracy przeszedł na emeryturę i obiecał żonie, że od tej chwili wszystko się zmieni; teraz wreszcie rozpoczną „słodkie życie". To „słodkie życie" szybko się jednak skończyło z powodu kryzysu bankowego, który w 2008 roku zaczął spychać w przepaść niemiecki świat finansowy. Hannes, miast wieść spokojne życie emeryta, został szefem Funduszu Stabilizacji Rynku Finansowego (SoFFin). Sytuacja była skrajnie trudna, gospodarka światowa znajdowała się u progu zapaści. Załamał się poziom zamówień niemieckiej gospodarki. Wiem od firm, że wyciągały wtedy z kont wszystkie swoje pieniądze, by w razie konieczności móc pod koniec miesiąca wypłacić pracownikom należne pensje w gotówce, gdyby system bankowy się zawalił. Upływały tygodnie i miesiące, podczas których nikt nie wiedział, jak to wszystko się skończy. Rząd niemiecki, chcąc uniknąć paniki w społeczeństwie, powołał do istnienia fundusz dysponujący kwotą siedmiuset miliardów, wspomniany SoFFin. Hannes z początku wcale nie był zachwycony koniecznością powrotu do aktywnego życia, lecz dzwonili do niego wszyscy liczący się prominenci z Berlina, z kanclerz Angelą Merkel włącznie. W końcu się zgodził. Odezwał się w nim stary Prusak i jego poczucie obowiązku.

W tym właśnie czasie pogłębiły się nasze kontakty. Po trzech miesiącach kryzysu najgorsze zagrożenie minęło, wróciło zaufanie wśród inwestorów, a za nim poszły zamówienia. Hannes pozostał na stanowisku szefa SoFFinu przez trzy lata. W ostatnim roku jego rządów na tym stanowisku pojechaliśmy na wędrówkę do Saksonii. Wtedy powiedział nam, że tydzień później Deutsche Bundesbank urządza mu we Frankfurcie pożegnanie. Mowę wygłosi szef tej instytucji, Jens Weidmann. Zapewniłem go: „Hannes, kiedy cię będą żegnać, będziemy z tobą".

Kilka dni później pojechaliśmy na tę uroczystość do Frankfurtu. Budynek Bundesbanku jest jak więzienie o zaostrzonym rygorze. Pamiętam jeszcze, że na banerze widniał napis: „Święto zmiany miejsca pracy", a nie „Pożegnanie", które to słowo jest zimne i biurokratyczne. Tak żegnano człowieka, który uratował niemieckie finanse. Mimo olbrzymiej odpowiedzialności, jaka spoczywała na jego barkach, Hannes co roku dołączał do nas na tygodniową wędrówkę. Nasz przyjaciel odszedł we wrześniu 2017 roku. Zamieściliśmy wspólny nekrolog. Żegnając w nim „brata-pielgrzyma", napisaliśmy: „Przeszliśmy wspólnie kawałek życiowej drogi".

Podczas naszych wypraw dużo rozmawiamy, raz o rzeczach banalnych, innym razem na bardziej ważkie tematy, jeśli tylko pozwala nam na to podczas marszu ilość powietrza w płucach. Wprowadziliśmy zakaz używania telefonów komórkowych, którego wszyscy przestrzegają. Wyjątek stanowi Martin Kind. Niech mi wybaczy, że w tym miejscu to zdradzę. Ale jeśli ktoś przyjaźni się z kimś takim jak Martin Kind, musi zgodzić się na jego telefoniczne rozmowy. Martin jest jedynym człowiekiem, któremu to wybaczam, bo ma na głowie mnóstwo kwestii związanych z klubem Hannover 96. Zawsze jednak zapowiada: „Momencik, ta rozmowa nie potrwa długo...".

Raz, podczas wędrówki przez Dolną Frankonię, dzwonił przez cały dzień. Pamiętam jeszcze, że była to środa i jego klub prowadził gorące rozmowy związane z transferem nowego zawodnika – Martin nie mógł więc zniknąć, musiał być osiągalny. Chodziło o transakcję wartą miliony euro i nabycie świetnego gracza. Martin chciał znać moje zdanie na temat wysokości negocjowanej sumy. Powiedziałem: „Martin, nie będziemy wydawać żadnych trzynastu i pół miliona, ja zupełnie nie znam tego gościa. Kompletnie nie wiem, kto to jest". I Martin wyjaśnił mi, pomiędzy jednym a drugim telefonem – jestem udziałowcem klubu Hannover 96 – o jakiego zawodnika chodzi, gdzie on poprzednio grał i tak dalej. Powtórzyłem:

– Nie wydawajmy tyle pieniędzy.

– Ile więc twoim zdaniem możemy na niego wydać? – zapytał.

– Najwyżej dziewięć milionów, jeśli w ogóle.

Martin zgodził się ze mną i ponownie zadzwonił z wytycznymi co do wysokości transferu.

Następnego ranka, przy śniadaniu, podszedł do mnie i oznajmił:

– Dobiliśmy targu: transfer opiewa na dziewięć milionów.

Transakcja została zrealizowana. Zakupiony świeżo gracz nieczęsto zresztą potem pojawiał się na boisku, bo wkrótce został kontuzjowany.

Takie więc tematy pojawiają się podczas naszych wędrówek – piłka nożna, biznes, sprawy prywatne, kultura. W pierwszych latach wędrowaliśmy dwadzieścia do dwudziestu pięciu kilometrów dziennie. Dzisiaj, kiedy wszyscy jesteśmy trochę starsi i nie tak sprawni jak dawniej, mamy ze sobą auto dla tych, którzy nie są już tak wytrzymali na trudy długiej marszruty. Kiedy przybyliśmy do Akwizgranu, po katedrze oprowadzał nas osobiście inżynier budowlany dbający o stan techniczny tego zabytku. Kiedy byliśmy w Szwabii, były prezydent Niemiec Roman Herzog zaprosił nas do zamku swojej żony Alexandry von Berlichingen. W Dreźnie obejrzeliśmy słynny kościół Marii Panny. Kiedy wędrowaliśmy po terenach Błot Odrzańskich, nocowaliśmy w zamku Neuhardenberg, jednym z pięknie odrestaurowanych zabytkowych obiektów tamtego regionu. Co roku odpowiedzialny za wybór celu i trasy wędrówki oraz zaplanowanie wszystkich szczegółów jest ktoś inny. Kiedy przed laty padło na mnie, pojechaliśmy do Polski i wędrowaliśmy po Mazurach. Wznieśliśmy się nawet w powietrze, bo urządziliśmy sobie lot balonem.

Piękne w naszej trupie jest to, że jesteśmy ludźmi tworzącymi bardzo barwną całość, choć mamy różne charaktery i częściowo też odmienne poglądy. Kłótni do tej pory nie było, ale gorących rozmów nie brakowało. Przykład: jestem ateistą, który jednak uznaje chrześcijańskie wartości. Kiedy były biskup Hirschler dyskutuje ze mną o sprawach wiary, nie możemy się porozumieć. Ja mówię, że Immanuel Kant – jak to zrozumiałem – był zdania, że religia jest spekulacją. Biskup odpowiada, że Kant nie powiedział tego w takiej formie. I tak toczy się rozmowa, słowo rodzi kolejne słowo. Mówimy do siebie po imieniu, jedynie do biskupa zwracamy się *per* pan*. Po drodze zwiedzamy też kościoły. Często wchodzę do środka wraz ze wszystkimi, ale czasem zostaję na zewnątrz. Nasze wędrówki nazywamy pielgrzymowaniem. Biskup Hirschler wygłosił na pogrzebie Hannesa Rehma poruszającą i trafiającą w samo serce przemowę. Pastor potrafi łączyć tematy religijne ze świeckimi. Po ceremonii pogrzebowej uścisnąłem biskupa – ściskać go mogę, mówić mu na „ty" – nie – i powiedziałem: „Wprawdzie nie zawsze jesteśmy tego samego zdania, ale jest pan naprawdę dobrym pasterzem dusz".

Biskup Hirschler, rocznik 1933, opowiadał nam raz o swoim dzieciństwie, które przypadło na czasy narodowego socjalizmu. Wychowywano go w duchu partii, miał pójść do elitarnej szkoły narodowych socjalistów. Choć

---

* W kręgach protestanckich w Niemczech świeccy zwracają się do duchownego „proszę pana" (przyp. tłum.).

z religią nie jest mi specjalnie po drodze, bardzo cenię sobie rozmowy z biskupem. On jest głęboko wierzącym ewangelikiem. Od wielu lat jest też opatem klasztoru Loccum w pobliżu jeziora Steinhuder Meer, oddalonego od Hanoweru mniej więcej o pięćdziesiąt kilometrów.

Chociaż nie jestem religijny, istnieje pojęcie z dziedziny religii, które bardzo lubię: zaufanie Bogu. Ufność, że wszystko będzie się toczyć dobrze, że na końcu wszystko się ułoży. Ta postawa w żaden sposób nie ma związku z bogactwem ani władzą; w ten sposób myślałem już wtedy, kiedy jeszcze nie miałem żadnych pieniędzy. Kiedy uparłem się i siedziałem wysoko na drzewie, też myślałem, że wszystko się jakoś ułoży. Moja matka zawsze mi ufała. Wiedziała, że to, co robię, zrobię dobrze.

O Christianie Pfeifferze już opowiadałem. Regularnie gram z nim w szachy; obaj nieźle radzimy sobie na szachownicy, gramy na tym samym poziomie. Grać w szachy nauczyłem się, mając osiem lat, wtedy grałem najczęściej z moim bratem Axelem. Christian nieprawdopodobnie zna się na ludziach, chętnie ich wysłuchuje, jest bardzo otwarty i inteligentny. W kilku rodzajach jego społecznej działalności wspieram go, współpracuję z nim. To on przed ponad dwudziestu laty wspólnie z przyjaciółmi założył Obywatelską Fundację Hanowerską. Spotykają się w niej ludzie mający czas, pomysły i pieniądze, żeby pomóc innym w sensowny sposób. Dzisiaj w Niemczech istnieje czterysta fundacji zrzeszających siedemnaście tysięcy wolontariuszy, ludzi zaangażowanych. Majątek tych instytucji wynosi 360 milionów euro. Tylko OFH dysponuje siedemnastoma milionami euro. Są to pieniądze, które inwestuje się w regionie.

Wielu ludzi mogłoby dla dobra wspólnego uczynić znacznie więcej, gdyby tylko chcieli. Ktoś, kto nie ma niczego, nie może też nic dać innym. Ale w Niemczech wielu ludzi posiada bardzo wiele. Dwadzieścia milionów Niemców dysponuje majątkiem o wartości od stu tysięcy do miliona euro. Milion ludzi posiada majątek wart ponad milion euro. Wielu z nich mogłoby coś ofiarować na rzecz innych albo ci, którzy nie mają dzieci, mogliby przekazać swój majątek w testamencie na jakiś godny cel. Ale nie jestem zwolennikiem apeli, apele rzadko są skuteczne.

Z okazji dwudziestolecia istnienia Obywatelskiej Fundacji Hanowerskiej miałem zaszczyt wygłoszenia uroczystej mowy na zamku Herrenhausen. Powiedziałem wtedy półżartem, że Hanower jest Doliną Krzemową ludzkości, jeśli się uwzględni inicjatywy, które miały tu swój początek, takie jak: Obywatelska Fundacja Hanowerska, fundacja MENTOR służąca promocji czytania, Niemiecka Fundacja Ludność Świata, o której jeszcze powiem później. Albo inicjatywa muzyczna „Klasa! Śpiewamy".

Osiem lat temu przyszedł do mnie Gerd-Peter Münden, kantor katedry w Brunszwiku, i opowiedział mi o swoim pomyśle dotyczącym krzewienia śpiewu wśród najmłodszych, o występach, jakie planuje z tysiącami dzieci śpiewających w wielkich halach. Najpierw zupełnie nie wiedziałem, dlaczego zwrócił się z tym do mnie. Jestem jego ostatnią szansą, przyznał. Wielu przedsiębiorców, których prosił o wsparcie, odmówiło.

Wysłuchałem go i pomyślałem: idea jest dobra, to może się udać. Śpiewanie dodaje animuszu, łączy. Ludzie nigdy dotąd nie słuchali tak wiele muzyki jak dziś, ale rzadko kiedy sami śpiewają. Kto śpiewa, ten nie może być w złym nastroju. Śpiewanie odstresowuje, jest twórcze, a poza tym sprzyja kontaktom społecznym. Kiedy pięć tysięcy dzieci wchodzi na arenę TUI w Hanowerze, żeby śpiewać, to jest niezwykłe wydarzenie. Dzięki inicjatywie „Klasa! Śpiewamy" wspólny śpiew wrócił do programów edukacji w wielu szkołach. Do tej pory skorzystało z niej w Niemczech ponad sześćset tysięcy dzieci. A występujących podziwiało siedemset tysięcy widzów.

Przekonałem się osobiście, że angażowanie się dla dobra innych przynosi radość. „Istnieje słowo złożone z pięciu liter" – powiedziałem w swoim przemówieniu. W ramach działalności w Niemieckiej Fundacji Ludność Świata byłem z moim szwagrem Fritzem, który jest internistą, w Afryce. W Tanzanii i Kenii zapoznaliśmy się z różnymi inicjatywami. Gdzieś w głębi Tanzanii przyjechaliśmy do pewnej wsi, gdzie znajdował się szpitalik, dokładnie mówiąc – punkt sanitarny. Zobaczyliśmy biedę, sfatygowane, przestarzałe instrumenty medyczne i bardzo zaangażowanych lekarzy. Fritz miał przy sobie swoją walizkę lekarską z różnymi medykamentami. Prawie wszystko ofiarował kierowniczce szpitala. Dla naszej grupy – było nas dwadzieścia pięć osób – zachował tylko niewielką rezerwę na wypadek, gdyby ktoś z nas w drodze zachorował. Kierowniczka popatrzyła na Fritza wielkimi oczami, a potem rzekła jedno, jedyne słowo, złożone z pięciu liter: *Danke*! Nie zapomnę sposobu, w jaki je wypowiedziała. Łzy napłynęły mi do oczu. Miałem wrażenie, że w gruncie rzeczy nigdy jeszcze nie słyszałem w swoim życiu tego słowa. Wypowiadamy je codziennie, najczęściej w sytuacjach banalnych, ale tam, w Tanzanii, po raz pierwszy dotarł do mnie sens tego słowa.

CZY ŚWIAT WYPADŁ ZE SWOICH TORÓW?

Nigdy nie uważałem się za konserwatystę; moimi przyjaciółmi są ludzie zarówno z lewa, jak i z prawa. Nie daję się wtłoczyć w proste schematy. Choć nigdy nie należałem do żadnej partii, jestem człowiekiem politycznie zaangażowanym. To nie książeczka partyjna decyduje o tym, czy ktoś uprawia politykę, która sprzyja ludziom. Odbieram siebie jako osobnika myślącego politycznie, który jest członkiem wspólnoty liczącej osiemdziesiąt milionów obywateli. Na każdym z nich spoczywa odpowiedzialność za działanie dla wspólnego dobra na miarę swoich możliwości. Dlatego absolutnie nie popieram ludzi majętnych, którzy próbują wszelkich, nawet półlegalnych, sposobów wykorzystywania luk w przepisach podatkowych. Jeśli ktoś zarabia w Niemczech, powinien tutaj płacić podatki i basta – by zakończyć słowem właściwym kanclerzom. Ten rodzaj egoizmu, jaki demonstrują międzynarodowe koncerny obracające w naszym kraju miliardami, lecz właściwie niepłacące podatków, przyprawia mnie o wściekłość. Raje podatkowe powinny zostać zlikwidowane.

Nadal istnieją ludzie, którzy mają niewiele, i tacy, którzy zarabiają wielkie pieniądze. Nie ma w tym nic niegodziwego. Ale kto posiada więcej, na tym ciąży też większa odpowiedzialność. Wspólnota ludzka może funkcjonować tylko wtedy, kiedy jej członkowie są gotowi przejmować odpowiedzialność. Rozumiałem to już jako młodzieniec. Ruiny i gruzy były ostrzeżeniem. Jeśli obywatele się angażują, życie wspólnotowe może funkcjonować stosunkowo dobrze. Nigdy nie będzie ono idealne, bo my, ludzie, nie jesteśmy idealni, popełniamy błędy. Ale chciałbym, żeby w tym kraju działo się coraz lepiej. Zawsze przyświecała mi myśl: niech mnie będzie dobrze, ale innym też. I tylko jeśli mnie będzie żyło się dobrze, będę miał możliwość pomagania innym. Nazywam to zdrowym egoizmem, sytuacją *win-win**.

Dla mnie zawsze ważna była otwartość na nowe idee i nietypowe sposoby postępowania. Nie byłem z tych, którzy myślą: „Dawniej było lepiej". W gazetce „Centaur" dla klientów Rossmanna pisałem w 2015 roku: „Czasami wolałbym już nie słuchać wiadomości: tylko kryzysy, katastrofy, morderstwa i zabójstwa. Jaki poziom obojętności

---

* *Win-win* – zasada stosowana w negocjacjach; chodzi o uzyskanie warunków korzystnych dla obu stron (przyp. tłum.).

trzeba w sobie wyrobić, żeby jakoś sobie z tym poradzić? I czy to w ogóle prawda, że wszystko zmienia się na gorsze? »Der Spiegel« prowadzi rubrykę pod tytułem *Kiedyś było gorzej*. Można się z niej dowiedzieć, że w ostatnich trzydziestu latach liczba wypalanych papierosów na głowę zmniejszyła się w Niemczech o ponad połowę. Liczba samobójstw na milion mieszkańców zmalała z dwustu trzydziestu sześciu w 1980 roku do stu dwudziestu sześciu w roku 2014. W latach 1949–1969 homoseksualistom wymierzono w Niemczech Zachodnich w majestacie prawa ponad pięćdziesiąt tysięcy kar. I – w co niemal trudno uwierzyć – liczba włamań do mieszkań w 2015 roku spadła o dwadzieścia sześć procent w porównaniu z rokiem 1993. Liczba tygrysów żyjących na wolności po raz pierwszy od stu lat wzrosła o dwadzieścia procent i wynosi trzy tysiące dziewięćset. Ja sam podczas wykładów, jakie zdarza mi się prowadzić na uniwersytetach, spotykam studentów, którzy są pełni życia, o wiele bardziej świadomi siebie niż młodzi ludzie w moich czasach. Oczywiście ważne wiadomości są niezbędne. Odpowiedzialni obywatele muszą być ludźmi dobrze poinformowanymi. Ale życie pozbawione nadziei jest nie do zniesienia i wszystko toczy się wtedy gorzej, a nie lepiej".

Tak pisałem w „Centaurze". Sam nigdy nie straciłem nadziei. Nadzieja to według definicji zamieszczonej w słowniku Dudena „mocne przekonanie, że przyszłość przyniesie dobro". Takie też przekonanie miałem w sobie w czasach najgorszego kryzysu. Trzeba je przekazywać naszym dzieciom. I chciałbym, by mieli je nasi politycy i przywódcy państw. Bo nawet jeśli dziś pod wieloma względami jest o wiele lepiej, niż było dawniej, daleko nam jeszcze do tego, żeby pod każdym względem było dobrze. Wielu ludzi ma poczucie, że świat stoi nad przepaścią. Stare konflikty, które już od dawna uznaje się za wygasłe, wybuchają od nowa. To, co dawniej było nie do pomyślenia – brexit, Donald Trump i odradzanie się prawicowych sił rozsadzających Europę – stało się polityczną rzeczywistością. Czy straciliśmy nasz wewnętrzny kompas? Co nagle zawiodło? Nasza sytuacja gospodarcza jest dobra, dlaczego w ludziach jest tyle lęku? Jakie błędy popełniono w polityce? Myślę, że tych błędów było niemało. Jeśli chodzi o imigrantów, za późno odkryto rozmiary problemu; w międzyczasie przyznała to sama pani kanclerz Angela Merkel.

Kwestie polityczne zbyt często przekazywane są społeczeństwu w sposób nieumiejętny. Dotyczy to też polityki gospodarczej. Tylko rozsądna polityka finansowa i gospodarcza umożliwia dobrą politykę socjalną. Jedno łączy się z drugim. Zawsze byłem orędownikiem płacy minimalnej i ucieszyłem się, kiedy ją wprowadzono. Oceniam jednak, że dziewięćdziesiąt procent posłów w Bundestagu w istocie nie ma pojęcia, jak wygląda sytuacja finansowa i polityczna w Europie. Miliardowe kredyty dla banków Europy Południowej, przesadne zadłużenie takich państw jak Włochy i skupowanie pożyczek przez Bank Europejski w nieznanej dotychczas skali – to wszystko działa na szkodę niemieckiego podatnika. Z mglistymi hasłami w rodzaju: „Chcemy silnej Europy", zmusza się solidne gospodarczo kraje, tak zwane kraje Europy Północnej, do obowiązku poręczania za kraje Europy Południowej. W ten sposób podkopuje się reguły naszego sukcesu gospodarczego.

Ekonomista Hans-Werner Sinn opisał główne problemy pomocy bardzo zadłużonym krajom Unii w wywiadzie dla magazynu gospodarczego „Bilanz". Tłumaczył dziennikarzowi: „To jest tak jak z pana sąsiadem, który popadł w tarapaty finansowe i bank odmówił mu swoich usług. Sąsiad prosi więc pana o pomoc i pan daje bankowi swoje poręczenie. Wtedy sąsiad znowu dostaje pieniądze od banku i może pojechać na urlop, może kupić sobie nowe auto; wszystko wydaje się w porządku. To jest dokładnie to, co stało się w Europie. Tylko że taka pomoc nie jest trwała, bo ona nie przywraca konkurencyjności".

Jeśli politycy z trudem nadążają za wydarzeniami, nie mając wizji przyszłości, skutki są fatalne. Odpowiedzialna polityka nie może być obliczona na efekt, powinna być prowadzona z myślą o konsekwencjach. Rozmawiałem z wieloma politykami różnych opcji o tym, dlaczego ludzie czują się tak bardzo niepewni i jakie jeszcze problemy mogą nas dotknąć. Kłopot w tym, że większość polityków widzi tylko wąski wycinek rzeczywistości. Nasze prawo azylowe uważam za dobre i ważne, ale co zrobimy, jeśli wielkie ruchy migracyjne nasilą się w innych rejonach globu? Wobec biedy w wielu miejscach na świecie to tylko kwestia czasu, by masy stanęły u naszych granic. W Afryce mamy eksplozję demograficzną. Jeśli chodzi o dramatyczną sytuację uciekinierów, dopiero zaczynamy sobie z nią radzić, choć ktoś może sądzić, że kryzys z 2015 roku został zażegnany. Jeżeli w krótkim czasie do Niemiec dotrze jeszcze milion ludzi, rozbije to nasze społeczeństwo. Tę rzeczywistość trzeba zaakceptować.

Nie uważam, że trzeba wchodzić w konflikt z tymi krajami europejskimi, które są bardziej restrykcyjne wobec migrantów niż my. Musimy akceptować ich postawę, nawet jeśli dany kraj mówi: „Nie, my nie przyjmiemy już żadnych uchodźców". W tych krajach istnieją demokratycznie wybrane rządy i choć w kwestii uchodźców bardzo życzyłbym sobie solidarności całej Europy, oskarżycielski gest palca uniesionego w górę ze strony Niemiec nie jest rozwiązaniem. Amerykański dziennikarz i laureat Nagrody Pulitzera Thomas L. Friedman w książce *Thank You for Being Late* (Dziękuję ci za spóźnienie) trafnie puentuje wielkie problemy naszego czasu: „Demokracja może funkcjonować tylko wtedy, kiedy wyborcy wiedzą, jak funkcjonuje świat, bo tylko wtedy mogą podejmować inteligentne decyzje polityczne. I tylko w ten sposób mogą zabezpieczać się przeciwko demagogom, ideologom i propagatorom teorii spiskowych, którzy w najlepszym razie ich ogłupiają, a w najgorszym wprowadzają w błąd".

Odrzucam wszelkie formy populizmu, wrogości wobec obcych i wykluczenia. Przesunięcia polityczne w Niemczech budzą mój wielki niepokój, ale w demokracji trzeba otwarcie, bez lęku nazywać problemy. Dotyczy to też polityki wobec migrantów. Po jednej stronie są ludzkie obawy przed obcym, nieznanym. Po drugiej stronie jest cierpienie tych, którzy stracili ojczyznę i dom, uciekli przed wojną i śmiercią i szukają ucieczki, życia w poczuciu bezpieczeństwa. Oni docierają do nas, mając za sobą ciężkie przeżycia. Tego, co wycierpieli, nie jesteśmy w stanie nawet w przybliżeniu sobie wyobrazić. Wielu nie uporało się ze swymi doświadczeniami i nie potrafi się integrować. Istnieje wiele powodów humanitarnych, żeby przyjmować tych ludzi, ale to zagraża istniejącym relacjom społecznym w naszym kraju. Gabor Steingart, były redaktor naczelny czasopisma „Handelsblatt", powiedział kiedyś, że miłość bliźniego nie może prowadzić do rezygnacji z siebie.

Odkąd przeczytałem książkę Thomasa L. Friedmana, postrzegam różne rzeczy w innej, szerszej perspektywie. Trzy wielkie problemy naszego czasu: przeludnienie, globalizacja i rewolucja przemysłowa, rozwijają się falowo. Krzywe ilustrujące ten rozwój ostro szybują w górę; procesy te są właściwie nie do powstrzymania i kiedyś wybuchną z siłą huraganu. Żyjemy w epoce przyspieszenia, tempo życia niekiedy mnie przeraża. Próbuję je u siebie spowalniać, ograniczając własną dostępność. Jest to możliwe, ponieważ mam zgrany zespół ludzi, który zdejmuje z moich barków wiele spraw.

Sporo ludzi nie radzi sobie z błyskawicznie postępującymi zmianami. Nie rozumieją dzisiejszego świata.

A skutek? Lęk. Ludzie zalęknieni czepiają się tych, którzy dają im możliwie proste odpowiedzi na ich pytania i proponują łatwe rozwiązania problemów. Niestety, wobec wyzwań naszego czasu nie ma łatwych odpowiedzi. Świat nie jest czarno-biały. Nigdy nie był, chociaż niektórzy uważają inaczej.

17 listopada 2015 roku w Hanowerze miał zostać rozegrany mecz Niemcy – Holandia. Kilka dni wcześniej w Paryżu doszło do strasznego zamachu, podczas którego zamierzano zniszczyć również Stade de France podczas meczu Francja – Niemcy. Przed meczem w Hanowerze panowało więc również proporcjonalnie duże napięcie, podjęto najwyższe środki bezpieczeństwa. Umówiłem się z Martinem Kindem, z którym chciałem wspólnie obejrzeć ten mecz na stadionie. Martin zadzwonił do mnie wcześniej i powiedział: „Słuchaj, chce też z nami iść Carsten" – chodziło o przedsiębiorcę finansowego Carstena Maschmeyera – i zaproponował, żebyśmy spotkali się u Carstena. Carsten mieszkał wtedy w dużej willi na obrzeżach lasu w zielonej dzielnicy Hanoweru Eilenriede. Powitał mnie już przed bramą, na ulicy, i powiedział, że nie możemy wejść do domu głównym wejściem, tylko przez garaż. Kiedy wszedłem do willi, zrobiłem wielkie oczy. Przez środek budynku szła drewniana ściana dzieląca go na dwie części. Maschmeyer kilka tygodni wcześniej przyjął dwunastu uciekinierów z Syrii, dwie sześcioosobowe rodziny,

i do tego willę przystosował. Na moje pytanie, co to ma znaczyć, odparł: „Dlaczego nie? Dom jest wystarczająco obszerny".

Przywitałem się z nowymi lokatorami, zamieniłem kilka słów, na ile to było możliwe – dzieci chodziły już do miejscowej szkoły, dorośli pobierali lekcje niemieckiego. Zegar wskazywał godzinę 19.13, powinniśmy wkrótce wyjeżdżać. Nagle Martin krzyknął: „Mecz został odwołany!". Nie rozumieliśmy. Co miał na myśli? Przecież to spotkanie było bardzo ważne. Miała to być pierwsza gra narodowej reprezentacji Niemiec po okropnych wydarzeniach w Paryżu. Na stadionie mieli być obecni pani kanclerz i wielu wysokich rangą gości.

– Nie wierzę, chodź, włączymy telewizor – powiedziałem.

Na wszystkich kanałach szły audycje specjalne z powodu „poważnych podejrzeń co do planowanego zamachu terrorystycznego" – z tego też względu mecz został odwołany. Martin telefonował przez cały czas do swoich ludzi znajdujących się na stadionie, żeby ustalić, jak poważne było naprawdę to niebezpieczeństwo. I tak siedzieliśmy – dwunastu Syryjczyków, Martin, Carsten i ja – na kilkumetrowej sofie w salonie, przez cały wieczór słuchając wiadomości. Był to wieczór spędzony w surrealistycznej atmosferze. Kiedy opuszczałem willę, Carsten Maschmeyer dał mi do zrozumienia, że nikt nie wie o gościach mieszkających w jego domu i tak ma pozostać. Dopiero kilka tygodni później przeczytałem wywiad prasowy – wraz z żoną, Veronicą Ferres, Carsten opowiadał w nim o przybyszach, którym dali dach nad głową. W tamtym momencie zresztą ci ostatni już się wyprowadzili, bo Carsten załatwił im dwa mieszkania. On sam nie mieszka już dziś w tamtej willi, przeniósł się do Monachium.

TRZEPOT SKRZYDEŁ MOTYLA

Życie dostarcza sytuacji, które zmuszają do refleksji. Oto jedna z nich. Przed wielu laty jechałem nocą taksówką w Würzburgu. Taksówkarz był bardzo uprzejmym, otwartym, młodym człowiekiem. Jazda trwała tylko parę minut. Kiedy ludzie są dla mnie sympatyczni, szybko wdaję się z nimi w rozmowę.

– Pan jest zapewne studentem, prawda? – zapytałem kierowcę, który robił wrażenie bardzo rezolutnego.

– Tak, zgadł pan. Studiuję w Würzburgu technologie informatyczne – odparł.

Drążyłem dalej, pytając, co zamierza robić po skończeniu studiów. To nie potrwa długo, powiedział, studia skończy w kwietniu następnego roku.

– Składam panu propozycję. Nazywam się Roßmann, proszę zobaczyć w internecie, tam znajdzie pan moją firmę. Kiedy skończy pan studia i będzie miał dyplom w kieszeni, proszę się do mnie zgłosić. Będzie pan mógł u mnie zacząć, dostanie pan pracę.

– Proszę? – spytał z niedowierzaniem.

– Tak, mam duże przedsiębiorstwo handlowe i zawsze szukamy dobrych pracowników. Jeśli w przyszłym roku będzie potrzebował pan pracy, proszę do mnie napisać, obejrzy pan moją firmę.

Nocny przejazd taksówką dobiegł końca, zapłaciłem, pożegnaliśmy się. I na tym mogło się zakończyć. Ale chłopak rzeczywiście się zgłosił i zaczął u nas pracować w dziale informatyki. Był zaangażowany, lubiany i naprawdę dobrze pracował.

Niekiedy robiłem rzeczy i podejmowałem decyzje, które na pierwszy rzut oka mogły się wydawać zwariowane, bo działałem spontanicznie i intuicyjnie. Nie zawsze, ale często wychodziłem na tym dobrze. W wypadku młodego taksówkarza intuicja też mnie nie zawiodła. Już po kilku latach awansował na menadżera średniego stopnia, zarabiał dobre pieniądze, robił karierę. Potem dostał jeszcze lepszą propozycję od dużego przedsiębiorstwa zajmującego się oprogramowaniem komputerów i z niej skorzystał. Czego nie mam mu za złe, ponieważ propozycja była zbyt atrakcyjna, żeby ją odrzucić. I stała się rzecz następująca: trzy lata później, w 2004 roku, miało miejsce trzęsienie ziemi na Oceanie Indyjskim. Wywołało ono katastrofalne tsunami, w którym zginęło dwieście trzydzieści tysięcy osób. Jedną z nich był ów młody kierowca, który wiózł mnie nocą w Würzburgu, a później został naszym informatykiem. Ze swoją przyjaciółką spędzał urlop na wyspie Phuket i oboje padli ofiarą olbrzymiej fali tsunami. Kiedy usłyszałem o tej tragedii, bardzo to przeżyłem; z jednej strony myślałem o bezsensownej śmierci tych dwojga, z drugiej – przez głowę przebiegła mi myśl: co by było, gdybym wówczas, w Würzburgu, nie zaproponował młodemu człowiekowi pracy? Czy wtedy wszystko przebiegłoby inaczej, czy też ta śmierć to było przeznaczenie, jego i jego przyjaciółki? Czy ciąży na mnie współodpowiedzialność za to, co się wydarzyło? Gdybym go wówczas – całkiem spontanicznie – nie zapytał, czy nie chciałby do nas przyjść, wtedy jego życie – to pewne – wyglądałoby zupełnie inaczej. Nie zacząłby pracować w Rossmannie, nie zostałby potem przejęty przez inną firmę i z wielkim prawdopodobieństwem można też powiedzieć, że w 2004 roku nie znalazłby się na wyspie Phuket, bo jego los potoczyłby się inaczej.

Jeśli zmieni się kurs tylko o jeden stopień – czego się nie czuje ani nie widzi – wtedy statek dopływa do zupełnie innego celu. Teoria chaosu opisuje efekt motyla, polegający na tym, że motyl trzepotaniem skrzydeł może na drugim krańcu Ziemi wywołać cyklon – w każdym razie teoretycznie. Teza ta wzięła początek od Edwarda Lorenza, amerykańskiego meteorologa, który dokonał odpowiednich obliczeń i stwierdził rzeczy zdumiewające na temat konsekwencji minimalnych zmian warunków pogodowych. Nie czuję się wprawdzie odpowiedzialny za śmierć mojego byłego pracownika, nie, aż tak nie, ale niemiłe uczucie pozostało. I myśl, czy jeszcze by żył, gdybym wtedy nie zaproponował mu pracy, nie daje mi spokoju.

Ciągle zdarzają się sytuacje, które mi uzmysławiają, jak blisko sąsiadują ze sobą życie i śmierć. Po uroczystości pożegnania Hannesa Rehma jako szefa SoFFinu wracaliśmy pociągiem ICE z Frankfurtu do Hanoweru. My, to znaczy Sepp Heckmann, Martin Kind, Christian Pfeiffer i ja. W wagonie restauracyjnym znaleźliśmy wolny stolik, żeby zagrać w skata. Po przekątnej siedział dobrze wyglądający, rosły mężczyzna w wieku około dwudziestu lat, z którym wdaliśmy się w rozmowę. Ujął nas swoim subtelnym sposobem bycia. Zapytałem go, skąd pochodzi. Ze Stuttgartu, padła odpowiedź. W spontanicznym odruchu zapytałem go, czy mógłbym go zaprosić na najbliższy mecz Hanoweru 96 z VfB Stuttgart.

– Proszę przyjechać – powiedziałem. – Jeśli poda mi pan swój adres, wyślę panu bilet wstępu.

Podał mi swoją wizytówkę. Widniało na niej słynne nazwisko: Philo Daimler.

– Ten Daimler? – spytałem.

– Tak, to był mój pradziadek.

Upłynęło kilka tygodni. Napisałem list i załączyłem bilet wstępu na mecz, żeby wzmocnić zaproszenie. Tydzień później nadeszła odpowiedź ze Stuttgartu. Nadawcą nie był jednak – co mnie zdziwiło – ów młody człowiek, lecz jego matka. W liście zawiadamiała, że jej syn przed dwoma tygodniami nagle i zupełnie nieoczekiwanie zmarł.

Nie dostał już listu ode mnie. Ale na pewno bardzo by się ucieszył.

W tym kruchym, wiecznie niepewnym świecie wielu ludzi znajduje oparcie i spokój w wierze. Mnie szczęście i poczucie bezpieczeństwa dają moja żona Alice i synowie: Daniel i Raoul. Do tego dochodzi jeszcze radość z bycia przyjacielem wielu przyjaciół.

POMOC DLA AFRYKI

Kiedyś bohaterami byli królowie i cesarze. Ale kim są bohaterowie dzisiejszych czasów, że użyję tego nieco już wyświechtanego określenia? Współcześni bohaterowie to dla mnie ludzie, którzy swoim zachowaniem dają przykład i angażują się w różne ważne sprawy. To ci, którzy wiele robią dla społeczeństwa. Każdy z nas zna takie osoby, które wykonując pracę zawodową, dają z siebie znacznie więcej, niż muszą. Znamy trud ciążący na matkach, które z miłością wychowują swoje dzieci. Społeczeństwo często niedostatecznie to docenia. Wielka wspólnota, której częścią wszyscy jesteśmy, nie mogłaby funkcjonować bez tych szczególnych ludzi.

Wiem, że zawsze miałem wielkie szczęście. Nie sądzę zarozumiale, że wszystko, co osiągnąłem, jest moją zasługą. Zapewne nie wszystkie moje posunięcia były błędne, ale bez szczypty szczęścia, polegającej na tym, żeby we właściwym czasie być na właściwym miejscu i spotkać ludzi, którzy byli gotowi iść ze mną i mnie wspierać, wiele rzeczy byłoby niemożliwych.

W 1991 roku założyłem wspólnie z przedsiębiorcą Erhardem Schreiberem Niemiecką Fundację Ludność Świata. Jej celem było i jest przeciwdziałanie zbytniemu przeludnieniu Ziemi. Nasz glob zamieszkuje obecnie niemal 7,6 miliarda ludzi. Przed dziesięcioma tysiącami lat, wraz z rozpoczęciem rolnictwa, było to tylko pięć milionów. Wzrost zaludnienia o osiemdziesiąt milionów ludzi rocznie oznacza, że łączna liczba ludności na świecie zwiększa się co roku o liczbę obywateli zamieszkujących aktualnie Niemcy. Demografowie prognozują, że liczba ludności na kontynencie afrykańskim z aktualnego 1,2 miliarda wzrośnie pod koniec tego stulecia do 4,5 miliarda. W innych częściach świata przewidywana jest stagnacja, a w Europie nawet zmniejszenie się liczby mieszkańców. Nawet jeśli Ziemia wyżywi jeszcze kolejne trzy miliardy ludzi, wszyscy powinniśmy próbować zatrzymać tendencje wzrostowe. Każdy człowiek potrzebuje określonych zasobów: wody, żywności, przestrzeni. Już dziś ekologiczne skutki eksplozji demograficznej są katastrofalne i trudne do przewidzenia. Chodzi nie tylko o to, by ludzie byli syci. Rozszerzanie się naszego gatunku jest równocześnie wyrokiem śmierci dla wielu zwierząt. Nie mniej ważne jest, by ludzie żyli w środowisku przyjaznym do życia. Bez szans na zdobycie wykształcenia, na pracę, opiekę medyczną, czystą ziemię, powietrze i wodę – to trudne do wyobrażenia. Kiedy Erhard Schreiber przyszedł do mnie z pomysłem założenia fundacji, byłem sceptyczny i dałem temu wyraz:

– Jak my, małe ludziki, możemy coś zmienić, jeśli chodzi o wielki problem eksplozji demograficznej?

Lecz Schreiber odpowiedział:

– Jeśli nic się nie zacznie robić, nigdy nie ruszy się naprzód.

Przekonał mnie.

– Ma pan rację, a więc do dzieła.

Wielu mówi „trzeba by", „powinno się". Nie lubię gadaniny, z której nic nie wynika.

Było jasne, że do rady fundacji potrzebujemy kogoś o znanym nazwisku, kto będzie stał za tą ideą. Postanowiliśmy poprosić o wsparcie wizerunkowe Ernsta Ulricha von Weizsäckera*, słynnego niemieckiego naukowca. Schreiber dzwonił do jego biura co najmniej dziesięć razy, zawsze bez skutku. Weizsäcker był zbyt zajęty, nie można było umówić się z nim na rozmowę. Po sześciu tygodniach sekretarka profesora miała dość upartych telefonów Schreibera i zaproponowała niestereotypowe rozwiązanie: profesor Weizsäcker wyjeżdża w każdy poniedziałek rano o godzinie 6.10 pociągiem z Bonn do

---

* Ernst Ulrich von Weizsäcker – niemiecki badacz przyrody i polityk (SPD). W latach 1998–2005 był członkiem Bundestagu, reprezentując SPD (przyp. red.).

Wuppertalu. Jeśli Schreiber również wsiądzie do tego pociągu, zdoła w czasie podróży omówić swój projekt z profesorem. Schreiber wykorzystał tę możliwość, spotkał się w pociągu z Weizsäckerem i nie minęła godzina, a przekonał profesora do idei fundacji. To był pierwszy ważny krok. Potem do rady fundacji weszły jeszcze inne osoby o rozpoznawalnych nazwiskach – Gerhard Schröder, Klaus Töpfer, Margot Käßmann i Sylvia von Metzler. Zawsze wspierał nas również Alfred Biolek. Kiedy dołączył do nas w 2000 roku, chcąc działać na rzecz zapobiegania AIDS, był to kolejny przełom w tworzeniu naszego medialnego wizerunku.

Od założenia fundacji kilkakrotnie byłem w Afryce, żeby zobaczyć, jak na miejscu rozwijają się nasze projekty, i spotkać się z ludźmi, których te projekty objęły. Kontrowersyjny problem gwałtownie narastającej ludności świata jest ciągle aktualny. Kiedy rozpoczynaliśmy działalność, drzwi różnych instytucji często były przed nami zamknięte. Obecnie sprawy przeludnienia – z powodów dramatycznie nasilonych procesów migracyjnych – stały się również tematem polityki.

Zasadniczym terenem aktywności naszej fundacji jest Kenia, Tanzania, Uganda i Etiopia. Zatrudniamy dwieście pięćdziesiąt osób, które pracują w Niemczech i w Afryce. Co konkretnie robi Niemiecka Fundacja Ludność Świata? Problem wzrostu ludności na świecie jest ogromny i nie ma jednego rozwiązania. My skupiamy się na młodzieży – z tego prostego powodu, że tu najwięcej można zdziałać. Bo jeśli dziewczyna urodzi dziecko „dopiero" w wieku lat osiemnastu, a nie czternastu czy nawet mniej, będzie to miało wpływ nie tylko na tempo przyrostu ludności na świecie, ale i na jej indywidualne losy oraz życiowe perspektywy. Nacisk kładziemy na kształcenie doradców, którzy działają w klubach młodzieżowych – tradycyjnych miejscach spotkań młodych ludzi, uświadamiając ich w sprawach seksualności i zapobiegania ciąży. W tej chwili prowadzimy równo trzysta klubów młodzieżowych, niektóre z nich to po prostu zwykły kontener budowlany. Tam dyskutuje się, tańczy, śpiewa. Chcemy docierać do dziewcząt i chłopców w otoczeniu możliwie wolnym od lęku i sprawiać, by sami umieli stanowić o swoim życiu. Nadal jeszcze zbyt wiele młodych dziewcząt w Afryce zachodzi w niechcianą ciążę. Młodym ludziom mówimy: „Przyprowadźcie rodziców, żebyśmy porozmawiali". Dobrym środkiem sprzyjającym rozmowom, zwłaszcza w regionach wiejskich, są przedstawienia teatralne. Można w nich w sposób działający na wyobraźnię podjąć tematy związane z uświadamianiem: młoda dziewczyna mówi swojemu chłopakowi, że jest w ciąży. Chłopak odpowiada, że na pewno nie on jest ojcem, i znika. Dziewczyna zwraca się więc do swoich rodziców. W trakcie przedstawienia mówi się o usunięciu ciąży i o możliwościach zabezpieczania się przed zajściem w ciążę, żeby w przyszłości można było ją zaplanować. Poprzez takie właśnie przedstawienia uświadamia się w klubach młodych ludzi. Nie narzuca się nikomu poglądów na siłę, lecz wykorzystuje się elementy zabawy w sposób bliski życiu codziennemu.

Akcja uświadamiania przeprowadzona w ciągu dwudziestu siedmiu lat pomogła około piętnastu milionom dziewcząt i kobiet z Afryki uchronić się przed niechcianą ciążą. Do tego dochodzi kilka milionów kobiet i mężczyzn, którzy dzięki używaniu prezerwatyw uniknęli zarażenia się wirusem HIV. Największymi przeszkodami w zmianie spojrzenia na seksualność w Afryce są tamtejsza kultura, religia, normy obyczajowe i reglamentacja środków zapobiegających ciąży utrzymywana przez państwo. Kobiety cierpią na brak uznania ze strony mężczyzn i wiele z nich ma zbyt niskie poczucie własnej wartości, by móc przeciwstawić się mężczyznom. Albo przynajmniej domagać się z ich strony używania prezerwatyw. Mimo to nieustannie zdarzają się rzeczy, które nadają sens naszej pracy i mobilizują nas do dalszych wysiłków.

Oprócz akcji uświadamiających próbujemy przyczynić się do tego, żeby ludzie otrzymywali lepsze wynagrodzenie. Wiele dzieci ulicy, na przykład w Addis Abebie, stolicy Etiopii, żyje ze zbierania śmieci. Przywódczynię zajmującego się tym „gangu" ulicznego i jej chłopaka zaprosiliśmy do naszego klubu młodzieżowego. Nazywała się Eden Melke. Dzisiaj ona i jej mąż należą do pokolenia nowej klasy zamożnej w Addis Abebie. Dorobili się stu osiemdziesięciu pięciu pracowników, dziewięciu ciężarówek i z sukcesem działają w branży oczyszczania miasta.

Kiedy poznałem Eden w 2003 roku, była zajęta działaniami na rzecz trzydzieściorga czy czterdzieściorga dzieci w wieku od siedmiu do dwunastu lat, które opuszczone przez swoich rodziców i pozbawione własnych domów, spały na chodnikach i codziennie walczyły o byt. Eden skrzyknęła te dzieci, załatwiła ręczne dwukołowe wózki i umówiła się z właścicielami co zamożniejszych domów na codzienny odbiór śmieci. Przed południem dzieci zajmowały się zbiórką śmieci, w południe pieczono ciastka, a po południu dzieci znowu chodziły po domach, tym razem po to, żeby sprzedawać ciastka. Z uzyskiwanych pieniędzy Eden zapewniała swym małym podopiecznym dach nad głową, odzież i jedzenie. Stworzyła wspólnotę, która dawała im nadzieję, bliskość uczuciową i dom.

W 2005 roku zaprosiłem Eden i jej męża, wtedy jeszcze przyjaciela, do Niemiec. Chciałem wesprzeć finansowo jej działalność, ale wcześniej lepiej ją poznać. Podczas spotkania zauważyłem, że jest z nią coś nie w porządku. Była blada, słaba, niewiele mówiła. Nosiła długą sukienkę, więc nie zauważyłem, że jest w ósmym miesiącu ciąży. Po południu dostałem wiadomość, że zemdlała. Pracownik naszej fundacji pojechał z nią do kliniki Wyższej Szkoły Medycznej w Hanowerze. Lekarz, który ją zbadał, zadzwonił do mnie i przedstawił sytuację: nienarodzone dziecko Eden ma rozszczep kręgosłupa i musi natychmiast być zoperowane, inaczej nie będzie dla niego, a prawdopodobnie też dla matki, ratunku. Operacja i koszty opieki pooperacyjnej to pięćdziesiąt pięć tysięcy euro. Bez wiążącej decyzji co do pokrycia tych kosztów nie może operować...

Kiedy kilka lat później pojechałem znów do Addis Abeby, spotkałem się z Eden po raz pierwszy od tamtego razu. Nasza dziewięcioosobowa grupa weszła na dziedziniec jej domu. Eden wręczyła mi bukiet kwiatów, uścisnęła mnie i zaczęła szlochać. Jej syn Eyakem (czyli Jakub) też podbiegł do mnie i też się rozpłakał. I podczas tego wzruszającego powitania nie tylko mnie napłynęły łzy do oczu, ale większości z nas. Weszliśmy do domu. Ożywiony Eyakem z dumą pokazał mi swój pokój. Oprócz języka ojczystego – amharskiego – płynnie mówi po angielsku, jest jednym z najlepszych uczniów w klasie i kiedyś chciałby być naukowcem. Ofiarowałem chłopcu, który, jak się okazało, kocha też piłkę nożną, koszulkę klubu Hannover 96. Eden powiedziała, że teraz pomaga kobietom, które mają problemy w czasie ciąży.

Najbiedniejsze z biednych są kobiety, które cierpią na przetoki narządów rodnych. W 1959 roku australijska para lekarzy Catherine i Reginald Hamlinowie przyjechali do Addis Abeby na urlop. Zetknęli się tu z potwornymi przypadkami przetok i byli wstrząśnięci tym, że nikt nie chce i nie może pomóc dotkniętym nimi młodym kobietom. Praktykowany w Afryce zwyczaj wydawania za mąż jedenasto- czy dwunastoletnich dziewczynek prowadził do tego, że zachodziły one w ciążę i rodziły dzieci, chociaż ich ciała nie były jeszcze w pełni do tego gotowe. Podczas porodu dochodziło do poważnych uszkodzeń narządów wewnętrznych. Skutkiem były pęknięcia w podbrzuszu i ciężkie urazy tkanek wewnętrznych, a w konsekwencji tworzenie się przetok pomiędzy pochwą a odbytem. Objawiało się to niekontrolowanym wypływem moczu i ekskrementów. Młode kobiety, u których to nastąpiło, były usuwane poza nawias wiejskiej społeczności, stygmatyzowane. Nikt nie chciał z nimi kontaktu.

Hamlinowie wrócili do Addis Abeby w 1974 roku z zaoszczędzonymi i zebranymi w Australii funduszami, ponieważ to, co wcześniej zobaczyli w Etiopii, nie dawało im spokoju. W Addis Abebie zbudowali Fistula Hospital*. I chociaż posiadane fundusze nie pozwalały na wiele rzeczy, z każdym rokiem można było leczyć coraz więcej kobiet. Zabieg chirurgiczny konieczny w takich przypadkach nie jest zbyt skomplikowany; szanse powodzenia wynoszą dziewięćdziesiąt pięć procent. Po udanej operacji kobiety w większości mogą prowadzić zupełnie normalne życie.

Kiedy w 2003 roku zwiedzałem Fistula Hospital, oprowadzała nas po nim osobiście prawie osiemdziesięcioletnia i nadal jeszcze operująca Catherine Hamlin. Przed wejściem czekało na wizytę około trzydzieści kobiet. W wielkim pomieszczeniu dla pacjentek po operacji leżały młode dziewczyny i dojrzałe kobiety – w wieku od

---

* *Fistula* (łac.) – przetoka; Fistula Hospital – szpital, w którym operuje się przetoki (przyp. tłum.).

jedenastu do pięćdziesięciu lat. Wszystkie sześćdziesiąt łóżek było zajętych.

Po tej wizycie byliśmy poruszeni. Dwie osoby z naszej grupy musiały przedwcześnie opuścić szpital, dziennikarz obok mnie po prostu zasłabł z wrażenia i runął na ziemię jak kłoda. Catherine Hamlin natomiast zupełnie nie sprawiała wrażenia przybitej. Miałem przed sobą osobę, która dokładnie wiedziała, dlaczego robi to, co robi. Od tej pory nasza fundacja wspiera szpital Hamlinów. Nasi pracownicy jeżdżą po etiopskich wsiach i wyszukują kobiety cierpiące na przetokę, które żyją często samotnie, w ukryciu, i zawożą je do szpitala. Wyleczone kobiety są najlepszą reklamą uświadamiania seksualnego. Mają odwagę opowiadać o swoim losie i o skutkach wczesnej ciąży.

W Etiopii żyje sto milionów ludzi, każdego roku ich liczba wzrasta o dwa miliony. Jedna kobieta rodzi statystycznie 4,6 dziecka. Etiopia jest mniej więcej trzy razy większa od Niemiec. Od czasu oddzielenia się od niej Erytrei, co nastąpiło w 1993 roku i było poprzedzone wieloletnimi krwawymi walkami, Etiopia nie ma już dostępu do morza. Port Dżibuti, stolica republiki o tej samej nazwie, położonej nad Oceanem Indyjskim, jest najważniejszym połączeniem gospodarczym Etiopii z resztą świata.

W Etiopii panuje bardziej dyktatura niż demokracja. Chociaż rządy autorytarne często utrudniają pracę organizacji pozarządowych, nasza współpraca z etiopskimi urzędami układa się dobrze. Kiedy byłem w Etiopii w 2015 roku, pierwszego dnia pojechaliśmy do Babogaya Resort, oddalonego od Addis Abeby o jakieś pięćdziesiąt kilometrów, gdzie mieliśmy zaplanowane dwa noclegi. Nasze centrum szkoleniowe w Debre Zeit, mieście położonym na południowy wschód od Addis Abeby, obchodziło dziesięciolecie swego istnienia. Był to mój pierwszy oficjalny punkt programu. Poza tym w programie były wykłady, przedstawienia teatralne i prezentacja pracy w klubie młodzieżowym. W Etiopii prowadzimy działalność w stu dwudziestu pięciu takich miejscach. Jedno z przedstawień obejrzanych tamtego dnia do dziś wydaje mi się bardzo aktualne. Pod gołym niebem aktorzy amatorzy pokazywali, jaką potwornością jest obrzezanie dziewczynek. Dziecko – ofiara – było ukryte pod derką. Raz po raz słychać było głośne, pełne bólu krzyki trudne do wytrzymania. Potem dowiedziałem się, że głos pochodził z taśmy, był nagrany. Było to nagranie krzyków dziewczynki w trakcie obrzezania...

Takimi akcjami jak to przedstawienie próbujemy uświadamiać ludzi i przyczyniać się do tego, żeby takie przerażające rytuały odeszły w przeszłość. Historia, którą teraz przytoczę, jest tylko jedną z wielu. Jej bohaterką jest Esufat, siedemnastolatka z Tanzanii. Opowiedziała mi: „Mnie i moje młodsze rodzeństwo wychowywała matka. Byłam dumna z tradycji i obyczajów, jakie pielęgnowaliśmy we wspólnocie Masajów. Kiedy miałam dziesięć lat, kazano mi się przenieść do ciotki, do sąsiedniej wsi. Powiedziano mi, że tam zostanę kobietą. Ciotka uprzedziła mnie, że będzie to ceremonia wtajemniczenia. W nocy zostałam obudzona i zaprowadzona na plac we wsi. Było słychać krzyki. Ogarnął mnie śmiertelny lęk. Dano mi jednak do zrozumienia, że ceremonia będzie chronić naszą wspólnotę, więc się uspokoiłam. Musiałam się rozebrać i położyć obok innych dziewczynek. Potem przyszła obrzezująca. Czułam, jak jej nóż tnie moje najbardziej intymne części ciała – myślałam, że umrę. Nigdy nie zapomnę tego bólu! Był nie do zniesienia. Ale przeżyłam. Odnieśli mnie do chaty mojej ciotki i położyli obok dwóch innych dziewczynek. Nie wiedziałam, czy one jeszcze żyją, bo na ich nogach wszędzie była krew. Smród był okropny. Dwa tygodnie później wróciłam do swojej wsi. Rana się z czasem zagoiła, ale blizna została. Byłam częścią żeńskiej wspólnoty naszej wsi, bardzo dumna, że wolno mi uczestniczyć teraz we wszystkich rozmowach i rytuałach. Moja matka chciała, żebym przestała chodzić do szkoły i poszła pracować do miasta, żeby wspomóc finansowo naszą rodzinę. Tak zrobiłam. W mieście w drodze na targ trafiłam na przedstawienie grupy Eidimay, młodzieżowego klubu Niemieckiej Fundacji Ludność Świata. Zaciekawiło mnie to, zatrzymałam się i wdałam się w rozmowę z doradczynią młodzieży. Cieszyłam się, że w nowym mieście nawiązałam kontakt z młodymi ludźmi, i szybko zostałam członkinią tej grupy. Podczas pierwszego szkolenia w klubie usłyszałam wiele informacji na temat seksualności, zabezpieczania się przed ciążą i o okaleczeniach genitaliów. Trudno było mi uwierzyć w to, co usłyszałam, ponieważ tradycja, z której byłam tak dumna, okazała się oszustwem".

W Etiopii spędziłem pięć dni. Pięć dni pełnych trudnych do opisania wrażeń, zarówno pięknych, jak i smutnych. Wydawało mi się, że żyłem tam o wiele intensywniej niż zwykle. Wyjeżdżając z Addis Abeby, jechaliśmy jedną z najbardziej uczęszczanych ulic miasta. Gęsty ruch, żółwie tempo, korek, potem znów podjazd o kilka metrów do przodu. Nagle na naszej drodze pojawiło się dwadzieścia słomianych bel wysokich na dwa metry. Kiedy przyjrzeliśmy się bliżej, dostrzegliśmy wystające z tych bel ośle łby, krótkie, cienkie nogi i kołyszące się ogony. Nie widać było nikogo, kto by czuwał nad tymi zwierzętami. I to, dlaczego tak opakowane zwierzęta znalazły się na pełnej pojazdów ulicy, pozostaje tajemnicą. Często zdarzało nam się widzieć, że pośrodku ruchliwej ulicy stał jak wryty osioł albo koń. Jeden z takich osłów miał nawet nogi związane powrozem. Widząc często takie sceny, człowiek w pewnym momencie przestaje zadawać sobie pytanie, dlaczego tak jest. W Addis Abebie i wokół miasta stoją tysiące domów w stanie surowym. Ich betonowe konstrukcje strzelają w niebo i nic nie wskazuje na to, że kiedykolwiek zostaną wykończone. Etiopia roku 2003 różni się od Etiopii 2015 roku – mniej ludzi żebrze na ulicach. Nie wszyscy, ale wielu nosi przy sobie telefon komórkowy. Auta natomiast dalej są przestarzałe, w stanie godnym pożałowania. Ludzie w Etiopii są uprzejmi, często się śmieją. Kiedy staliśmy w korku ulicznym, młody człowiek z nagim torsem wychylił się przez okno minibusa, gwałtownie gestykulując, zapewne w chęci usprawnienia ruchu, oczywiście bez rezultatu. Obserwowałem go z naszego samochodu i kiedy mnie zauważył, pomachał mi uprzejmie, roześmiany. Odpowiedziałem uśmiechem.

W trakcie tego wyjazdu mogłem się przekonać, że sprawy zmieniają się powoli na lepsze, a niestrudzony wysiłek i zaangażowanie jednak się opłacają. W programie naszego pobytu były również odwiedziny szpitala założonego przez małżeństwo Hamlinów, w którym byłem przed dwunastoma laty. W trakcie jazdy do Fistuli wróciły do mnie obrazy z 2003 roku, których długo nie mogłem się pozbyć. Wielka sala szpitalna, a w niej my, ciekawscy zwiedzający, przechodzący obok operowanych właśnie pacjentek, struchleli, zszokowani. Czy naruszaliśmy godność tych kobiet? Czy doktor Hamlin chciała nami wstrząsnąć? Wszystkie te myśli przebiegały mi przez głowę.

Nic z tego, czego się spodziewałem, nie zastałem w szpitalu teraz, w 2015 roku. Przed wejściem nie było już kolejki oczekujących kobiet. Pozwolono nam tylko na chwilę zajrzeć do pokoju zajmowanego przez trzy pacjentki. Zobaczyłem, że klinika została rozbudowana, i dowiedziałem się, że w całym kraju powstało pięć kolejnych szpitali tego typu. Łącznie zoperowano w nich czterdzieści trzy tysiące kobiet. Inicjatywie i zaangażowaniu małżeństwa Hamlinów zawdzięczamy to, że straszliwe okaleczenia dziewcząt i kobiet mogą być w Etiopii leczone.

Początek 2018 roku – moja do tej pory ostatnia podróż na kontynent afrykański. Emocje, wysiłek i znowu mnóstwo wrażeń – jeden z najbardziej ekscytujących tygodni w moim życiu. Polecieliśmy z żoną do Addis Abeby, gdzie mieliśmy się spotkać z innymi uczestnikami naszej grupy wyjazdowej. Addis Abeba, olbrzymia, ośmiomilionowa metropolia. Przeciętny przyrost naturalny wynosi tu 1,5 dziecka na jedną kobietę, co w porównaniu z innymi afrykańskimi aglomeracjami jest wskaźnikiem niezwykle niskim. Byłoby zbytnią zarozumiałością twierdzić, że wynik ten jest zasługą działalności uświadamiającej prowadzonej od dwudziestu lat przez Niemiecką Fundację Ludność Świata, ale z pewnością jej wkład w tej dziedzinie jest znaczący. Przyczyniliśmy się do tego, że wskaźnik płodności jest tu tak niski jak w żadnej innej afrykańskiej metropolii.

Alice i ja wylądowaliśmy wieczorem w Addis Abebie i od razu pojechaliśmy do hotelu otoczonego olbrzymim terenem strzeżonym niczym strefa specjalnego nadzoru. Weszliśmy na teren hotelu prześwietleni przedtem skanerami jak podczas kontroli na lotnisku. W hotelu spotkaliśmy Sabine i Michaela Neumannów, którzy przyjechali tu kilka dni wcześniej. Michael Neumann jest liczącym się przedsiębiorcą z branży kawowej, filie jego sklepów rozsiane są po całym świecie. Przed dziesięcioma laty założył Fundację imienia Hansa R. Neumanna. Wysiłki fundacji, której terenem działania stała się głównie Uganda, zmierzają do podniesienia dochodów tamtejszych plantatorów kawy. Celem naszej obecnej podróży do Etiopii i Ugandy było uruchomienie wspólnego projektu, w którym uczestniczyłyby trzy fundacje: Ludności Świata, Neumanna i Siemensa. Mniej więcej rok wcześniej poznałem w Ministerstwie Rozwoju w Niemczech doktor Nathalie von Siemens z Fundacji Siemensa i Michaela Neumanna. Powstał z tego projekt zainicjowania w Ugandzie, na terenie zamieszkanym przez dwieście osiemdziesiąt tysięcy ludzi, działań trojakiego rodzaju: zmierzających do rozwiązania problemu czystej wody (Siemens), pozwalających na zwiększenie dochodów plantatorów kawy (Neumann) i uświadamiających w sferze planowania rodziny (Ludność Świata). Ustaliliśmy, że na początku zainwestujemy w te działania sześć milionów euro, z czego połowę przejmie niemieckie Ministerstwo Rozwoju. W czasie wizyty w Ugandzie i podczas innych spotkań przekonałem się, że niemiecki minister rozwoju Gerd Müller jest człowiekiem kompetentnym i zaangażowanym. Cieszę się, że pozostał na tym stanowisku w nowym rządzie. Dzięki temu jesteśmy pewni, że nasza dotychczasowa praca nie pójdzie na marne; kiedy władzę przejmuje nowy rząd, przy zmianach w obsadzie stanowisk takie ryzyko zawsze istnieje.

Dni, które spędziliśmy w Addis Abebie i w Kampali, stolicy Ugandy, były szczelnie wypełnione. W naszej grupie była też Renate Bähr, szefowa Fundacji Ludność Świata, i Michael Opitz, szef Fundacji Neumanna. Oprócz zwiedzania centrów szkoleniowych naszej fundacji w programie były też projekty Fundacji Neumanna. Do tego doszły długie, intensywne rozmowy z szefami Niemieckiego Towarzystwa Współpracy Międzynarodowej (GIZ) w Kampali i Addis Abebie, a także wielogodzinne spotkanie z niemiecką ambasador w Etiopii i ambasadorem Niemiec w Ugandzie.

Dzięki Sabine i Michaelowi Neumannom poznaliśmy z żoną parę, która wywarła na nas niezwykłe wrażenie: Stefan Pleger i towarzyszka jego życia Gabi Ziller dokonują w Ugandzie, jak się przekonaliśmy, rzeczy niewiarygodnych. W 2008 roku powołali do życia organizację Szansa Dzieciom, opartą na zaangażowaniu wolontariuszy. Przez cztery z dwunastu miesięcy mieszkają w Afryce, doglądając swojego projektu, a przez resztę roku – w Austrii, zdobywając pieniądze na finansowanie działań. Stefan Pleger został niedawno nominowany do tytułu Austriaka Roku w dziedzinie zaangażowania humanitarnego.

Poznaliśmy projekt Plegera i Ziller – szkołę imienia Christopha Bettermanna w Zigoti. Nie wiedziałem jeszcze w tym momencie, co mnie czeka. Jazda do Zigoti po zakurzonych drogach trwała kilka godzin. W moich podróżach po kontynencie afrykańskim przeżyłem już wiele szokujących rzeczy, jednak przy tym, co zobaczyłem tego dnia, wszystkie dotychczasowe doświadczenia zbladły. Placówka, którą mieliśmy zwiedzić, jest szkołą z internatem dla dzieci i młodzieży niepełnosprawnej psychicznie i fizycznie. Znajduje się na dużym obszarze, zdolna jest pomieścić setkę dzieci. Do tego dochodzą lekarze i ortopedzi, którzy sprawują nad dziećmi opiekę medyczną. Szyny i inne pomoce ortopedyczne, różne w różnych przypadkach, konstruuje się we własnych warsztatach, częściowo uczestniczą w tym same niepełnosprawne dzieci. Zasadą jest udzielanie sobie wzajemnej pomocy we wszystkim, co możliwe. Starsi wiekiem próbują pomagać młodszym w chodzeniu, wszyscy wspólnie ćwiczą.

Stefan Pleger oprowadzał nas po całym terenie, opowiadając o sytuacji dzieci niepełnosprawnych w Ugandzie. O tym, że takie dzieci są często zaniedbywane i wykluczane przez najbliższych, ponieważ nigdy nie staną się kolejną parą rąk do pracy potrzebną do utrzymania rodziny. Poza tym fakt posiadania takiego dziecka jest wstydliwy, bo według miejscowych zabobonnych wierzeń w maluchach tych tkwi coś złego – są więc ukrywane. Nie rozwijają się, nie mają kontaktów z rówieśnikami, pozostawia się je samotnie w glinianych chatach, gdzie dostają do jedzenia tylko tyle, żeby nie umarły. To, co słyszałem, to były niewyobrażalnie smutne historie. Takimi dziećmi zajęli się właśnie Stefan Pleger i Gabi Ziller. Czasami dostają dziecko określone jako niepełnosprawne fizycznie i psychicznie, a po pewnym czasie okazuje się, że psychika i intelekt pacjenta nie zostały naruszone. Wieloletnie zaniedbanie doprowadziło wprawdzie do opóźnienia w rozwoju emocjonalnym i intelektualnym, ale w nowym otoczeniu dziecko zaczyna nadrabiać zaległości i rozkwitać.

Kiedy mijaliśmy jeden z pokoi, przyglądała nam się mała dziewczynka o skrzywionej figurze. Gestem pełnym ciepła Stefan Pleger wziął ją za rękę.

– Chcemy doprowadzić dzieci do takiej formy, żeby mogły pracować, na przykład w ogrodzie albo w jednym z warsztatów. Zgodnie ze swoimi możliwościami – powiedział.

Tutaj, w tym miejscu na końcu świata, on i jego partnerka stworzyli wspólnotę, w której dzieci niepełnosprawne się nie chowa, tylko się je dostrzega i akceptuje. Stefan i Gabi zaopiekowali się tymi dziećmi, stworzyli im dom, przywracając im sens życia i poczucie bezpieczeństwa. Na przykład Josephine, osiemnastoletnia dziewczyna, która w Zigoti mieszka od kilku lat, od urodzenia niepełnosprawna fizycznie i psychicznie, wyraziła kiedyś życzenie, że chciałaby pracować jako opiekunka niepełnosprawnych. I wykonuje tę pracę mimo swojego kalectwa. Są to proste czynności, ale dzięki nim Josephine zyskała poczucie własnej wartości. Pomaga więc na przykład przy jedzeniu dzieciom, które są w jeszcze gorszym stanie niż ona. W ten sposób aktywnie, na miarę swoich możliwości, włącza się w tworzenie wspólnoty, w której żyje.

Podczas zwiedzania ośrodka poznałem też historię ośmioletniego Franka. Chłopiec został znaleziony przez pracowników ośrodka w glinianej chacie. Leżał tam sam.

Jego matka się go wyparła. O jego istnieniu wolontariusze dowiedzieli się od sąsiadów. Kiedy go znaleziono, był wygłodzony. Frank jest sparaliżowany, nie potrafi sam jeść, jest skazany na stałą pomoc osób trzecich. Mimo to sprawia wrażenie radosnego.

Czym jest szczęśliwe życie?

Kiedy poznało się dzieci z Zigoti, spojrzenie na życie się zmienia. Chodziłem po ośrodku wstrząśnięty, nie potrafiłem wydobyć z siebie słowa. Straszliwe kalectwo dzieci z jednej strony, z drugiej – ich zadowolenie z życia i radość, a do tego ciepło, siła i energia Gabi Ziller i Stefana Plegera. W moim odczuciu potwierdziło się coś, czego doświadczyłem w życiu już niejeden raz: ludzie, którzy angażują się na rzecz innych, emanują, mimo ciężarów, jakie dźwigają na swoich barkach, wielką radością życia.

W ośrodku w Zigoti spędziliśmy około godziny. Na koniec pojechaliśmy jeepami na plantację kawy Neumannów, oddaloną od Zigoti o sto pięćdziesiąt kilometrów, co oznaczało trzy godziny jazdy. Plantacja Kaweri istnieje od dwudziestu lat, ma długość ośmiu, a szerokość trzech kilometrów, wokół niej nie postawiono płotu. Jedną trzecią jej powierzchni porasta puszcza, gdzie żyją dzikie zwierzęta – widzieliśmy małpy na drzewach. Dwie trzecie areału stanowi teren pod uprawę kawy. Główny budynek plantacji, w którym mieszka jej zarządca, położony jest na wzniesieniu. My, goście, a także sami Neumannowie, zostaliśmy zakwaterowani w budynkach sąsiednich. Z pagórka, na którym one stały, rozciągał się wspaniały widok na całą okolicę, wydawało się, że wzrok sięga aż po krańce ziemi.

Przed południem na śniadanie przyjechał też Stefan Pleger z Gabi Ziller. Wspólnie pojechaliśmy na koniec plantacji i nagle ujrzeliśmy przed sobą dwadzieścia pięć domów, częściowo trzypiętrowych, wszystkie jeszcze w budowie. Te budynki to powstający trzeci ośrodek dla niepełnosprawnych dzieci, wyjaśnił Stefan Pleger. Byłem zaskoczony: cóż za przypadek – taki olbrzymi kraj, a domy dla dzieci mają sąsiadować właśnie z farmą Neumannów! Za trzy miesiące prace przy budowie zostaną ukończone. Ośrodek zaplanowano dla trzystu osób. Ziemię wydzierżawił Pleger od miejscowych urzędów za niewielką opłatą. Szybko oszacowałem w myślach koszty tej inwestycji. Co najmniej cztery miliony euro, oceniłem, uwzględniwszy, że w Afryce wszystko jest tańsze.

– Dalece przesadzone szacunki – sprostował Pleger. – Budowa pochłonie nie więcej niż czterysta tysięcy euro.

– Tyle będą kosztować przecież same urządzenia sanitarne – oponowałem.

– Urządzenia sanitarne? Ależ panie Roßmann, tu nie ma żadnej kanalizacji, jesteśmy przecież na końcu świata! – odparł Pleger.

Potem pokazał mi dół o wielkości siedem na siedem metrów, przeznaczony na latrynę. Co cztery, pięć lat przyjadą dwaj robotnicy w maskach gazowych, opróżnią latrynę i ciężarówka wywiezie jej zawartość. Tyle, jeśli chodzi o urządzenia sanitarne. Ale powstający ośrodek miał swoje własne źródło wody, widziałem też podjazdy przy domach, robione z myślą o przyszłych mieszkańcach na wózkach inwalidzkich.

Nasza podróż do Afryki dobiegła końca. Wróciłem do Niemiec pełen wrażeń. Od Stefana Plegera otrzymałem później list, w którym dziękował za moją wizytę. Pisał: „Ponieważ u nas wszystko opiera się na wolontariacie, sprawy toczą się czasem trochę dłużej". Tak, to prawda, ale za to trwalsze są potem ich efekty!

W tym miejscu chciałbym zdecydowanie wyrazić aprobatę dla działalności Fundacji Neumanna w Ugandzie. Około dziesięciu milionów Ugandyjczyków żyje wyłącznie lub w pewnym zakresie z uprawiania kawy. W kraju istnieje milion dwieście tysięcy plantacji. Przeciętny dochód miesięczny ugandyjskiego plantatora kawy wynosi dziesięć dolarów amerykańskich. Michael Neumann przyjrzał się dokładnie mechanizmom skupu kawy w tym kraju. Drobnych plantatorów kawy mają pod sobą pośrednicy handlowi. Ci za niewielkie pieniądze skupują od nich ziarno i zawożą je do Kampali, gdzie sprzedają importerom kawy za znacznie wyższe sumy. Drobni plantatorzy są więc ekonomicznie całkowicie uzależnieni od swego pośrednika, który w danym regionie wyznacza ceny. Wszystko to jest częścią istniejącego tu od wieków systemu, wykorzystującego ludzki strach, biedę i głód. Bieda plantatorów kawy jest brutalnie podtrzymywana.

Fundacja Neumanna postawiła przed sobą zadanie przerwania tego diabelskiego kręgu i poprawy zarobków ugandyjskich chłopów. Zaangażowała się w tworzenie nowego systemu spółdzielczego. Obecnie uczestniczy w nim kilkuset plantatorów. Trzydziestu czy czterdziestu drobnych plantatorów tworzy grupę i wybiera spośród siebie szefa. Członkowie spółdzielni sprzedają kawowe plony sami, bez pośredników. Fundacja wspiera ich przy tym, udziela pomocy w samoorganizowaniu się. W ten sposób rewolucjonizuje dawny skorumpowany system (czym zdobywa sobie, jak łatwo można się domyślić, nie tylko przyjaciół). Ale system zyskuje na wydajności i chłopi dzięki temu, że teraz sami, bez pośredników, sprzedają ziarna kawy, zarabiają już nie dziesięć dolarów miesięcznie, lecz trzydzieści pięć i więcej. I to jest rewolucja: wyzyskiwani ludzie stają się świadomymi swej wartości, samodzielnymi drobnymi przedsiębiorcami, którzy sami organizują sprzedaż, transportując kawę do Kampali i sprzedając ją za cenę obowiązującą na światowym rynku.

Co potrafi sensowna pomoc dla krajów słabo rozwiniętych? Jak to zrobić, żeby docierała do tych, którzy jej pilnie potrzebują? W jakim stopniu trzeba współpracować z autorytarną władzą, żeby w ogóle móc coś uzyskać? Na każde z tych pytań nie ma jednej odpowiedzi. Każdy przypadek jest inny. Helmut Schmidt powiedział mi kiedyś, że zanim jakiemuś krajowi zaproponuje się pomoc, trzeba się przekonać, jaki budżet na wojsko ma ten kraj. Jeśli nieproporcjonalnie wysoki, trzeba się dwa razy zastanowić, nim wyasygnuje się jakieś pieniądze. Bo najprawdopodobniej nie trafią one nigdy tam, dokąd powinny trafić.

Helmuta Schmidta poznałem w latach dziewięćdziesiątych na spotkaniu organizowanym przez Towarzystwo Patriotyczne w Hamburgu. Zaproszono siedemset osobistości z kręgów polityki, gospodarki i życia publicznego. Były kanclerz wygłosił przemówienie. Wcześniej spędziłem z nim prawie godzinę w jednym z bocznych pomieszczeń. Potem weszliśmy razem do auli; wszyscy wstali i witali nas oklaskami. To był podniosły moment. Pamiętam jeszcze, że Helmut Schmidt zapytał mnie wtedy o słynnego architekta Hanoweru, wiedząc, że stamtąd pochodzę. Byłem tak rozemocjonowany, że jego nazwiska – chodziło o Rudolfa Hillebrechta – nie mogłem sobie przypomnieć.

Głód to jeden z głównych problemów naszych czasów. W 1990 roku z pięciu miliardów ludzi na świecie głód cierpiały dwa miliardy. W 2017 roku z siedmiu i pół miliarda ludzi głód dotyka jeszcze dziewięćset milionów.

Prawdopodobieństwo, że straci się życie na wojnie, w ostatnich latach – mimo konfliktów w Syrii czy Iraku – znacznie spadło. Żyjemy, patrząc historycznie, raczej w latach pokoju. We wcześniejszych stuleciach miliony mieszkańców Eurazji ginęły podczas epidemii. W 1960 roku średnia długość ludzkiego życia wynosiła na świecie pięćdziesiąt jeden lat, dziś, według danych Światowej Organizacji Zdrowia, wynosi ona siedemdziesiąt trzy lata.

Uczyniliśmy ogromny krok naprzód, w znacznym stopniu dzięki lepszej opiece lekarskiej. W 1980 roku czterdzieści pięć procent ludzkości stanowili analfabeci. Tacy ludzie byli wykluczeni z możliwości kształcenia się i awansu. Dziś odsetek analfabetów wynosi szesnaście procent.

To wszystko są fakty, choć nie chcę przez to powiedzieć, że dziś jest już dobrze. Wielu ludzi na naszej planecie nadal głoduje, wielu nie ma dostępu do czystej, pitnej wody, wielu żyje poniżej granicy ubóstwa, nie mając szans na wykształcenie.

MOJE DZIESIĘĆ MINUT Z PAPIEŻEM

W ostatnich latach nadarzała się niekiedy sposobność uzyskania generalnej audiencji u papieża. Perspektywa takiego spotkania zawsze była kusząca. Nie z powodów religijnych. Marzyłem o rozmowie z papieżem na temat naszej działalności w Afryce, najlepiej w cztery oczy. Chciałem przedstawić problem eksplozji demograficznej i podyskutować o stosunku Kościoła katolickiego do kwestii regulacji urodzeń. Jak wiadomo, jest to temat, z którym Kościół ma problem. Po spotkaniu z papieżem, pierwszym papieżem z Ameryki Południowej, obiecywałem sobie wiele, ponieważ ten papież jest w pewnym sensie symbolem przełomu w Kościele i kilka rzeczy już osiągnął. Za to go szanuję. Uczestnictwo w audiencji umożliwił mi Sascha Hellen, dziennikarz, który corocznie organizuje w Bochum galę Steiger Award i ma dobre kontakty w Watykanie. Zadzwonił do mnie na początku

2018 roku, zawiadamiając, że załatwił dla mnie termin – 28 lutego – i że będzie mi też towarzyszył.

Przyleciałem do Rzymu w przeddzień audiencji. W hotelowej restauracji czekałem na Saschę, którego samolot miał opóźnienie. Siedziałem więc i poddawałem się chwili, pozwalając swobodnie błądzić myślom. Zastanawiałem się, jak może przebiec moja rozmowa z papieżem. Ktoś, kto tak jak ja nie posiada smartfona, zalicza się dziś do dziwolągów, bo nie wpatruje się w każdej sekundzie, jak większość ludzi, w ekran swojej komórki. Ja tego nie robię, nie wysyłam esemesów, nie ściągam wiadomości, nie jestem na czacie. Nie, ja po prostu siedzę i czekam. Nie ma we mnie cienia niecierpliwości. Nigdy w życiu nie przyszłoby mi na myśl, że mógłbym porozmawiać z papieżem. A jutro to właśnie się wydarzy. I będę mógł mówić swobodnie, bez ograniczeń.

Następnego dnia pojechaliśmy do Watykanu, do sali audiencyjnej. W Auli Pawła VI, zbudowanej w 1971 roku, jest miejsce dla sześciu tysięcy pięciuset osób – jeśli siedzą, i dwunastu tysięcy – gdy stoją. Aula jest gigantyczna, z wysokim sklepieniem. Z przodu znajduje się białe podwyższenie, na które prowadzi wiele schodów, a na nim ustawione są krzesła dla papieża i kardynałów. Na przeciwległej ścianie auli umieszczona jest ogromna rzeźba wyobrażająca zmartwychwstanie Chrystusa unoszącego się w górę z krateru po eksplozji. Imponujące tło. Tu, w tej auli, odbywa się w każdą środę o dziesiątej audiencja generalna; przy dobrej pogodzie przenosi się ją na zewnątrz, na plac Świętego Piotra. Kto chce zdobyć miejsce, musi być w auli już przed godziną dziewiątą. Około dziesiątej wchodzi papież. W trakcie audiencji zawsze wygłasza kilka słów na wybrany temat, jego słowa tłumaczone są na kilka języków. Na zakończenie odmawia się wspólnie modlitwę *Ojcze nasz*, a potem papież udziela apostolskiego błogosławieństwa.

Wszedłem do Auli Pawła VI i najpierw przyjrzałem się wielkiej masie ludzi – było to dziesięć tysięcy wiernych z całego świata. Panująca tam atmosfera nie miała w sobie nic z mszy, z kontemplacji, panował nastrój jak przed koncertem muzyki pop tuż przed wejściem gwiazdy na scenę. W ludzkim tłumie czuło się napięcie wyczekiwania, drżenie. Myślałem tylko: „No, mam nadzieję, że dojdzie do mojej rozmowy w cztery oczy". Poprowadzono nas obok setek oczekujących ludzi do sektora zamkniętego, umiejscowionego w pobliżu podium mogącego pomieścić piętnaście, dwadzieścia osób. Potem wszedł on – papież. Szedł przejściem przez tłumy wiernych. Wielu wyciągało aparaty fotograficzne albo smartfony i robiło zdjęcia. Tu i ówdzie papież się zatrzymywał, podawał rękę, błogosławił, wielu całowało jego Pierścień Rybaka. Panował nieopisany entuzjazm. Głowie Kościoła towarzyszył arcybiskup Georg Gänswein, wcześniej sekretarz prywatny papieża Benedykta XVI, a teraz, za czasów Franciszka, prefekt Domu Papieskiego.

Franciszek wszedł schodami na podium i zajął miejsce. Na prawo od niego usiadł Gänswein, po lewej jakiś inny, nieznany mi kościelny dygnitarz. Dalej po prawej stronie siedziało dwunastu kardynałów, z obu ich stron ustawieni byli szwajcarscy gwardziści. Każdy z dwunastu kardynałów podnosił się po kolei, mówiąc kilka słów w swoim ojczystym języku. Jako pierwszy głos zabrał kardynał niemiecki. Potem z przemową do zebranych zwrócił się papież. Wszystko to trwało mniej więcej godzinę. Całość widziałem z bliska, byłem na samym przodzie. W końcu papież zszedł z podium i zanurzył się w tłumie. A na koniec podszedł wreszcie do sektora, w którym czekaliśmy my. Wyobrażałem sobie wcześniej, że podczas rozmowy będę siedział naprzeciw Ojca Świętego w oddzielnym, spokojnym pomieszczeniu, a nie stał w jednym rzędzie obok innych osób. Wszystko jedno, pomyślałem teraz, wykorzystaj ten moment najlepiej, jak potrafisz. Franciszek przechodził wolno wzdłuż naszego rzędu, przy każdym krótko się zatrzymywał, a w końcu stanął przy mnie. Ujął moją dłoń, skłonił się przede mną. Przedstawiłem się i zacząłem po prostu mówić, po niemiecku, bo papież dobrze zna nasz język. Papież przez cały czas trzymał mnie za rękę, ściskał mi dłoń, cały czas utrzymywał kontakt fizyczny.

– Ojcze Święty – powiedziałem – żaden papież przed tobą nie znalazł i nie wypowiedział właściwych słów. Każdy papież po tobie przyjdzie za późno, nawet jeśli znajdzie właściwe słowa. Zezwól na stosowanie środków zapobiegających ciąży. Pomóż mężczyznom i kobietom wyrażać miłość bez lęku, bez wyrzutów sumienia i poczucia winy. Prezerwatywy chronią też przed AIDS. W XXI wieku każdy Kościół powinien wiedzieć, że seksualność jest częścią miłości, która łączy z sobą dorosłych ludzi. W 1800 roku Ziemię zamieszkiwało miliard ludzi. Dziś co dwanaście lat dochodzi kolejny miliard. Wszyscy znamy poważne konsekwencje tej tendencji. Wiara i odwaga powinny być nierozłączne. Ufam ci, Ojcze Święty.

Papież słuchał moich słów. Patrzył na mnie przyjaźnie. Jego ręce nadal spoczywały na moich. Ale nie doczekałem się żadnej reakcji słownej. Może była to zbytnia naiwność z mojej strony zakładać, że dostanę odpowiedź. W najwyższych kręgach w Watykanie ciągle istnieje skrzydło radykalnie konserwatywne. Franciszek sam rozpozna stosowną chwilę, by wykonać krok w kierunku dalszej liberalizacji Kościoła w podejściu do seksualności. Ofiarowałem mu niepublikowaną jeszcze, powstałą przed dwoma laty, książkę o mojej podróży do Etiopii w 2015 roku. Franciszek podziękował, puścił moje ręce i poszedł dalej. Wtedy zagadnął mnie arcybiskup Gänswein. To, co powiedziałem wcześniej, teraz wzmocniłem, mówiąc o dzieciach pozbawionych opieki medycznej, o młodych ludziach bez widoków na pracę i o warunkach życia, które uniemożliwiają godne życie. Apelowałem o odpowiedzialność Kościoła katolickiego, który zmieniając swój stosunek do problemu regulacji urodzin, mógłby uczynić wiele pozytywnego dla ludzkości. Mówiłem o tym z pasją, ale uprzejmym tonem.

Gänswein wysłuchał wszystkiego, co miałem do powiedzenia, a potem rzekł:

– Nikt, drogi panie Roßmann – wiedział, kim jestem – nie robi dla ludzkości tyle co Kościół katolicki.

I to było wszystko. Więcej nic. Jedno zdanie. Rzadko brak mi słów, ale wtedy mnie zatkało. Arcybiskup pożegnał się i zniknął w tłumie. Audiencja była oficjalnie zakończona.

Zbyt wiele oczekiwałem? Czy nierealistycznie było się spodziewać, że papież będzie rozmawiał ze mną o prezerwatywach? Wcześniej potrząśnięcie ręki przez Ojca Świętego schlebiłoby mi, ale teraz naprawdę chodziło mi o sprawę. Dla mnie papież to taki sam człowiek jak ty i ja. Szanuję papieża Franciszka, bo wysłał światu ważne sygnały, niemniej spodziewałem się czegoś więcej. Kiedy Franciszek po zakończeniu podróży w Afryce został zapytany, czy – również dla ochrony ludności przed HIV – Kościół złagodzi zakaz używania kondomów, odpowiedział: najpierw trzeba się zająć innymi problemami tego kontynentu. Były to słowa, które niewiele pomogą wiernym w Afryce w ich konflikcie moralnym między świadomie prowadzonym życiem seksualnym a nakazami Kościoła. Myślę, że jeśli ludzie mają możliwość, żeby pomóc innym, jest to ich obowiązkiem. Mniej sztywny stosunek Kościoła katolickiego do tej kwestii jest pilnie potrzebny.

MAGIA ŁĄCZY LUDZI

Jeśli chcesz zrobić coś dobrze, musisz pozwolić działać dziecku, które masz w sobie. Moje życiowe motto brzmi: rób wszystko z lekkością. Bo kto jest zachłanny i zawzięty, ten już przegrał. Dziecko w sobie mam do dzisiaj. To, że jestem niepoważnym cielęciem, któremu powaga życia działa na nerwy, jest z pewnością faktem ogólnie znanym. Kocham gry, mam naturę gracza. Dziedziną, w której ujawnia się wciąż tkwiące we mnie dziecko, jest magia. Magia posługuje się językiem zrozumiałym dla wszystkich, starych i młodych. Bawiłem się w magika już jako młody chłopak i magicy fascynują mnie do dzisiaj. Gdy niedawno robiły ze mną wywiad na potrzeby czasopisma dla dzieci „Dein Spiegel" (Twoje Lustro) dwie dziewięcioletnie dziewczynki, pokazałem im, ot tak, dla fantazji, dwie sztuczki magiczne i od razu zaczęliśmy nadawać na tych samych falach. Magia łączy. Przekonałem się o tym w Ugandzie, kiedy pewnego wieczoru siedzieliśmy przy ognisku, nasza grupa i kilkoro miejscowych. Mój angielski nie jest najlepszy, ale gdy zrobiłem kilka magicznych numerów, bariery językowe nagle przestały mieć znaczenie.

Dzięki magii narodziła się też moja serdeczna przyjaźń z dwoma młodymi ludźmi pochodzącymi z Bünde w Westfalii, Andreasem i o cztery lata młodszym Chrisem, którzy stworzyli duet iluzjonistów pod nazwą Ehrlich Brothers. Dziś widownia na ich seansach wypełnia największe hale estradowe, a telewizyjne programy z ich udziałem biją rekordy oglądalności. Ehrlich Brothers zostali nawet uwiecznieni w *Księdze rekordów Guinnessa*, ponieważ ich magiczne *show* ściągnęło jednorazowo największą w świecie liczbę widzów; na frankfurcki Waldstadion przybyło ich czterdzieści tysięcy.

Gdy przed z górą dziesięcioma laty poznałem Andreasa i Chrisa, mieli niewielkie grono fanów. Obaj bracia żyją magią i dla magii. Po raz pierwszy spotkaliśmy się na bankiecie w naszej firmie, na którym mieli wystąpić jako atrakcja wieczoru. Wiele wysiłku i zaangażowania kosztowało ich to, by znaleźć się w miejscu, w którym są dzisiaj. W czasach, gdy nie szło im tak dobrze, powiedziałem im: „Jesteście młodzi, teraz jeszcze płyniecie pod prąd, ale kiedyś wszystko się odwróci, jeśli będziecie wytrwali, i wtedy pójdzie już łatwiej".

Wielu ludzi napina się i wysila, lecz ma poczucie, że ich sprawy nie posuwają się do przodu. Lecz jeśli ktoś

naprawdę bardzo się przykłada, jest wytrwały, nie poddaje się i robi swoje, wtedy w pewnym momencie stwier-
dzi: o, nie muszę się już tak natężać, prąd spraw sam
mnie niesie. Przedarłem się przez mielizny, zostawiłem
je za sobą. Wszystko posuwa się naprzód, trud się opła-
cił. Cierpliwość zostaje nagrodzona, wiem to. Andreas
i Chris mnie fascynują, ponieważ mają w sobie niezwykłą
energię. Wielu ludzi rezygnuje za szybko. Żyjemy w społeczeństwie, w którym chyba zbyt wielu okazuje flegmatyczność i bezsilność i zbyt wcześnie się poddaje.

– Niekiedy aż zamieramy z wrażenia, nie mogąc uwierzyć, że osiągnęliśmy pozycję, jaką dziś mamy – powiedział Andreas, kiedy ostatnim razem odwiedziłem ich
w Bünde, gdzie z wielkim zespołem przygotowywali się
do występów iluzjonistycznych w ogromnej hali. – Mamy za sobą trudny okres. Teraz po raz pierwszy możemy
spokojnie patrzeć w przyszłość i powoli zaczynamy realizować nasze marzenia i cieszyć się nimi.

Kiedy słyszę takie słowa, myślę o mojej własnej drodze, o marzeniach i zamiarach, jakie chciałem urzeczy-
wistnić.

Na początku 2006 roku, po występie na spotkaniu bo-
żonarodzeniowym w naszej firmie, Chris i Andreas przyszli do mnie i przedstawili mi nowy pomysł na widowisko
iluzjonistyczne. Cały wolny czas spędzali w pracowni,
kombinowali i marzą teraz o całkiem nowym *show*. Prze-
kartkowałem scenariusz ich pomysłu i zapytałem, ile ta
przyjemność miałaby kosztować. Trzy miliony, padła

odpowiedź. Zaległo milczenie pełne zakłopotania. To także dla mnie była fura pieniędzy, mimo całej miłości do pokazów sztuki magicznej...

– Muszę się nad tym trochę zastanowić, chłopcy – powiedziałem tylko.

Potem odmówiłem. Nie chciałem trwonić pieniędzy. Zrozumieli to, nie straciliśmy z tego powodu kontaktu. Nadal zamawiałem ich występy na uświetnienie festynów w mojej firmie. W 2011 roku przepiłowali mnie na scenie na pół na oczach moich pracowników. Potem wystrzelili mnie rakietą na drugi koniec sali hotelu Maritim Airport w Hanowerze – tam odbywał się festyn – gdzie „Dirk znowu się zmaterializował i stał na stole postawiony tam jakby ręką czarodzieja", jak powiedział Chris. Kiedy piła rozcięła mnie na dwie części, wszyscy zaczęli klaskać, a kiedy potem ukazałem się znowu cały i zdrowy, burzliwym oklaskom nie było końca.

Musiałem oczywiście wyuczyć się mojej roli w tym numerze. Teraz jestem wtajemniczony w arkana tej sztuczki. Ale to ścisły sekret. Zresztą nie chcę poznawać tajemnic kuglarskich trików, wolę się poddawać czarodziejskiej iluzji. Świat jest i bez tego do bólu realny.

Przed kilkoma laty chłopcy z Ehrlich Brothers zdecydowali się na skok do zimnej wody: postanowili przygotować potężne *show* na scenie areny TUI w Hanowerze, mogącej pomieścić dwanaście tysięcy widzów. Widowisko miało być wstępem do *tournée* artystycznego duetu prestidigitatorów po całych Niemczech. *Tournée*, o którym będzie mówił cały kraj.

– Kiedy po raz pierwszy stanęliśmy na pustej arenie TUI i zobaczyliśmy przed sobą te tysiące miejsc, przestraszyliśmy się, czy damy radę – mówił Chris.

Koszty były olbrzymie. Dekoracja sceny, wynajęcie hali, logistyka, ciężarówki do przewozu sprzętu, no i przede wszystkim wynagrodzenie dla iluzjonistów. Pieniądze udało się zdobyć z różnych źródeł albo pożyczyć. To *tournée* po prostu musiało się udać pod każdym względem. Wszystko inne oznaczałoby plajtę, wysiadkę, koniec! A przedsprzedaż ślimaczyła się... Wkroczyłem wtedy do akcji i powiedziałem chłopcom:

– Teraz wam pomogę. Sprawię, że wszędzie będziecie mieli pełną widownię. Wasze widowiska zostaną wyprzedane do ostatniego miejsca, i ta wiadomość się rozniesie.

W moich drogeriach na paragonach poleciłem wydrukować grafik występów duetu Ehrlich Brothers. Kto kupił bilet za pośrednictwem Rossmanna, ten nabywał go ze zniżką. A bilety, które pozostały, rozdałem moim pracownikom.

– Zabierzcie przyjaciół i krewnych, sąsiadów i znajomych, zapraszajcie wszystkich.

Bilety do areny TUI zostały rzeczywiście wyprzedana w stu procentach, to był megasukces. I tak to szło dalej – w każdym mieście bilety szły jak woda. Prasa pisała o przełomie w karierze Ehrlich Brothers.

Sukces, jak wiadomo, rodzi kolejne sukcesy. Teraz coraz więcej ludzi chciało zobaczyć na żywo nowe gwiazdy sztuki iluzjonistycznej. Podczas próby generalnej na arenie TUI zdarzył się niebezpieczny wypadek. Chris wisiał na linie złożonej ze stalowych oczek, na wysokości dwóch metrów. Lina pękła i Chris spadł na plecy, uderzając się przy tym własnym łokciem w żebro tak mocno, że to żebro złamał. Trzeba było wezwać karetkę. Mogło być oczywiście jeszcze gorzej, ale Chris miał szczęście w nieszczęściu. Tak czy inaczej, wszyscy byli bardzo zestresowani. Dzień przed występem, mając świadomość, że sprzedano dwanaście tysięcy biletów na ich występ, Chris nie mógł powiedzieć swojemu zespołowi: „Słuchajcie, jestem niedysponowany, musicie dać sobie radę beze mnie", choć był bliski tego, żeby odwołać całą imprezę. Lecz jak powiedział potem: „Często jest w życiu tak, że jeżeli coś się z początku nie układa, to na końcu jest podwójny sukces". Także ja poznałem tę prawidłowość! Podczas całego *tournée* pokazy duetu Ehrlich Brothers obejrzało trzydzieści pięć tysięcy osób, z czego prawie połowa nabyła bilety przez Rossmanna. Ehrlich Brothers i ja otrzymaliśmy później wspólnie Live Entertainment Award za najlepszą współpracę. Nagrodę wręczono nam we Frankfurcie w słynnej Jahrhunderthalle.

W międzyczasie Ehrlich Brothers stali się marką na rynku sztuki iluzjonistycznej. Smutne jest tylko to, że ojciec Chrisa i Andreasa, który wspierał ich od małego, nie zobaczył już prawdziwego sukcesu swoich synów, ponieważ zmarł wcześniej na raka. „Widział tylko dwadzieścia lat harówki", stwierdził ze smutkiem Andreas.

Ja też oglądałem *show* tego duetu w 2009 roku w sali widowiskowej Stadttheater w Gütersloh. Nic mu wtedy nie wychodziło, iskra nie przeskoczyła, nie udało się porwać publiczności. Siedziałem na widowni i żal mi było chłopców. Po tym występie byli kompletnie przybici. Pocieszałem ich:

– Życie idzie dalej, to tylko jeden występ, który wam źle poszedł. Ja to znam. Kiedy coś nie wychodzi, najlepiej to obśmiać. Gdy wszystko wydaje mi się beznadziejne, zaczynam się śmiać.

Andreas przyznał wtedy, że jestem dla nich inspiracją.

– Dlaczego? – zapytałem.

– Zdradziłeś nam swoją filozofię. Kiedy zapytaliśmy, dlaczego nie masz komputera, powiedziałeś, że nie pozwolisz sobie niczego dyktować, po prostu siedzisz i myślisz. I to wzięliśmy pod rozwagę. Uwalniać się od zbędnych przymusów, nie pozwolić robić z siebie niewolnika. Nie każdy to potrafi. Trzeba mieć odpowiednią postawę.

Lubię porównywać się do kota. Kot potrafi być niesłychanie szybki, gotów w każdej chwili do skoku, umie błyskawicznie reagować, ale potrafi też godzinę czy dwie się wylegiwać i nie robić nic. W życiu potrzebne są obie te umiejętności. Potrzebna jest refleksyjność, uważność, umiejętność wycofania się, ale czasami trzeba też z impetem w coś się włączyć, wziąć szybko sprawy w swoje ręce. Trzeba umieć powiedzieć: dotąd i ani kroku dalej. To nie ze mną. Należy umieć stawiać granice, uczyć się czasami mówić „nie".

LUBIĘ TYCH, CO MAJĄ MARZENIA

Wyraźnie, myślę, dałem już do zrozumienia, że lubię ludzi, którzy mają swoje marzenia i potrafią je realizować. Mój przyjaciel Uwe Schulz-Ebschbach jest takim człowiekiem. Realizuje nawet, powiedziałbym, swoje wizje. Stworzył swój mały świat, Iserhatsche, park krajobrazowy w Pustaci Lüneburskiej. Kto tego jeszcze nie widział, ten wiele stracił. Niejeden spyta może: a cóż to takiego, to Iserhatsche? „To Neuschwanstein*, tylko jeszcze bardziej zwariowane", napisano w pewnej gazecie. Trafniej i krócej nie da się tego ująć.

---

* Neuschwanstein – zamek w Bawarii wzniesiony dla króla bawarskiego Ludwika II Wittelsbacha w drugiej połowie XIX wieku w stylu wyidealizowanego średniowiecznego zamku rycerskiego, jedna z najbardziej znanych atrakcji turystycznych Niemiec. Architektura tej imponującej budowli – wybitny przykład historyzmu – nosi cechy romantycznego eklektyzmu (przyp. tłum.).

Oto historia tego miejsca. Teren Iserhatsche obejmuje dwadzieścia trzy hektary. W centrum stoi willa myśliwska w stylu szwedzkim, postawiona tam w latach 1913–1914 z inicjatywy królewskopruskiego radcy handlowego Ernsta Noellego. Noelle nazwał willę „Iserhatsche", co było pieszczotliwym imieniem, jakim zwracała się do niego jego matka. Słowo to pochodzi z dialektu dolnoniemieckiego i znaczy tyle co „żelazne serduszko". Noelle zobaczył tę willę na wystawie światowej w Brukseli. Zbudowało ją i pokazywało Towarzystwo Budowy Domów z Wolgastu. Noelle kupił willę i urządził w niej swój dom myśliwski. Była to pierwsza budowla na terenie Pustaci Lüneburskiej. Po śmierci Noellego w roku 1916 willa zmieniała właścicieli. Pod koniec lat dwudziestych przeszła w posiadanie rodziny Reemtsma*. Powstał w niej wtedy ośrodek wypoczynkowy dla pracowników ich firmy. Podczas drugiej wojny światowej w willi urządzono lazaret dla Wehrmachtu, a po 1945 roku stała się ona filią klinik hamburskich – Eppendorfer Kliniken. W 1962 roku rodzina Reemtsma urządziła w willi szkołę z internatem dla dzieci. Uwe Schulz-Ebschbach został właścicielem posiadłości w roku 1986. W młodości, mając lat szesnaście i za cały majątek pięćdziesiąt fenigów, spodnie i rower, przyjechał z Berlina Wschodniego do Zachodniego. Był rok 1957. Wyuczył się

---

* Jedni z największych w Europie wytwórców produktów tytoniowych (przyp. tłum.).

zawodu malarza pokojowego. Od zawsze fascynowały go pałace, zamki i ogrody. Pracując zawodowo, uczestniczył w odnawianiu fasady pałacu Sanssouci w Poczdamie. Za jednego talara. „Państwo tyle dla mnie robi, więc ja też muszę zrobić coś dla państwa".

Wkrótce po zakupieniu Iserhatsche rozpoczął przebudowę i rozbudowę posiadłości zgodnie z własną fantazją. Powstał pokój w stylu biedermeierowskim i pokój w stylu Diany Sanssouci oraz sztuczna góra nazwana Montagnetto. Urządzono salę o artystycznym wystroju, oficjalny urząd stanu cywilnego, grotę do wypiekania chleba oraz umieszczono grubo ponad setkę eksponatów ilustrujących najbardziej absurdalne osiągnięcia z *Księgi rekordów Guinnessa*. Jest to świat fantazji, który Uwe Schulz-Ebschbach stworzył dla siebie i dla ludzi. Poznałem go przed dwudziestu laty. O istnieniu Iserhatsche dowiedziałem się od znajomego, zaciekawiłem się i pojechałem tam z żoną. Polubiliśmy jego właściciela, uzdolnionego oryginała, od pierwszej chwili. Od tego czasu często tam bywaliśmy.

Zawsze miałem słabość do parków wypoczynkowych. Kiedyś, będąc w Sauerlandzie, chcieliśmy z moim synem Danielem pójść w takie miejsce. Był środek zimy i park był oczywiście zamknięty. Znaleźliśmy dziurę w płocie i weszliśmy na ogrodzony teren, co było wizytą niezupełnie legalną. Parku strzegły jednak dwa dobermany i szybko zostaliśmy przez nie stamtąd przegonieni. Z naszej strony nie było to włamanie, lecz raczej, jak to nazywam, testowanie granic. W dzikich terenach Pustaci Lüneburskiej miałem kiedyś udziały, niemniej po pewnym czasie je sprzedałem – zbyt wcześnie, niestety, jak się później okazało. Bo potem przyszła telewizja i uznała ten park krajobrazowy oraz mieszkające na jego terenie zwierzęta jako fantastyczne miejsce do kręcenia ujęć dla tasiemcowej serii przyrodniczej. Przez to park stał się hitem. Moja rodzina ma w każdym razie dożywotnio bezpłatny wstęp do parku.

Wracając do właściciela Iserhatsche. W pierwszych dniach 2002 roku znowu odwiedziłem z żoną Helgę i Uwego Schulz-Ebschbachów. Przy kawie wyrwało się Uwemu: „Muszę panu powiedzieć, że cały świat o mnie mówi. Można mnie zobaczyć na wszystkich kanałach telewizyjnych, od Australii do Kanady. Jesteśmy wszędzie z moim przyjacielem Horstem Wroblem z Gifhorn". Pomyślałem, że Uwe chyba zwariował. Po chwili wszystko się jednak wyjaśniło. W ostatnim dniu starego roku mieszkańcy Gifhorn ubrani w żałobne stroje urządzili przemarsz pogrzebowy i symboliczny pogrzeb niemieckiej marki. Markę umieszczono w trumnie i wieziono ją przez miasto zabytkowym karawanem przy dźwiękach marszów pogrzebowych. Została pochowana pod starym dębem w pobliżu Muzeum Wiatraków i Młynów Wodnych należącego do Horsta Wrobla. Mistrz ceremonii pogrzebowej wyrecytował pożegnalną strofę: „W grobie dziś składamy markę, tak lubianą i tak mocną.

Niech nie płaczą nasze oczy, euro nas wszystkich zjednoczy". Cały ten happening filmowały kamery telewizyjne. Obrazy z pogrzebu marki urządzonego przez małą niemiecką miejscowość, z Uwem Schulzem-Ebschbachen na czele konduktu, obiegły cały świat. Zgodnie z zasadą: „wszystko jest możliwe".

TERAZ

Większość z tego, co chciałem w życiu osiągnąć, osiągnąłem. Zawsze miałem w głowie pewne pomysły i w którymś momencie zaczynały się one realizować. Żywiłem głębokie przekonanie, że jakoś to pójdzie. Najpiękniejsze lata, najbardziej swobodne i dające mi najwięcej zadowolenia to ostatnia dekada czy półtorej. Był to naprawdę dobry czas. Wcześniej często miałem poczucie, że niczym chomik przebieram łapkami co sił na obracającym się kole, a mimo to nie posuwam się naprzód. Jestem człowiekiem, który w życiu kieruje się częściej emocjami i intuicją niż tym, co podpowiada głowa, toteż intensywnie przeżywam to, co dotyczy rzeczywistości i ludzi. Czasami zbytnio mnie to męczyło. Potem czułem, że jestem wyeksploatowany, wypalony. To było frustrujące. Nierzadko musiałem decydować i odpowiadać za zbyt wiele spraw. Z jednej strony wiem, że nie były to dobre

emocje, z drugiej strony to właśnie one stawały się bodź-
cem pozwalającym wytrwać w konkurencji.

Im jestem starszy, im mniej czasu mi pozostało, tym
chętniej korzystam z wolnych chwil. Dziś doceniam przyjemność z nicnierobienia. W niektóre weekendy moja
żona i ja zakopujemy się pod stertą gazet i książek. Czy-
tamy sobie nawzajem co lepsze rzeczy i rozmawiamy godzinami. W takie dni nie odbieram telefonu. Czas nie gra
wtedy roli. Ruth Cohn powiedziała kiedyś, że przeczytała
tysiące książek i wszystko zapomniała. Te książki jednak
przez nią przemawiają, znalazły odbicie w jej życiu. Moja pamięć też przypomina ser szwajcarski, jednak mam
w sobie kompas, który wskazuje kierunek.

Niewielu znam ludzi bardziej leniwych ode mnie. Moja żona mówi, że byłem leniem właściwie przez całe życie, choć pozostaje to w jaskrawej sprzeczności z tym,
co osiągnąłem. Najwyraźniej jestem osobnikiem pełnym
sprzeczności. Zawsze tak było – i pod tym względem nic
się już nie zmieni.

WYKAZ FOTOGRAFII

Fotografia 1
2005 Arne Weychardt / Agencja Fokus (DATE: 20041000)

Fotografia 2
Ze zbiorów prywatnych; fot. Franke & Kärcher

Fotografia 3
Ze zbiorów prywatnych; fot. H. Deike

Fotografie 4–11
Ze zbiorów prywatnych

Fotografia 12
Ze zbiorów prywatnych; fot. Zeroon Bild- und Tonträgerproduk-
tion GmbH Hannover T.Giov / E. Bingemer / Giov Musikverlag

Fotografia 13
Wolfgang Borrs

Fotografie 14 i 15
Ze zbiorów prywatnych

Fotografia 16
Sabine Brauer / www.brauerphotos.de

Fotografia 17
Christian Burkert / laif

Fotografia 18
Dirk Rossmann GmbH

Fotografia 19
Niemiecka Fundacja Ludność Świata

Fotografia 20
Dirk Rossmann GmbH

Fotografia 21
Servizio Fotografico – Vatican Media / Vatican Press Office

Fotografia 22
Niemiecka Fundacja Ludność Świata

Fotografia 23
Dirk Rossmann GmbH

Przeczytaj, co o książce sądzą inni czytelnicy, i oceń ją na

lubimyczytać.pl